樂 府

·

心里满了，就从口中溢出

郭初阳 的语文课

第一堂课

儿童哲学课
牧人的故事

郭初阳／著

黄月／绘

北京联合出版公司
Beijing United Publishing Co.,Ltd.

目录

一. 课前阅读

2.0版 说真话的牧人

3.0版 发出声音的牧人

1.0版

开玩笑的牧人[1]

　　有个牧人赶着羊到村外较远的地方去放牧，他常常开玩笑，高声向村里人呼救，说有狼来袭击他的羊。

　　有两三回，村里人惊慌地跑来，又都笑着回去。

　　后来，狼真的来吃他的羊了。他放声呼救，村里人都以为他照例又在开玩笑，没有理他。结果，牧人的羊全被狼吃掉了。

　　这故事是说，_____

_____

_____

_____

〔1〕选自《伊索寓言》，105页，罗念生等译，人民文学出版社，1981年9月。

说真话 的牧人 ....

有个牧人赶着全村的羊到村外较远的地方去放牧，他常常遇见狼，高声向村里人呼救，说有狼来袭击他的羊。很不巧，等村里人赶到的时候，狼都已离开了，羊也都没事。

有两三回，村里人惊慌地跑来，又都笑着回去，以为牧人在开玩笑。

后来，狼真的来吃羊了。他放声呼救，村里人都以为他照例又在开玩笑，没有理他。结果，全村的羊全被狼吃掉了。

发出声音的牧人 ·······

有个牧人赶着全村的羊到村外较远的地方去放牧，他说自己常常遇见狼，高声向村里人呼救，说有狼来袭击他的羊。很不巧，等村里人赶到的时候，并没见到狼，羊也都没事。

有两三回，村里人惊慌地跑来，又都笑着回去。

有狼？这似乎是不可能的，因为很多年来，村里别的人从没有遇见过狼，全村的人都不相信会有狼，除了那个牧人——他不断散布有狼的言论让整个村子感到紧张不安。于是，村里人勒令牧人戴上一个特制的口罩，让他保持安静，不许再发出声音。

后来，——————————————————

—————————————————————————

—————————————————————————

二. 课堂实录

时间：2011 年 4 月 17 日

地点：南京市建邺区金陵中学河西校区

班级：南京市凤凰花园城小学五年级某班

第一幕

师：我们先说一下话筒的规则，郭老师这里有两个话筒，一个在我手里，还有一个就交给这位小朋友。等会儿，我们就很简单地往后传，每个人发言都用话筒，传到最后一位同学再往前传，然后再往后传，依次这样传，每个人都有发言的机会。如果在传递的过程中有同学特别想发言，举一下手，我会把我的话筒递给你。明白了吗？好，那我们开始。

今天我们要一起来看一个故事，这个故事跟一个牧人有关。这个故事有很多版本，我们首先来看1.0版，〔示意〕来，第一位同学，请你朗读第一小节，拿话筒。

生：有个牧人赶着羊到村外较远的地方去放牧，他常常开玩笑，高声向村里人呼救，说有狼来袭击他的羊。

师：好，就到这里，话筒往后传。第二小节，第二位同学。

生：有两三回，村里人惊慌地跑来，又都笑着回去。

师：〔示意〕继续往后。

生：后来，狼真的来吃他的羊了。他放声呼救，村里人都以为他照例又在开玩笑，没有理他。结果，牧人的羊全被狼吃掉了。

师：读得非常好，请坐。继续往后，请你把这故事讲完。

生：嗯，这故事是说，我们不能说假话，一定要说真话，要不然，即使说了真话，别人也不会相信了。

师：非常好，请坐。这故事告诉我们：不能说谎。好，再后面一位同学，请你把这个故事讲完，你认为这故事是说——

生：我觉得这个故事是说，如果你一再地说假话，那么其他人就会不相信你，即使你再说真话，人们已经不会再相信你了。

师：最后导致的结局呢？

生：就是牧人的羊全部被吃掉。

师：嗯，你必须要承担这样的一个——

生：责任。

师：很好，请坐。所以这故事告诉我们：第一，不能说谎；第二，说谎的后果严不严重？非常严重——这是我们看的第一个故事。

好，〔示意〕话筒传给旁边的同学，我们来看 2.0 版。

师：继续请同学朗读，一边朗读一边思考。请注意，当拿话筒的同学在朗读的时候，其余同学请考虑下面这个问题：与1.0版相比，2.0版有哪几点不同之处？好，我们开始。

生：有个牧人赶着全村的羊到村外较远的地方去放牧，他常常遇见狼，高声向村里人呼救，说有狼来袭击他的羊。很不巧，等村里人赶到的时候，狼都已离开了，羊也都没事。

师：〔示意〕继续往前传话筒。

生：有两三回，村里人惊慌地跑来，又都笑着回去，以为牧人在开玩笑。

师：很好，〔示意传话筒〕继续往前。

生：后来，狼真的来吃羊了。他放声呼救，村里人都以为他照例又在开玩笑，没有理他。结果，全村的羊全被狼吃掉了。

师：非常好，请坐。与1.0版相比，2.0版有哪几处不同呢？〔示意〕来，请你说，请你告诉我们一点不同，哪一个地方不一样？

生：我觉得1.0版是说，因为说谎，所以当狼真来的时候就没有人相信他；而2.0版他说的是真话，结果是大家都只相信眼前所看到的——狼都已经离开，羊也没事儿——所以就不相信他，但是到最后狼就把羊全部吃掉了。所以大家只相信眼前看到的，不相信事实。

师：很好，请坐。这位同学告诉我们，在这两个版本里面，牧人所说的话是不一样的：在1.0版里面牧人是在说谎，在这个版本里牧人说的是真话。〔示意传话筒〕继续往前，你还有补充吗？

生：我认为在第一个版本里，牧人说了假话，村里人来的时候，他的谎话被戳穿了。〔师肯定："是。"〕第二个版本里，他虽然说了真话，但还是没有人相信他。所以，他说了假话和没说假话，都没有人相信他。

师：很好，请坐。第二位同学告诉我们，村里人对于牧人所说的话的判断是不一样的：1.0版里面，村里人最后知道牧人是在说谎话，但是在2.0版里，村里人对于牧人，他们是误会他了，其实他说的是真话。〔示意下一位同学〕还有不同吗？

生：我觉得这个可以延伸到生活里，2.0版的——

师：不延伸，我们就讲这个故事本身。

生：这个故事，1.0版的可以看出来，在这个人说假话的时候，别人都不相信他，当他说真话的时候，就没有人再相信他了；第二个故事告诉我们，本来他在说真话，但前几次狼都已经离开了，（后来）别人就不信任他了。

师：在你的发言里面提到一个字"狼"，请告诉我们，在2.0版里面到底有没有狼？

生：有狼。

师：在1.0版里面有狼吗？

生：最后有狼，一开始没有狼。

师：很好，请坐。在2.0版的时候，每次都有狼。〔示意〕最后一位同学，可不可以给我们谈谈羊的问题？

生：在1.0版里面，羊一开始都是没有事的，因为真的是没有狼来吃它们的；2.0版里面，羊是遇到狼了，但是狼（一开始）并没有把它们吃掉，后来羊都是被狼吃掉了。

2.0版 说真话的牧人

　　有个牧人赶着全村的羊到村外较远的地方去放牧，他常常遇见狼，高声向村里人呼救，说有狼来袭击他的羊。很不巧，等村里人赶到的时候，狼都已离开了，羊也都没事。

　　有两三回，村里人惊慌地跑来，又都笑着回去，以为牧人在开玩笑。

　　后来，狼真的来吃羊了。他放声呼救，村里人都以为他照例又在开玩笑，没有理他。结果，全村的羊全被狼吃掉了。

师：〔示意〕在讲义和 PPT 上，"羊"前面有个下画线，上面有个定语，这个羊是——

生：这个羊是全村的羊。

师：哦，是全村的。1.0版里面的羊是——

生：只是那个牧人的羊。

师：可能是他自己的，这也是一点很重大的区别，非常好，请坐。我们来讨论一下，明白了这四点区别——牧人不同，村里人对他的感觉不同，狼不同，羊也不同——那么这个2.0版到底告诉我们什么呢，各位想一想，这个故事告诉我们一个什么道理呢？

[生安静思考（6:55—7:05）]

师：我们现在是三个同学并排坐的，〔示意分小组〕三人三人讨论一下，大家可以交换一下意见。

[学生分三人小组讨论，师巡视全场，参与到小组讨论中（7:14—7:45）]

这个故事告诉我们什么道理？

同学一： 虽然有些人误会这个说真话的牧人，但是这个牧人依然会坚持自己的想法，所以……

同学二： 我认为人们都误会牧人了，他们应该……

同学三： 牧人如果要让村里人相信狼真的来过的话，他应该……

我的观点是：— — — — — — — — — — — — —

— — — — — — — — — — — — — — — — — —

— — — — — — — — — — — — — — — — — —

— — — — — — — — — — — — — — — — — —

— — — — — — — — — — — —

师：轮到谁发言了，我们依然按照顺序来。〔示意〕请你说，你觉得这个故事告诉我们一个什么道理？

生：虽然有些人误会这个说真话的牧人，但是这个牧人依然会坚持自己的想法，所以我想，只要是坚持真理的话，最后人们会发现，那个人是正确的。

师：请坐。这位同学告诉我们，村里人是误会那个牧人了，他们以为他说的话是假的，是谬误，但是她（发言的女生）强调，牧人也许应当坚持下去，以便让村里人能够发现其实他说的并非谬误。好的，把话筒继续往后传，我想再听一听别的同学的看法，〔示意〕你还有什么看法？

生：我认为人们都误会牧人了，他们都应该相信事实的发生，不应该相信眼前看见的——这会对人造成误解。

师：〔示意〕别坐下去，你认为对于那个牧人来说，他有什么办法可以让村里人相信狼真的来过——如果是一个现代牧人的话，他可以通过什么样的手段让人相信狼真的来过？

生：我觉得，可以让村里的一些人随他一起放羊。

师：哦，今天我们一起去放羊，很好，这是一个办法，请坐。〔示意〕后面的同学，你还有别的更简便的办法吗？如果只有他一个人的话。

生：我的办法是，这个牧人在生活中一定要获取别人的信任，他一定要坚持自己的观点，让别人更加信任他，这样他说的话，人们才会相信。

师：〔示意坐下〕明白你的意思了，坚持坚持再坚持。有没有同学有更为简便的办法？〔一生举手，师示意〕你说。

生：如果是现代牧人的话，可以直接拿照相机拍下来。

〔师生会意而笑〕

师：照相机都不用，直接手机拍一下就可以了。这位同学告诉我们非常重要的一点，你说的话要是有事实来作为证据，可能会更加有说服力，大家会相信你——我拍下了狼的照片，发给你看一下，这不就OK了嘛。

〔示意看投影〕这个故事告诉我们这样两个道理：要有事实为根据；不要轻易判断别人所说的话是错的。

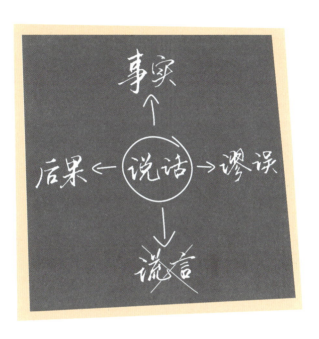

第二幕

师：我们继续往下来看一下3.0版，3.0版又稍有不同，依然请同学来朗读，轮到谁了？〔示意〕后面还有个小朋友哦，看得见吗？好，请朗读。

生：有个牧人赶着全村的羊到村外较远的地方去放牧，他说自己常常遇见狼，高声向村里人呼救，说有狼来袭击他的羊。很不巧，等村里人赶到的时候，并没见到狼，羊也都没事。

师：不要急着传话筒，你读得特别好，我想请你把它全部读完。

别的同学一边听一边思考，等会儿郭老师要让各位补写一个结尾。一边听一边想想，你会给一个什么样的结尾呢？

〔示意〕好，请继续朗读。

生：有两三回，村里人惊慌地跑来，又都笑着回去。

有狼？这似乎是不可能的，因为很多年来，村里别的人从没有遇见过狼，全村的人都不相信会有狼，除了那个牧人——他不断散布有狼的言论让整个村子感到紧张不安。于是村里人勒令牧人戴上一个特制的口罩，让他保持安静，不许再发出声音。

师：后来……

生：后来……

师： 我们就不知道了，请坐。好，请各位拿起笔来，带笔了吗？

众生： 带啦。

师： 拿出来拿出来，〔有学生未带笔和讲义〕有同学竟然赤手空拳地来了，郭老师真应该敲你一下，这怎么可以呢，写在你的手上？

〔众生笑，该生问同桌借了纸笔〕

师： 好，赶快写一个结尾。

〔学生在讲义上填写结尾，师巡视全场（12:20—14:50）〕

我的结尾：

3.0版

发出声音的牧人

有个牧人赶着全村的羊到村外较远的地方去放牧，他说自己常常遇见狼，高声向村里人呼救，说有狼来袭击他的羊。很不巧，等村里人赶到的时候，并没见到狼，羊也都没事。

有两三回，村里人惊慌地跑来，又都笑着回去。

有狼？这似乎是不可能的，因为很多年来，村里别的人从没有遇见过狼，全村的人都不相信会有狼，除了那个牧人——他不断散布有狼的言论让整个村子感到紧张不安。于是村里人勒令牧人戴上一个特制的口罩，让他保持安静，不许再发出声音。

后来……

我的结尾：

后来，_____

_____

_____

_____

_____

师：一个很简短的结尾哦，各位，不要长篇大论，只是给一个很简单的结尾而已。好，已经完成的同学还是一样，三个人交换，看看谁写得更好一点，看看你旁边的两个人怎么写的。

[三人小组交换阅读（15:10—15:35）]

师：轮到谁了，〔示意〕请你朗读。

生：后来，狼真的来了，牧羊人因为无法呼救，全村的羊都被狼吃掉了。这时，全村人终于看清楚了事实，真的有狼！可是，这时追悔也莫及了。

师：非常好，请坐。这位同学提供的结尾是：羊全部都被吃了。这个版本非常好，〔示意传话筒〕继续往前，前面那位同学，你怎么写的？后来——

生：后来，狼真的来了，可是那位牧羊人说不出话，出不了声音，不能呼救。一位打柴人经过，看见了狼在吃羊，就喊村民来帮助他与他的羊，最后人们战胜了狼，而那位牧羊人赢得了人们的信任与尊重。

师：很好，请坐。意外获救版——另外一个版本：狼来了，但因为有另外一个人帮助，所以羊能够幸免于难，而村里人也相信了这个牧人。我们再来听一位同学的创作，〔示意刚才借纸笔的学生〕前面那位，你的条件很艰苦哦，因为你连笔和纸都没有。

生：后来，狼来袭击他的羊了，因为他无法向村里人呼救，所以他本人和他的羊都被狼吃掉了。

〔全场笑，师做惊诧状〕

师：可以用一句话来概括你的版本吗？刚才第一个是"羊全被吃版"，第二个是"意外获救版"，你这个是什么版？

生：牧人和羊都被吃版。

师：哦，人羊俱亡版，是吗？

生：嗯！

〔全场大笑〕

师：〔示意该生〕请坐，郭老师原谅你没有带纸笔了，因为你给了一个非常精彩的答案。〔转向全体〕我们会发现，第三位同学给出的这个，损失是最惨重的。

还有别的答案吗，我想听听，有稀奇古怪的结尾想呈现一下吗？〔一生举手〕

师：我们听听这位同学的。

生：〔师提示"后来"〕后来，整个羊群的羊被吃了好几只，但大家只认为是走散了，此后，每天都会丢几只羊，人们终于相信了他，但损失已经无法挽回。亡羊补牢，为时不晚，此后，牧羊人每次放牧都有了伙伴。

师：第四位同学给的是"亡羊补牢版"，但请注意，亡羊补牢——在我们今天这节课里面，这个"亡"字的意思是不一样的：在成语里面的"亡"，是逃跑、丢失的意思；这里的"亡"，那是死了，真的被狼吃掉了。

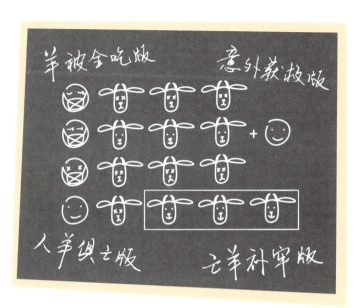

涂鸦：画出我的版本

师：很不错，我们给了这样一些版本，会发现 3.0 版这个故事和前面两个故事有很大的区别，也就是说，我们无法判断这个牧人所说的话究竟是真的还是假的。他发出声音，他提供的是一个〔师板书：意见〕意见——这个意见是真的还是假的，你知道吗？你不知道。

所以我想问各位，对于一个无法判断真和假的意见，你是否应当允许它发表，应不应该给他戴上口罩？

觉得不应该给他戴上口罩的同学，请举手。

〔场上学生全部举手〕

师：全部都举手啦，请放下，轮到谁了？〔示意此生起立〕为什么你要举手？

生：因为我认为，不管这个人以前是否取得人们的信任，但他终究会有一些真实的意见，如果让他戴上口罩，不让他发表自己意见的话，也许当损失真的来的时候，那个损失就会非常大，或者已经无法挽回了。

师：〔指向投影上的句子，做质疑状〕但是他不断散布有狼的言论，让整个村子感到紧张不安。

生：……

师：你怎么看这个问题——他老是说有狼有狼，我们都没见过狼啊。

生：说不定真的有狼呢。

师：哦，还是得让他说，是吗？

生：嗯。

〔后面有人举手〕

师：请坐。后面那位同学，哦，我们的话筒是往前还是往后的，按顺序来，〔示意传话筒〕你怎么看？

生：我认为他这么说的话也不是全错，他可以给全村人一个警示。

师：一个警示？

生：对，也就是说让全村人知道有狼这种生物，要小心羊会被狼吃掉。

师：嗯，很好地提醒了全村人，是吧？

生：对。

师：能够防患于——

生：防患于未然。

师：哦，能够防患于未然。请坐，那我想再问一问，有没有同学觉得在某种情况下，是可以给他戴上口罩，可以不让他发表这个意见的？

〔最后排一生举手〕

师：好，我们最后这个同学要说一说话，请你来谈一谈，〔师走到后排将话筒递给学生〕请讲。

生：在没有证据证明他……（改口）在有证据证明他是撒谎的时候，他们可以给他戴上口罩。

师：这位同学说，当有证据证明他在说谎的时候，可以给他戴上口罩，制止谎言的扩散，以免给人带来不安。还有同学有别的看法吗？刚才还有谁想发言？〔递话筒〕好，请你说。

生：我认为其他的村民应该要先深入调查，来调查一下是否真的有狼来袭击过他的羊，如果真的有的话，就是应该采取一些保护措施，如果能够确定他一直都在说谎的话，可以给他戴上口罩。

师：前提是要调查，确定他究竟是不是在说谎。

我们的意见是比较统一的，大家都认为：一个意见，当我们无法判断真和假的时候，首先应该让它发表出来，在发表的同时我们也应当进行细致的关于事实的调查——这是大家都公认的。

第三幕

师：我们再往下看，一本书里有这样一句话，大家看得清楚吗？我们一起来念一下："迫使一个意见"，一二，开始。

生：〔齐读〕迫使一个意见不能发表的特殊罪恶，乃在它是对整个人类的掠夺。

师：再来读一遍，"迫使"，一二开始。

生：〔齐读〕迫使一个意见不能发表的特殊罪恶，乃在它是对整个人类的掠夺。

师：这个人叫约翰·密尔，他在《论自由》这本书里面有这么一句话，意思和大家刚才说的是一样的，但他表达得更加精练了一点，也表达得更加艰难了一点，"迫使一个意见不能发表的特殊罪恶，乃在它是对整个人类的掠夺"——这不就是村子里的事情吗，怎么变成对整个人类的掠夺了？

［全场安静，默想十来秒（22:48—22:56）］

迫使一个意见不能发表的特殊罪恶，乃在它是对整个人类的掠夺。

——约翰·密尔（1806－1873）

《论自由》，19页，〔英〕约翰·密尔著，许宝骙译，商务印书馆，1959年3月师：〔语速放慢，说话间缓行到课堂后排，与众生一起看投影〕这个句子怎么理解？怎么解释？请各位凝视这个句子，考虑一下，如果有一个低年级的同学来问你这个问题的话——各位现在年龄都很大了哦——你怎么给他解释这个问题，这个句子他看不懂。

〔全场安静，继续默想（23:20—23:38）〕

师：〔说话间慢慢回到课堂前排〕我们特别不能理解的是，一个意见和整个人类之间到底有什么关系，是不是这句话说得太夸张了。各位还有一点点的考虑时间，先别急着举手，再想一想，等会儿讨论的时候，你要有自己的看法。

〔全场安静，继续默想（24:00—24:24）〕

师：好，接下来，我们六人一组讨论一下，〔示意分组〕前后六人，六人一组，〔示意后排四位同学〕你们四人一组。

〔学生分小组讨论，师逐组参加讨论（24:32—27:01）〕

郭老师请你想一想

怎么向一个小同学解释——

"迫使一个意见不能发表的特殊罪恶，
乃在它是对整个人类的掠夺。"

师：好，我们稍稍补充一些材料，帮助大家来思考这些问题，等会儿我们继续讨论，〔示意投影〕大家有没有看过这本图画书？

〔结合投影的解说〕关于鲸鱼的一本图画书[1]，翻开书，右上角有一只小鸟，小鸟说："啊，有鲸鱼。"下面的人正在喝酒很开心，说："真的吗？有鲸鱼啊，什么是鲸鱼？"——喏，这样的一条鱼叫鲸，大家很惊讶，全村的人都行动起来，跟着这只鸟去找鲸。找来找去，没有，从白天找到晚上，依然没有……最后，小鸟还在那边不停地叫："有鲸，有鲸鱼。"村民很懊恼啊，拿石头砸它："闭上你的臭嘴！"恨不得给它戴个口罩，"不要再叫了，根本就没有！"这只鸟很沮丧地在哭，来了一个小姑娘和一只小猫，它说："有鲸鱼。"它还是这样说。最后结局怎么样，有没有同学看过的？

[1]　《鲸鱼》，〔日〕五味太郎著，余治莹译，河北教育出版社2007年版。

师：〔环顾四周，生摇头〕那只鸟带着小姑娘和小猫一直往上飞，结果有没有鲸？真的有啊——这整个湖泊就是一条鲸鱼的形状呀！

〔众生惊叹〕

师：如果不让这只小鸟发表它的意见的话，你在这里住一万年，都不会看到这条鲸鱼。好，这是第一则材料。

我们再往下看，郭老师想给大家看一个很短的短片，叫作"Powers of Ten"，它从一个非常微观的场景——两个人在野外野餐——一直往上走，每过一秒钟就乘以十，越来越大。让我们来思考一下，我们所接触到的世界，只不过是怎么样的呢？

〔播放两分钟短片（29:07—31:06）〕

短片从"微观"到"巨观"，

帮助人们思考：

自己所接触到的"世界"，

其实只不过是……

师：你所接触到的世界，你所以为的世界，你身边的世界，其实只不过是……

〔投影回到《论自由》一页〕"迫使一个意见不能发表的特殊罪恶，乃在它是对整个人类的掠夺。"好，我们继续讨论两分钟，六人小组继续讨论。

〔学生讨论约两分钟（31:36—33:39）〕

为什么说——

"迫使一个意见不能发表的特殊罪恶，乃在它是对整个人类的掠夺。"

课堂小剧透

同学一： 故事里的意见是个小意见，在生活中，如果这是个比较大的意见的话……

同学二： 在这个故事里，在村庄里可能只是一个牧羊人，但是在社会里可能……

同学三： 如果禁止别人发表意见，会在社会上制造一种氛围，这种氛围是……

同学四： 我觉得发表自己的意见是个人的权利……

我的观点是： _____

_____

_____

_____

_____

师：时间有限，我们只能讨论到这里，接下来我想听听大家的看法，谈谈你对约翰·密尔《论自由》第17页里面所讲的一个佶屈聱牙的句子的理解，他说："迫使一个意见不能发表的特殊罪恶，乃在它是对整个人类的掠夺。"很多人都看不懂，请你给点解释，为什么？我们还是按照次序来，轮到谁了，〔示意〕请你发言。

生：我觉得，在故事里的那个意见是个小意见，在生活中，如果这是个比较有影响力的意见的话，或许就真的会关系到整个人类。

师：哦，你认为这个意见有小大之分〔师板书：小，大〕，有可能是一个小的意见，有可能是一个大的意见，而这个意见一旦变得足够大的时候，它可能会影响到整个人类——这是一个非常好的观点。继续，轮到谁发言了？〔示意下一位〕

生：我认为，这个人在村庄里可能只是一个牧羊人，但是他在社会里可能是一个群体，不光是一个人有这种意见。

师：可能是一类人，是吗？

生：对。

师：所以你的观点是——

生：所以我的观点是，如果说这一个群体的人足够多的话，那这个意见还是有必要采纳的。

师：我明白你的意思了，请坐。第二位同学说，所谓的一个意见，这里的量词"个"是用来修饰"意见"的，但也许有"好几个人"来支持这"一个意见"，可能是好多人都赞同这"一个意见"，只不过这些人相对于绝大多数人来讲，数量显得比较少而已。很好，我想请第三位同学来发言。

生：我觉得，如果是一个意见不能发表的话，那么可能后面有很多人都不敢再发表自己的意见了，这样的话，有好多意见因为这第一个意见就都不能再发表出来了。

师：很好，请坐。第三位同学补充说，如果禁止别人发表意见，会在社会上制造一种恐怖的氛围，一种压抑的氛围，〔师板书：恐怖氛围〕使得原本有很多话想说的那些人都不敢说话了，所以不可以这样做。还有补充吗？接下来可以自由发言，〔示意〕好，请你来说一说。

生：我觉得发表自己的意见是个人的权利。他发表的意见，如果是假的话，我们也可以防患于未然；如果是真的话，我们就可以亡羊补牢。

〔师板书：真，假〕

师：这位同学给我们区别了"意见"，意见可以
分两类，意见有可能是真的，当这个意见是
真的的时候，如果你扼杀这个意见的话，其
实你是扼杀了一个——

〔将话筒递向某生〕

生：扼杀了一个真理。

师：扼杀了一个真理。但是，这个意见如果是假
的呢？刚才那位同学只是点出了一点，我想
请一位同学来描述一下，如果明显知道这是
一个假的意见，为什么还要让它发表？你给
个理由。〔一生举手，师示意〕好，话筒递
一下。

生：我们每个人在这个世界上都是有发言权的，
就算这个意见是假的，人家提出来以后，我
们也可以用真理对他进行批驳。

师：如果这是一个假的意见，我们可以运用真理对他批驳，是吗？

生：对。

师：有一句俗语叫作：真理总是越辩越——

众生：越辩越明。

师：〔示意〕请坐。所以说假的和真的，像两块石头撞击一样，意见的撞击才能够迸溅出真理的火花，假的意见可以重新激活我们原本就认识的真理，加深对它的理解。

还有没有同学有想法，好，请这位同学来说一说，〔示意〕拿话筒。

生：一个意见，有的时候看起来微不足道，但是有可能推动整个人类的进步，如果一直坚持古老的思想，那人类就无法进步。

师：请坐，非常好。一个微不足道的意见有可能会推动整个人类的进步。

我想请教各位，当我们不允许一个人说话的时候，〔师板书：假设〕做一个假设，我们所有的人，另外在幕布后面站一个人叽里呱啦地说话，我们说："你不要说了，闭嘴！"——当我们不允许他说话的时候，是因为我们有充足的自信，认为我们全体所拥有的这个意见是……〔递话筒〕请你说。

生：我们认为我们的意见是正确的，所以我们就会感觉很肯定，那个人的意见就是错误的。

师：请你在这个"正确"前面再加两个字好吗？再加一个形容词。

生：……就是，我们觉得，绝——绝对。

师：〔示意请坐〕当一些人认为自己的意见是"绝对正确"的时候，他会禁止别人发言。所以我们会发现，不让别人说话，是基于这样一个假设，基于〔师板书：永不出错〕永不出错，我们坚信自己永远不会出错。

大家有没有见过一个永远不会出错的人？我刚才为什么要给大家看那部电影——谁可以为我们来谈一谈那部电影，我为什么要给大家放这个片子。轮到谁了，〔示意〕请你发言。那部影片告诉我们什么？

生：那部影片告诉我们……

师：你看了那部电影有什么感觉？

生：嗯……

师：感觉晴天在外面野餐挺愉快的。

生：……

师：好，请坐。〔示意〕话筒继续传递，轮到谁了？

生：我觉得意见有大有小，哪怕就是一个微不足道的意见，它还是存在的。

师：回到我们的话题，我想请你谈一谈对那部电影的看法。

生：就是我们在世界上，非常非常的渺小，就像意见一样，哪怕是非常非常渺小的意见，它还是存在的。

师：〔板书：渺小〕你说的这个渺小是指谁，它的主体是谁？

生：我们住的地方。

师：我们住的地方，包括我们自己吗？

生：嗯。

师：很好，请坐。这位同学告诉我们，作为个人是很渺小的，你所掌握的世界和你所以为的世界，其实只是广大世界中非常非常小的一部分。

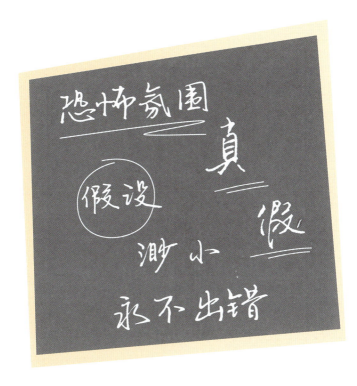

第四幕

师：那我想问各位，作为个人很渺小，凡是人都
会犯错误；〔师板书：时代〕是否可以从一个
时代的角度来讲，有没有见过一个永不犯错
的时代？

〔众生摇头〕

师：也就是说，时代也会犯错误，你可以举一个
例子吗？某一个时代犯了错误，〔递话筒〕
请你来说。

生：很久以前，人们都认为地球是天圆地方的，然后那个理论坚持了几百年，但是后来哥白尼提出了"日心说"，他经过进一步的证实才让人们明白了，地球其实是圆的。[1]

师：哥白尼的例子很好地说明了时代的错误。还有吗？好，〔递话筒〕请你来说。

生：以前亚里士多德，很多人都相信他，许多大学的教材基本上都是他写的书，而后来有一个人推翻了他的一些说法。像亚里士多德曾经说过，人的血管里全都是空气[2]，而后来有一位科学家[3]证明了血管里是血液，有血液循环的作用，推翻了他的说法。

〔1〕此处学生发言不准确。古希腊亚里士多德就提出大地是球形的。公元前2世纪，古希腊天文学家托勒密建立了完整的地心宇宙体系，主张太阳、行星、恒星等天体都绕地球运转。1543年，哥白尼的《天体运行论》在他弥留之际刊印，主要证明地球在运动，而太阳静居于宇宙中心。——参见《天体运行论》，哥白尼著，叶式辉译，武汉出版社，1992年10月。

〔2〕古希腊医学家。包括亚里士多德作为动物学家在内，所作解剖多取人畜死体，于人体解剖或是用胎婴死体，动脉往往中空，或疑其中既属含气，故也以"气管"名之。——参见《灵魂论及其他》354页，亚里士多德著，吴寿彭译，商务印书馆，1999年2月。

〔3〕1628年，英国医生威廉·哈维发表了划时代著作《心血运动论》，从各个方面证明心脏是一个可以泵出血液的肌肉实体，血液以循环的方式在血管系统中不断流动。——参见《心血运动论》，威廉·哈维著，田洺译，武汉出版社，1992年10月。

师：亚里士多德作为那个时代的权威，被我们现代人认为有很多不足。还有吗？大家有没有一些典型的例子？请你来说。

生：哥白尼当时在提出"日心说"的时候，有很多人都相信他说的话，后来布鲁诺发现宇宙不是以太阳为主体（中心）的，结果后来那个人被绑在十字架上烧死了。[1]

师：这位同学给我们举了一个布鲁诺的例子，他被烧死在意大利的鲜花广场上，只不过是因为主张一个"日心说"。还有补充吗？

[1] 此处学生发言不准确。布鲁诺基于哥白尼学说，系统批判了亚里士多德的地心论——有限宇宙论，并根据当时自然科学最新成果，从哲学上论证和阐发他的无限宇宙论：宇宙是一，而众世界是无数；每个世界有中心，而无限宇宙无中心。

1599年，罗马宗教法庭向他宣布八大罪状：不承认上帝的三个位格；不承认道成肉身；不承认圣灵的本性；不承认基督的神性；主张自然界的必然性、永恒性、无限性，以及灵魂的轮回⋯⋯1600年，布鲁诺在鲜花广场被处以火刑。

——参见《论原因、本原与太一》185页，〔意〕布鲁诺著，汤侠声译，商务印书馆，1984年10月。

生：就是以前的时候呢，人们总认为黑人就是比自己低一个等级，然后黑人就被作为奴隶，但是每个人都是平等的，直到林肯成为总统的时候才提出了《黑人解放宣言》。[1]

师：林肯总统解放了黑人，但是在美国的黑人要获得真正的平等地位，也许要等到二十世纪的六七十年代，直到马丁·路德·金说，我有一个梦想，我希望黑人和白人能够坐在一起，能够像兄弟一样。他们现在平等了吗？上任美国总统是一个黑人还是白人？

众生：黑人。

师：是一个黑人，他们通过选举选出了一个黑人总统，可以看出黑人在他们心目中的地位了。哦，还有吗？边上同学离我比较远，〔递话筒〕请你来说一说。

生：以前人们总是认为人是上帝造出来的，然后在达尔文的《物种起源》出版以后，达尔文就推翻了"人是上帝造出来的"这个说法。

---

〔1〕应为《解放黑人奴隶宣言》，*The Emancipation Proclamation*。

师：同样，现在也有很多人想推翻达尔文的说法，到底人是不是上帝造的，这是一个有长久争议的话题。

很多同学经过这样的发言会发现，不仅是个人容易犯错误，而且连时代也会犯错误。上溯到我们奶奶的奶奶，如果是汉族的，她的脚应该是小脚，当时那个时代认为，女孩子缠小脚是天经地义的，是最美的，要么缠小脚，要么去死[1]，这样的错误，现在看起来是何等的荒谬啊。

我们最后明白了，不让别人说话是基于这样一种假设——永不出错——但是我们知道这是不可能的。我们也知道了，这个意见，无论它是真理还是谬误，都应当让它发表出来，让大家一起来说。

[1] 胡仿兰，清末江苏沭阳人，已婚，育两子。在新思想沐浴下她走上了反对缠足的道路，她不给女儿缠足，自己又放足，同时还向周围女子宣传放足与不缠足……最后被冥顽不化的公公婆婆迫害致死。——参见《缠足史》191页，高洪兴著，上海文艺出版社，1995年7月。

师：〔示意看投影〕我们一起来把这个句子再朗读一下，"迫使一个意见不能发表的特殊罪恶"，一二，开始。

生：〔齐读〕迫使一个意见不能发表的特殊罪恶，乃在它是对整个人类的掠夺。

师：大家会背这句话了吗？来，看着我，一起来背一遍好不好，"迫使一个意见"，一二，开始。

生：〔齐背〕迫使一个意见不能发表的特殊罪恶，乃在它是对整个人类的掠夺。

师：好的，我们再来看一个非常著名的句子，这是法国的一个哲学家和思想家伏尔泰说过的一句很有名的话，我们一起朗读一下，开始。

**我并不同意你的观点，但是
我誓死捍卫你说话的权利。**

——〔法〕伏尔泰（1694－1778）

摘自S.G.塔伦泰尔《伏尔泰的友人》（1907年），199页
转引自《西方引语宝典》617页，商务印书馆，2008年3月

生：〔齐读〕我并不同意你的观点，但是我誓死捍卫你说话的权利。

师：我们再读一遍，就把它背出来，"我"，一二，开始。

生：〔齐读〕我并不同意你的观点，但是我誓死捍卫你说话的权利。

师：我们一起来背诵一遍。"我并不同意你的观点"，一二，开始。

生：〔齐背〕我并不同意你的观点，但是我誓死捍卫你说话的权利。

师：这句话是谁说的啊？

生：伏尔泰。

郭老师请你来默写

迫使 - - - - - - - - - - - - - - - - - -

- -

——《论自由》，约翰·密尔

我并不 - - - - - - - - - - - - - - - - - ，

但是 - - - - - - - - - - - - - - - - - - - 。

——伏尔泰

师：话筒在谁那里啊，请站起来。我们今天探讨了三个故事，着重探讨了3.0版的这个故事，请你为我们说一下，这个《发出声音的牧人》，根据你的理解，其实是一个关于什么的故事？

 《**发出声音**的牧人》，
其实是一个关于 _____ 的故事。

生：嗯……应该是所有人都有自己说话的权利，就算我们并不同意他的观点，但是，就像刚才伏尔泰说的那句话一样，应该给别人说话的权利，发表自己的意见。

师：好的，请坐。我们这位同学说，《发出声音的牧人》，其实是一个关于人人都拥有说话权利的故事。话筒继续往前传，我想听第二位同学的理解，请你说一下这句话。

生：我认为呢，这是一个让我们每个人都要发表自己的观点（的故事），不要说是顺着大家的意思，大家都有自己的观点，都有自己的意见。

师：完整地把这个句子说一遍，好吗？《发出声音的牧人》——

生：《发出声音的牧人》，其实是一个关于我们都应该有自己的权利，坚持自己的观点，不要顺着大家随波逐流的故事。

师：好长的一个定语啊，很好，请坐，明白你的意思了。最后，我想再听一位同学，〔示意〕请你也把这个句子朗读一下，并且完成填空，好吗？

生：其实，这是一个关于发表意见和人权、说话权利的故事。

师：说话权利的故事，很好。还有同学要发言吗？〔示意〕好，请你来说一说。

生：我认为这个空格可以缩略成三个字，其实是一个关于发言权的故事。

〔掌声〕

师：同桌，你怎么看？

生：我认为，其实是一个关于不能剥夺发言权的故事。

师：明白了，我们知道《发出声音的牧人》，其实是一个关于发言权——要捍卫，不可剥夺，而且每个人勇敢地来表达自己观点——的故事。好的，伏尔泰那个句子我们一起来背诵一下："我"，一二，开始。

生：〔齐背〕我并不同意你的观点，但是我誓死捍卫你说话的权利。

师：很好，下课！

（文字整理：郭初阳）

图书在版编目（CIP）数据

郭初阳的语文课 . 第一堂课 , 儿童哲学课 : 牧人的故事
/ 郭初阳著 ; 黄月绘 . —— 北京 : 北京联合出版公司 , 2020.9
（2025.1重印）

ISBN 978-7-5596-4349-0

Ⅰ . ①郭… Ⅱ . ①郭… ②黄… Ⅲ . ①中学语文课 –
课外读物 Ⅳ . ①G634.303

中国版本图书馆CIP数据核字（2020）第113241号

郭初阳的语文课

（第一堂课　儿童哲学课 : 牧人的故事）

作　　者：郭初阳
绘　　者：黄　月
出品人：赵红仕
责任编辑：李　伟　　李艳芬
特约编辑：吴嫦霞
书籍设计：陆红强

北京联合出版公司出版
（北京市西城区德外大街83号楼9层 100088）
北京联合天畅文化传播公司发行
北京美图印务有限公司印制　新华书店经销
字数30千　787mm×1092mm 1/32 2.5印张
2020年9月第1版 2025年1月第9次印刷
ISBN 978-7-5596-4349-0
定价：168.00元（全十一册）

樂 府

·

心里满了，就从口中溢出

郭初阳 的语文课

第二堂课

儿童哲学课

哈里森·伯杰隆

郭初阳／著

黄月／绘

北京联合出版公司

目 录

一. 课前阅读

2081年

哈里森·伯杰隆

[美] 库尔特·冯内古特[1]

那是2081年，终于人人平等。人们不仅在上帝和法律面前平等，而且在方方面面都一律平等。没有哪个人比别人聪明些，没有哪个人比别人漂亮些，也没有哪个人比别人强壮些或者灵巧些。所有这些平等都是因为有了宪法修正案第211条、第212条和第213条，并且有了美国设障上将手下人员日夜不停的警戒。

不过，生活中有些事仍然不那么正常。比如说，四月份还是不像春季，把人都逼疯了。恰恰就在那个阴冷潮湿的月份里，设障上将的手下把乔治·伯杰隆和哈泽尔·伯杰隆夫妇十四岁的儿子抓走了。

[1] 选自《科幻之路第三卷：从海因莱恩到七十年代》，詹姆斯·冈恩著，郭建中主编，福建少年儿童出版社，1997年8月。库尔特·冯内古特（Kurt Vonnegut, 1922—2007），美国作家，擅长黑色幽默，代表作有《猫的摇篮》《冠军早餐》《囚鸟》等。

确实，这件事很悲惨，但乔治和哈泽尔不可以老想着它。哈泽尔智力一般，完全符合要求，就是说她除了突发一点奇想，平时什么事也思考不了。乔治因为天份比一般人的水准略高一筹，就得在耳朵里戴个微型智能障碍收音机。根据法律的要求，他得日日夜夜戴着它。收音机调准在政府发射台的频道上。每隔二十秒钟左右，发射台就发射某种尖锐的声音，让乔治这号人不再因他们的脑子而表现出不公平的优越感。

　　乔治和哈泽尔夫妇正在看电视。哈泽尔脸上挂着泪珠，但她已经忘记刚才干吗哭泣了。

　　电视屏幕上出现了芭蕾舞女演员。

　　乔治脑袋里响起嗡嗡的蜂鸣声。他吓得灵魂出窍，就像夜盗听见警报铃响一般。

　　"那舞蹈真的不错，她们刚才跳的那个舞。"哈泽尔说。

　　"啥？"乔治问。

　　"那舞蹈——很好的。"哈泽尔说。

　　"嗯。"乔治应道。他开动脑筋思忖着那些芭蕾舞女演员。她们不见得那么好——怎么说都不比其他哪个跳过芭蕾舞的人强。她们身上挂着负重物和一袋袋鸟弹，脸上都戴着面具，因此，没人见到漂亮的脸蛋和舒展优美的身姿，也就不会觉得心里像揣了一只兔子那样躁动不安。乔治隐隐约约思忖着也许不该对舞蹈演员设障。他还没来得及想下去，耳朵里的收音机又响起另一种噪音，驱散了他的思绪。

乔治畏缩着。八个芭蕾舞演员中有两个也畏缩着。

哈泽尔见到他失态，她自己没配戴智能障碍，只得问乔治刚才的声音是什么样子的。

"听起来像有人用圆头锤子敲牛奶瓶。"乔治答道。

"我想那太有意思了，听到这么多不同的声音，"哈泽尔怀着一丝嫉妒说，"他们挖空心思想出了这么多绝招。"

"嗯。"乔治应道。

"假如换我担任设障上将，你想我会怎么做？"哈泽尔问道。说实在的，哈泽尔天生与那个设障上将同属一路货色。上将是个娘们，名叫戴安娜·穆恩·格兰波丝。"假如我是戴安娜·穆恩·格兰波丝，"哈泽尔说，"星期天我就敲出和谐的乐钟——只放乐钟，就是向宗教表示敬意的那一种。"

"如果仅仅是乐钟，我能思考。"乔治说。

"嗯——恐怕就得大声点，"哈泽尔说，"我想我会成为一名优秀的设障上将的。"

"像其他任何人一样优秀。"乔治说。

"谁又能比我更好地理解'平庸'二字的含义呢？"哈泽尔说道。

"不错。"乔治说。他依稀想念着他那不合常规的儿子，就是正在坐牢的哈里森，可是脑中二十一响礼炮打断了他的思路。

"老公！"哈泽尔说，"那声音绝了，是吧？"

这声音真叫绝，乔治脸色泛白，浑身哆嗦，眼泪在发红的眼眶里打转。八个芭蕾舞演员中有两人瘫倒在演播室地板上，双手捂着太阳穴。

"你突然显得很疲惫，"哈泽尔说，"干吗不躺在沙发上舒展一下身子，亲爱的？这样你就可以把障碍袋靠在枕头上了。"她指的是内装四十七磅鸟弹的帆布袋，绕在乔治脖子上，用挂锁锁住。

"去把袋子搁在沙发上休息一会儿吧，"她说，"你暂时跟我不平等，就那么一阵子，我不会斤斤计较的。"

乔治用手掂了掂袋子的分量。"我无所谓，"他说，"我已经不再意识到这个袋子的存在。它已经成了我的一个组成部分。"

"你最近显得十分疲乏——像是虚脱了，"哈泽尔说，"要是我们有办法在袋子底部挖个小洞，拿出一点儿铅弹就好了。只拿几个。"

"每拿出一个铅弹，就是两年的牢役和两千元的罚款。"乔治说，"我可不觉得这样做划得来。"

"要是你下班以后拿一点出来，"哈泽尔说，"我是说——你别跟周围的人比谁遵纪守法嘛，躲着点就是了。"

"要是我想法子把铅弹取出来，"乔治说，"那么别人也会把他们的铅弹取出来——咱们很快就会回到黑暗时代，个个都在与别人明争暗斗。你不会喜欢那种社会吧？"

"我讨厌。"哈泽尔说。

"那就对啦，"乔治说，"一旦人们开始欺

骗法律，你想整个社会将会变成什么样子？"

要是哈泽尔没能说出个道道来，乔治也无法讲出个所以然来。汽笛声在他脑袋里拉响。

"估计将会四分五裂。"哈泽尔说。

"什么四分五裂？"乔治茫然问道。

"社会，"哈泽尔语气不肯定，"难道你刚才不是在谈社会吗？"

"天晓得。"乔治应道。

电视节目忽然中断，插了个新闻公告。刚开始不知道公告内容是什么，因为这个播音员就像所有的播音员一样，有严重的语言障碍。大约有半分钟时间，播音员异常紧张，想说出"女士们，先生们——"

他到底还是作罢了，将公告递给一个芭蕾舞女演员念。

"这就不错了——"哈泽尔议论起播音员，"他试过了嘛。这就了不起。他想用天赋的本事把事情做好。凭这种韧劲儿也该给他加一大笔工资才对。"

"女士们，先生们——"芭蕾舞女演员开始念公告。她肯定长得格外美丽动人，因为她所戴的面具丑陋不堪。很容易看出她在所有舞蹈演员中身材最矫健，风韵也最迷人，因为她的障碍袋与体重二百磅的男人所戴的一样大。

她因自己的嗓音不得不当场向观众道歉，因为女人用那样的嗓音说话太不公平了。她的音色温柔明晰，无限美妙。"抱歉——"她说道，于是重新开始读新闻公告，压着嗓门使自己的语音绝对不具备任何竞争性。

"哈里森·伯杰隆，十四岁，"她用鹦哥那种粗厉的叫声报道，"刚刚越狱逃跑，在狱中他被怀疑阴谋推翻政府。他是个天才，也是个运动员，目前戴着浑身障碍，应视为特别危险的人物。"

警察提供的哈里森·伯杰隆的照片闪现在屏幕上——倒着放，侧过来，又倒回来，然后摆正了。这是哈里森的全身照，衬着标明英尺和英寸的背景。他正好七英尺高。

哈里森的外表饰满万圣节所用的面具和五金器具。没有人像他戴过那么重的障碍物。他长得快，旧的障碍物很快就穿戴不上，设障上将的部下煞费心机也无法及时给他重新设障，使他与别人保持平等。他不像别人那样用微型耳塞收音机作为智能障碍，而是戴着一副硕大的耳机，架着一副有厚厚波纹镜片的眼镜。设计这副眼镜不仅要使他半瞎不瞎，而且要叫他脑袋像挨鞭子一样阵阵发痛。

他全身披挂着破铜烂铁。通常，发给健壮人的障碍物讲究点对称和军事化的整齐划一，但哈里森看上去像个会走动的废品堆。哈里森在他的人生旅途上负重三百磅。

为了抵消他俊俏的容貌，设障上将令他鼻子上日日夜夜戴个红色橡皮球，剃掉眉毛，洁白整齐的牙齿上套着胡乱造出的黑色龅牙套子。

"假如你见到这个小伙子，"芭蕾舞女演员说，"不要——我再说一遍，不要——试图跟他论理。"

这时一扇门从铰链上扯落，传来吱吱嘎嘎的声音。

电视机里传出惊恐万状的尖叫声和呼爹唤娘的号啕声。哈里森·伯杰隆的照片在屏幕上跳个不停，像是随着地震波起舞。

乔治·伯杰隆准确无误地判断出所谓地震是

怎么回事。他完全有把握——因为数不清多少次，他自己的家就是随着这种疯狂的节奏而震颤。"我的天——"乔治说，"那肯定是哈里森！"

他刚意识到哈里森来了，这念头立刻被脑子里的汽车碰撞声摧毁。

乔治好不容易睁开眼睛，哈里森的照片消失了。一个活脱脱有生气的哈里森占据了整个屏幕。

哈里森站在演播室中央，身材硕大，浑身当啷作响，丑角般滑稽。他仍然拿着从连根拔起的演播室大门上脱落的球形捏手。芭蕾舞女演员、技术人员、音乐师和播音员全都畏畏缩缩跪在他的面前束手待毙！

"我是皇帝！"哈里森叫嚷道，"听见了吗？我是皇帝！所有的人都得马上按我说的去做！"他跺跺脚，演播室震颤起来。

"别看我站在这儿——"他怒吼道，"失去了活动能力，浑身披挂十分丑陋，一副病态——我是从古到今天底下最伟大的统治者！现在让你们瞧瞧我的能耐！"

哈里森像撕下湿纸巾一样扯下障碍铠甲的铁皮条，那些铁皮条经保险能承受五千磅的重量。

哈里森身上的废铜烂铁松开，当啷一声落到地上。

哈里森将两个大拇指插在用于固定头部挽具的挂锁横杠上。横杠啪的一声像芹菜一般折断了。哈里森脱下耳机和眼镜，狠狠地朝墙上摔去。

他掷掉了橡皮球鼻套，显现出他是个令人敬畏的堂堂男子汉，即使雷神见了也会自叹不如。

"我现在要选择皇后！"他说，俯视着瑟瑟发抖的人们，"第一个敢于站立起来的女人将获得皇后的身份和权力！"

过了一阵子，一个芭蕾舞女演员像轻盈的柳树一般晃晃悠悠站立起来。

哈里森摘除她耳朵里的智能障碍，用无比体贴的态度啪一声解开她的体形障碍。最后，他拿掉了她的面具。

她美丽动人，光彩夺目。

"现在——"哈里森牵着她的手说，"让我们向世人展示舞蹈二字的真正含义吧。奏乐！"他命令道。

音乐师仓皇爬回椅子上，哈里森把他们的障碍物统统扒掉。"演奏出最好的水平，"他对他们说，"我就封你们为男爵、公爵和伯爵。"

音乐奏起，一开始很不正常，粗劣、无聊、错误百出。哈里森从椅子上抓起两名音乐师，将他们挥舞起来，就像挥动指挥棒一样，一边唱着要他们演奏的曲子。他砰的一声把他们甩回椅子里。

音乐再次响起，比刚才好多了。

哈里森和他的皇后只听了一段音乐——神情庄重地听着，似乎要让心跳与音乐同步。

他俩把体重移到脚尖。

哈里森用一只大手兜着姑娘的蜂腰，让她感受到即将属于她的失重状态。

接着，他俩暴发出一阵欢乐，无比优美地向空中腾飞。

他俩不仅摆脱了人间法律的束缚，也摆脱了重力定律和运动定律的制约。

他俩回旋、转动、疾驰、跳起、雀跃、奔腾、旋转。

他俩像月亮上的鹿儿一样跳跃。

演播室的天花板有三十英尺高，但是每次跳跃都使这一对舞蹈家更加接近天花板。

显然他俩想亲吻天花板。

他俩吻着了。

接着，怀着爱情与纯洁的意愿，他俩摆脱了重力，悬浮于天花板下几英寸的空中，相互吻了很长很长一段时间。

就在这时，设障上将戴安娜·穆恩·格兰波丝手持双管十毫米口径机关枪走进演播室。她射出两梭子弹，皇帝和皇后还没有摔落到地板上就一命呜呼了。

戴安娜·穆恩·格兰波丝又装上子弹。她把枪口对准那帮音乐师，限令他们十秒钟之内佩戴好障碍物。

就在这时，伯杰隆的电视机显像管烧坏了。

哈泽尔扭头要跟乔治说电视机熄灭了，不料乔治已经到厨房去取一听啤酒。

乔治拿着啤酒回来了，当障碍信号震响时，他吓得顿了一下。然后他又坐下来了。"你一直在哭吗？"他问哈泽尔。

"嗯。"她说。

"哭啥？"他问道。

"我忘了，"她回答说，"电视上着实悲惨的一幕。"

"什么内容？"他问道。

"我脑子里一片混乱。"哈泽尔说。

"把悲惨的事抛在脑后吧。"乔治劝道。

"我一直是这样做的。"哈泽尔说。

"那才是我的老婆呢。"乔治说道。他又畏缩了，脑袋里发出一阵铆（mǎo）钉枪的射击声。

"天哪——我敢断定电视上那个人是个精英。"哈泽尔说。

"你说的一准没错。"乔治说。

"天哪——"哈泽尔说，"我敢断定那人是个精英。"

（江亦川 译）

二、课堂实录

时间：2011 年 9 月 23 日
地点：深圳市龙岗区中心城爱心路 94 号
班级：深圳市龙岗区实验学校六年级

第一幕

师：这部小说叫什么名字啊？

生：哈里森·伯杰隆。

师：作者是谁？

生：冯内古特。

师：对，库尔特·冯内古特，他是美国的一位作家。今天我们来看一下他的作品。这个小说大家已经都看过一遍了吧？

生：看过了。

师：嗯，很好。来，第一位同学，请告诉我们，小说的故事发生在哪一年？

生：2081年。

师：非常好，把话筒往后传。这个故事发生在2081年，在2081年，很多人曾经追求的一个目标已经实现了。请你告诉我们，是一个什么目标实现了？

生：人人平等。

师：非常好，是"人人平等"。2081年，人人平等的目标终于实现了，这可是一个很伟大的目标啊。法国有一个很著名的启蒙思想家叫孟德斯鸠，他说过关于平等的一段很重要的话，〔示意〕请你朗读一下，好吧？

生：在民主政治之下，真正的平等是国家的灵魂。

师：非常好。我们一起来读一下，好吗？

生：〔齐读〕在民主政治之下，真正的平等是国家的灵魂。

> 在民主政治之下，真正的平等
> 是国家的灵魂。

——《论法的精神》，54页
[法] 孟德斯鸠著，张雁深译，商务印书馆，2005年4月

孟德斯鸠 Baron de Montesquieu（1689年－1755年）

师：真正的平等是国家的灵魂，今天我们探讨这个话题很有意义哦。据说平等实现了，看小说的第一节，是在谁的面前实现了人人平等？轮到谁了——你可以告诉我吗？

生：不仅在上帝和法律面前平等，而且在方方面面都一律平等。

师：非常好，请坐。这篇文章在开头就告诉我们，在上帝面前人人平等，在法律面前人人平等，而且在方方面面完全平等，是吗？

生：对。

师：那为什么在上帝面前人人平等呢？要跟大家解
释一下，从宗教的角度看，有两个原因。第一
个原因，在《圣经》中，因为每个人都是上帝
所造的，大家都一样，在上帝眼中一视同仁；
还有一个原因，正如这张投影所显现的，来，
话筒轮到谁了，请你朗读一下好吧。

生：就如经上所记："没有义人，连一个也没
有。"……因为世人都犯了罪，亏缺了神的
荣耀。

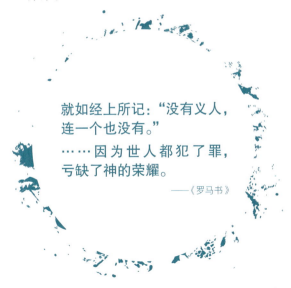

就如经上所记："没有义人，
连一个也没有。"
……因为世人都犯了罪，
亏缺了神的荣耀。

——《罗马书》

师：非常好，请坐。也就是说，第二个原因，在上帝眼中每个人都是有罪的，大家都是罪人，所以说罪人和罪人都一样——这是在上帝面前人人平等的原因。

还有一点，是说在法律面前人人平等，是吗？来，同桌，请你朗读一下，看得清楚吗？

我们所有宪法建立的基础，都是人的生而平等。

—— 托马斯·杰弗逊《致乔治·华盛顿的信》
1784年4月16日

生：老师，我看不清。

师：哎呀，不好意思，把话筒往前传，请你前面那位同学来朗读，好吗？这是托马斯·杰弗逊的很著名的一段话，你看得见吗？

生：老师，上面写的那是什么法？

师：宪法。

生：我们所有宪法建立的基础，都是人的生而平等。

师：你读得很好，再来一遍。

生：我们所有宪法建立的基础，都是人的生而平等。

师：宪法是建立在人人平等的基础上的，请坐，非常好。〔示意话筒〕继续往前。国外很多法院的前面，都有这么一座雕像，这个人的名字叫作忒弥斯，〔示意〕来，站起来，给大家解释一下忒弥斯的动作姿态，她在干吗，她为什么要这样？

生：她在提着一杆天平秤。

师：是，有什么含义吗？

生：这样显示她的公平。

师：对，其实她还有一个特点，你有没有注意到——她的眼睛好像是被……

生：蒙住了。

师：对，蒙住了，为什么呀？

生：〔沉吟〕……

师：因为她是近视眼吗？

生：〔笑〕不是。

师：那你估计是什么原因？

生：〔思考〕……

师：好，请坐。有没有同学想好了，她的眼睛为什么要蒙住？〔递话筒〕你来说。

生：因为（她）看见的话，就可能会偏向哪一边；蒙上眼睛的话，应该是最公平的。

师：〔点头〕为了追求公平，所以她把眼睛蒙上。无论谁到她的面前来，她都一视同仁，对吧？因为她"无视"，所以完全一样，这是她蒙上眼睛的含义。我们现在明白了，为什么说在法律面前人人平等。

第二幕

师：刚才我们朗读的时候，发现除了在上帝、法律面前之外，"方方面面都一律平等"是吗，接下来讲到很多地方也都平等了，其实，这几个方面也许可以概括成三点。这是一个很难的问题哦，我想请一个同学来朗读第一小节，别的同学一边听，一边做一件事情：把这三个方面各用一个字来概括。在你听的时候，想一想，用哪三个字来概括呢，哪三个方面都平等了呢？〔示意〕好，请你朗读第一小节。

生：那是2081年，终于人人平等。人们不仅在上帝和法律面前平等，而且在方方面面都一律平等。没有哪个人比别人聪明些，没有哪个人比别人漂亮些，也没有哪个人比别人强壮些或者灵巧些。所有这些平等都是因为有了宪法修正案第211条、第212条和第213条，并且有了美国设障上将手下人员日夜不停的警戒。

师：非常好。写一写，哪三个字，哪三方面大家都平等了呢？

［师绕场漫步，生思考（6:30—7:07）］

师：好，跟你旁边的同学商量一下。

［生讨论，师参与（7:10—7:43）］

2081年，人们在哪三个方面
实现了平等呢？

师：好了，我们还是按照顺序来，好吗？这三个方面，你任意选择一个你有把握的告诉大家吧。轮到谁了？〔示意〕请你告诉我们一个字，好吗？第一个方面，人人平等。

生：在漂亮方面，我觉得应该是"美"。

师：在"美"的方面，人人平等了，不错，请坐。〔递话筒〕好，请你继续补充，还有什么方面，人人平等了呢？

生：在强壮和灵巧方面，我觉得应该是——"强"。

师：这可能更多地是形容一个人的……

生：体魄。

师：对。第一个字？

生：体。

师：体，很好。体能方面，体魄方面，人人平等了，很好。〔递话筒〕还有吗？

生：在聪明方面，应该是"心"。

师：在聪明方面，人人平等了。有没有一个字可以概括"聪明"这个词语呢？〔众生举手〕大家一起告诉我——

众生：智。

师：智。〔示意〕你请坐。刚才第一个同学说关于美貌、漂亮这一点，我们用哪一个字来概括最为准确呢？

众生：美。

师：美？我听到有一个微弱的声音，在哪里？〔示意〕你来说。

生：貌。

师：貌，一个人的外貌，对吧？到了2081年，每一个人的智、每一个人的貌，还有每一个人的体，都一样了，是吗？

生：对。

师：但是很奇怪啊，大家彼此看一看，你们的"貌"一样吗？

众生：〔摇头〕不一样。

师：你们的"体"一样吗？

众生：〔摇头〕不一样。

师：你们的"智"，我不知道是不是一样哦。生来就不一样，对吗？那怎么可能平等呢，用什么办法做到的——全都一样？这个小说里有没有写到？

生：因为美国有设障上将和手下人员日夜不停的警戒。

师：哦，请坐，因为他们每天都在那边设障，原来是这样做到的，他们通过设置障碍来达到平等。

那么接下来，我要请各位做一件事情，请大家把小说里讲到的所有设置障碍的方式，所有实施的细则，怎么设障，设了哪些障碍，全部都圈出来，看一看，全部画一下，好吗？你可要很快地把小说从头到尾地梳理一遍。

〔生阅读、圈画（11:37—12:30）〕

小说里提到了哪些设置障碍的方式、实施的细则，怎么设障，设了哪些障碍？读一读，在下图里找到它们，并写上它们的名字。

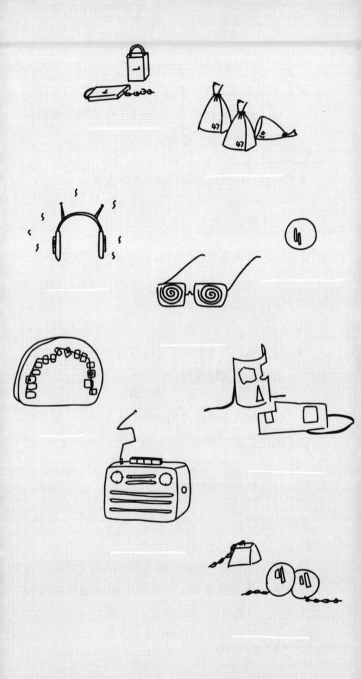

师：不是很难找吧？好了，我们请同学们来说说，话筒轮到谁了？〔示意〕来，请你告诉我们其中一点，好吗？

生：我找到的设障物体，有障碍收音机。

师：这个障碍收音机，它是怎么使用的？

生：把它放在耳朵里，调准在政府发射台的频道上。每隔二十秒钟左右，发射台就发射某种尖锐的声音。

师：哦，每过二十秒就发出尖锐的声音，能够让听的人怎么样呢？

生：让听的人不再因他们的脑子而表现出不公平的优越感。

师：这样戴着会很舒服吗？

生：不舒服。

师：不舒服。哦，用这样的方式来达到障碍的效果，障碍收音机。〔示意〕话筒继续往后传，还有吗？

生：我找到的是障碍袋。

师：什么样的障碍袋，分析一下。

生：是内装四十七磅鸟弹的帆布袋。

师：它是怎么使用的？

生：绕在脖子上，用挂锁锁住。

师：这样的话，它是在"智""貌"和"体"哪一方面设障的？

生：体。

师：体魄方面对吧，让人没法自由行动。好，请坐。同桌，还有补充吗？

生：还有面具。

师：面具是用来干吗的？

生：面具就是给有漂亮脸蛋的人，让别人看不到他漂亮的脸蛋和舒展优美的身姿。

师：这面具本身，你认为是漂亮的还是——

生：很丑的。

师：应该是很丑的，是吧，好的，请坐。话筒继续往前面传，还有补充吗？

生：还有五金器具。

师：五金器具是怎么回事？

生：挂在人身上的，让人痛苦。

师：让人变得更重，好的，请坐。〔示意〕你说。

生：还有硕大的耳机和一副有厚厚波纹的镜片。

师：它们的功能？

生：让他半瞎不瞎，而且要叫他脑袋像挨鞭子一样阵阵发痛。

师：这个硕大的耳机和波纹镜片是专门针对"那个人"的，这个人的名字叫作——

生：哈里森。

师：因为哈里森他特别特别的不一样，很好，最后还有补充吗？〔一生举手，师递话筒〕你来说。

生：还有哈里森戴着的红色橡皮球和黑色的龅牙套子，也是为了……因为他的相貌很好，所以他要戴这些东西，使他和其他人平等。

师：这位同学做了补充，让哈里森变得像一个小丑一样才好，谁叫他长得帅呢，戴上厚眼镜，戴上难看的牙套，以这样的方式来达到一种完全的平等。好，我们明白了，原来是通过这些实施细则，来达到彻底的平等。

想一想，
我们需要这样的平等吗？

第三幕

师：那么接下来，我想给大家看由小说改编的电影，我们看其中的一个片段，大家一边看一边思考这样几个问题：第一，我们所看的片段，跟小说的原文，有没有什么不一样？第二，哈里森，他追求的到底是什么呢？第三，儿子死了以后，哈里森双亲的反应是怎么样的？第四，"那是2081年，终于人人平等"，关于小说开头的第一句话，我们重新来思考一下。

师：好，接着我们来看一下这个片段。

［生观看影片《2081》片段（17:00—19:30）］

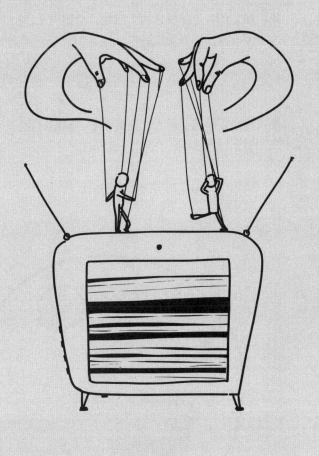

2081

师：好，请各位凝视这四个问题，对照讲义，独立思考一下，想一想。

[全场安静，生思考（19:40—20:30）]

师：我们还是同桌两人先商量一下，同桌讨论一下。

[生讨论，师参与（20:35—22:20）]

看完影片，
你做出这四道思考题了吗？

1. 影片和小说的异同？

- -

2. 哈里森追求的是什么？

- -

3. 儿子死后，哈里森双亲的反应如何？

- -

4. "那是2081年，终于人人平等"？

- -

师：好，我们继续。来看第一个问题，小说和电影的差异问题，这个问题，谁想来谈一谈？我们还是按照顺序来，〔示意拿话筒的同学〕来，你来说，有没有什么不同？

生：影片里没有人物的对话，而小说里面有。

师：小说里面有人物的对话，好的，话筒继续往前传。还有补充吗，关于小说和电影？你也可以谈谈相同点。

生：小说里面和影片不同的，其中一个就是小说里面没有讲太多跳芭蕾的故事，但是影片里讲了很多跳芭蕾的故事。

师：嗯，就这样？好的，请坐。〔递话筒给一举手的学生〕你还有什么补充？

生：小说里说这对舞蹈家吻到了天花板，但电影里他们并没有吻到天花板。

师：你把这几小节朗读一下，关于舞蹈的这个片段。

生：演播室的天花板有三十英尺高，但是每次跳跃都使这一对舞蹈家更加接近天花板。显然他俩想亲吻天花板。他俩吻着了。

师：非常敏锐的一个同学，小说中的很多地方使用了夸张的手法，影片里面更如实一点，结局是他们都"啪"地死了，对吧。小说在很多方面都有夸张，包括写到哈里森的——他几岁？

生：十四。

师：各位几岁？

生：十二岁。

师：和各位差了没几岁，但他竟然长成这个样子，他像十四岁的人吗？

生：不像。

师：有点像……

生：二十四岁。

师：二十四岁，他的年龄也有点夸张了。好多地方用了夸张的手法，刚才这位同学说得特别好。

好，我们来看第二个问题，那么这个人物，这个十四岁的强悍的人物，他到底在追求什么呢？你来说。

生：哈里森可能觉得，虽然这个平等的出发点是好的，但是强制也使人十分痛苦，所以他想回到原来的时代。

师：他想回到原来的时代，哈里森在电影里并没有说话，小说里是有他的一些句子的，我想请同学来朗读一下哈里森所有说过的话，请个男生吧，谁来，〔示意〕你来朗读，好吗？

生："我是皇帝！听见了吗？我是皇帝！所有的人都得马上按我说的去做！"

"别看我站在这儿——失去了活动能力，浑身披挂十分丑陋，一副病态——我是从古到今天底下最伟大的统治者！现在让你们瞧瞧我的能耐！"

"我现在要选择皇后！第一个敢于站立起来的女人将获得皇后的身份和权力！"

"现在——让我们向世人展示舞蹈二字的真正含义吧。奏乐！演奏出最好的水平，我就封你们为男爵、公爵和伯爵。"

师：好，哈里森想做什么？

生：皇帝。

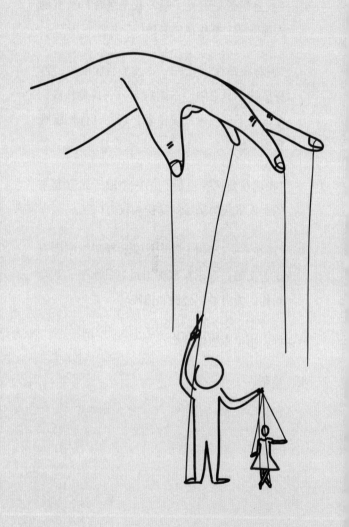

师：他想做皇帝，他在反抗这样一种现状，那最后追求的是——

生：自由。

师：他当然在追求自由，但他在追求自由的同时还想追求权力，是吗？

生：对。

师：权力，意味着另一种不平等，所以这里是矛盾的，对吧？

哈里森最后是被设障上将给打死了，其实他是死在他的双亲面前，因为他死的时候，他的父母正在那边看实况转播呢，那他的父母有什么反应呢？我们的话筒轮到谁了，〔示意〕请你讲。

生：他的父母是很悲痛，但也很庆幸。

师：他父母很悲痛吗？你从什么地方看出他父母很悲痛？

生：他的父母在看实况转播，有看到他们儿子死的场面，然后他们很庆幸。

师：庆幸什么呢？

生：因为他们觉得儿子活在世上是受罪，并没有自由，也是很压抑的。

师：哦，你的意思是，这样的生活还不如死了算了，是吗？

生：嗯。

师：好，请坐。还有同学有补充吗？关于他死后他父母的反应，儿子死了，普通人的父母都会悲痛，你怎么看？

生：其实哈里森死了，他的父母完全不知道。

师：是吗，为什么？

生：因为他们的脑子里被设置了障碍，是一片空白的，根本意识不到自己的儿子已经死了。

师：好像有同学有不同的看法，好，这位同学有什么补充，说一说，你怎么看？

生：我也同意她的观点，不过我的说法不一样，根据文章最后三段：

"天哪——我敢断定电视上那个人是个精英。"哈泽尔说。"你说的一准没错。"乔治说。"天哪——"哈泽尔说，"我敢断定那人是个精英。"

她如果认识她儿子的话，她应该说她的儿子是个精英，但她说的是"那个人是个精英"，所以能看出来，她并不知道她的儿子已经死了。

师：你说得太好了，别坐下去，来，请旁边的女同学也站起来，请你们"夫妻"来扮演一下〔众笑〕，朗读一下——你们的儿子死了，只是演戏而已，好不好——他们有一段对话，从那里开始，"你一直在哭吗？"好，父亲先说吧。

男：你一直在哭吗?

女：嗯。

男：哭啥?

女：我忘了，电视上着实悲惨的一幕。

男：什么内容?

女：我脑子里一片混乱。

男：把悲惨的事抛在脑后吧。

女：我一直是这样做的。

男：那才是我的老婆呢。

女：天哪——我敢断定电视上那个人是个精英。

男：你说的一准没错。

女：天哪——我敢断定那人是个精英。

师：非常好的一对"夫妻"啊。

〔众生笑，鼓掌〕

师：他们知道自己的儿子死了吗？

生：不知道。

师：他们被成功地设置了障碍，对吗，他们成功地变成了什么障？

生：智障。

师：就是这样的生活，所以有同学说这样的生活还不如死了算了，这是多么悲惨的生活啊。〔递话筒〕好，谁还有补充？你说。

生：我觉得他们不知道自己的儿子死了还有一个原因，不是因为脑子昏了，是因为他们的电视突然白光一闪，电视的那个显像管烧坏了，所以说没看见。

师：多么有趣的补充啊。随时都会受到干扰，脑电波会受到干扰，电视也一样会受到干扰，也许他们没有目睹到他们儿子死掉的那一幕，但是我们假想，即便他们看到，估计以他们的智力水平也……

生：不知道。

师：也感觉不到，对啊，马上就忘了，因为被干扰。

第
四
幕

师：好，把手都放下，我们一起来朗读一下开头的第一句话，"那是"，一二，开始！

生：〔齐读〕那是2081年，终于人人平等。

师：再来一遍，一二，开始。

生：〔齐读〕那是2081年，终于人人平等。

师：好，抬起头来，看一下PPT，我们重新回到这个句子里面来——孟德斯鸠说"在民主政治之下，真正的平等是国家的灵魂"，平等，重要吗？

生：重要。

师：重不重要？

生：重要！

师：很重要，但是读了这篇小说以后，我们发现，可能刚才我们更多的是关注"平等"这个词语，但是现在这个句子里面，我们更多地要关注哪一个词语啊？

生：真正的！

师："真正的"是吧，也就是说，在2081年这个世界里面，它的平等到底是不是"真正的"平等呢？这是值得我们思考的问题。它说在智力上的平等，在外貌上的平等，在体魄上的平等，这样的平等是真正的平等吗？

生：不是。

师：同学们说不是，那到底什么才是真正的平等呢？因为它太重要了，因为它是一个国家的灵魂啊，对不对？

师：接下来我想请各位来思考一下，除了刚才我们说的在"上帝面前人人平等"，这一点很重要；"法律面前人人平等"，这一点也相当重要。

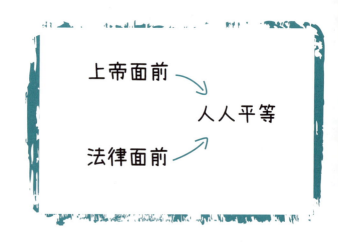

思考：

① ＿＿＿＿＿＿ 面前？

② 平等＋＿＿＿＿＿＿？

师：接下来我要请同学们思考的是，请你填空，看了这篇作品之后，你觉得还需要再填补一个什么概念，来增加我们对平等的理解，或者说更接近所谓的"真正的平等"；你觉得应该加一个什么概念，在"什么"面前人人平等，思考一下，不要急着发言，想一想，可能这里有很多东西可以填进去哦，填你认为最重要最迫切的。

第二点，刚才这个故事让我们明白，好像仅仅强调"平等"似乎是不够的，因为"平等"本身就是一个天平，你在这里放了太多的"平等"，这个天平就倾斜了，所以说，这边放"平等"，在另外一个天平上面是不是得放一点别的什么东西，对不对？那么在这个横线上，你会放一个什么概念呢——这样可以起到一种很好的平衡作用，避免这种脑瘫或者智障的事情发生。好，这两个词语，请各位花时间好好想一想。

［生思考（34:35—35:17）］

小朋友，如果我们的国家需要两个"设障上将"，第一个"设障上将"可以帮助带来真正的平等，你认为他应该叫什么名字？

- - - - - - - - - - - - -

第二个"设障上将"可以帮助你在平等之外，避免这种脑瘫或者智障的事情发生。他的名字叫：

- - - - - - - - - - - - -

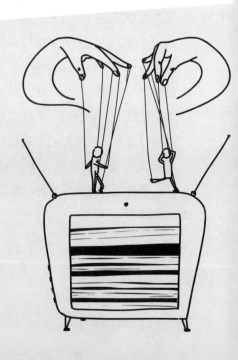

师：好，每个人都拿起笔来，在你的讲义上写下两个词语，把你所捕捉到的两个词语写下来——在什么面前，人人平等？还有，一个好的国家，在平等之外，我们还应当注意什么？——把你想到的两个词语写下来，在我们讨论之前，先确定你自己的答案。

[生思考、书写（36:00—37:20）]

师：虽然只是写两个词语，但这是一个超难的问题，很多同学觉得"哇，这个好有挑战"，这样，我们四个人为一个小组，讨论一下好不好？对，四个四个一组。

[生分组讨论（37:40—40:25）]

师：好，转过来，讨论得有点激动了哦。〔示意PPT〕在上帝面前人人平等，在法律面前人人平等，请你接着提供一个概念。〔递话筒〕请你告诉我们，在什么面前？

生：在自由面前人人平等。

师：请坐。在自由面前人人平等，"自由"是一个基本的概念。〔递话筒〕好，请你来说。

生：我觉得，男女面前应该人人平等。

〔众生笑〕

师：我们这位同学的想法，和一位伟大人物的想法一模一样，来，请你继续朗读艾森豪威尔的这段话，他跟你想的一样。

> 在立法过程中，采用**同工同酬**，并且不因**性别**而歧视他人，这只是一个简单的公正问题。
>
> —— 艾森豪威尔《国情咨文》，1956年1月5日
>
> **德怀特·戴维·艾森豪威尔 (1890年－1969年)**

生：在立法过程中，采用同工同酬，并且不因性别而歧视他人，这只是一个简单的公正问题。

师：艾森豪威尔强调性别要平等，在男女面前要人人平等，这个很重要，真的很不错，艾森豪威尔想的都和你一样哦。还有同学要发言吗，〔递话筒〕好，你来说。

生：我觉得在生活面前人人平等。

师：在生活面前人人平等，你的"生活"其实意味着生活中的……

生：工人，还有一些社会底层的人。

师：他们应当有相同的……

生：待遇吧。

师：相同的……〔众生笑〕

生：〔思考〕

师：你可以在这里上课，他也可以在这里上课，工人的子弟也可以在这里读书。他们应该有相同的……

生：待遇。

师：请坐。相同的……

众生：权利。

师：权利，有没有更好的词？你可以到那边去，他也可以到那边去；你可以坐这辆车，他也可以坐这辆车；你可以有一张票子，他也可以有一张票子。我们都拥有相同的——

生：〔思考〕

师：我们一起来读一下，"我们"，一二，开始。

生：〔齐读〕我们没有同等的才能，但我们都应当有同等的机会发展才能。

师：都要有相同的……

众生：机会！

师：生活中的机会很重要，人家没机会呀，是不是，如果有机会，他也可以和你做得一样好啊，对不对，这是平等的一个要点。这句话是谁说的？

众生：肯尼迪。

师：美国著名的一个总统，很不幸，他后来被人刺杀了，这是他很著名的一句话，"我们都应当有同等的机会发展才能"。

我们没有同等的**才能**，但我们都应当有同等的**机会**发展才能。

——肯尼迪，圣迭戈州立大学

约翰·F.肯尼迪（1917年-1963年）

师：好了，最后我们看下一个问题。仅仅强调平等是不够的，而且可能会进入一个误区，我们要追求真正的平等，也许在平等之外，还要再强调别的概念，加什么呢？〔递话筒〕最后一位男生，请你来说，好吗？

生：自由。

师：好，我们又强调了自由，自由真的很重要啊。〔递话筒〕你来说，平等加——

生：不平等。

师："平等"加"不平等"？

〔众生笑〕

我们的确是要看到不平等的现象，看到反面的问题，不错，还有吗？

生：平等加民主。

师："平等"加"民主"。很好，还有吗？

生："平等"加"差异"。

师：再说一遍，好吗？解释一下。

生："平等"加"差异"，就是说要有一样的地方，也要有不一样的地方。

师：能举个例子吗？

生：比方说，我比较高，我可以拿到较高地方的东西，但是比较矮的人，就可以拿到底下的东西。

师：所以我们在设计货架的时候，要考虑到，像郭老师这样个子比较矮的人，要准备一个台阶；这就像人行道上要专门设计一个——

生：盲道。

师：我们并不都是盲人，但是我们的路上要有盲道。充分考虑到人群中的一些，刚才同学所说的——

生：差异。

师：好，你还有什么补充？

生：我的想法跟他一样，人人都有各自的优点，不能说因为你有缺点，把你的优点也都给掩盖了，如果是这样，那全世界也没有一个人OK了。

师：明白你的意思了，那就要充分考虑到每个人都有每个人的多样性，人和人之间确实是很不一样的，所以在平等之外，要考虑到多样性，要考虑到差异性。

大象和蚂蚁是不一样的，但是一个好的社会，让大象过得很舒服，蚂蚁也过得很舒服，这是很重要的。好，接着我们来看一段话，一起来朗读一下，"我们认为以下真理是不言而喻的"，一二，开始。

生：〔齐读〕我们认为以下真理是不言而喻的：人人生而平等，造物主赋予他们某些不可转让的权利，其中包括生命权、自由权以及追求幸福的权利。为了保障这些权利，人们建立起其正当权力来自被管理者同意的政府；任何形式的政府，一旦破坏这些目标，人民就有权利去改变它或废除它，而建立一个新的政府……

师：这段文字是选自——

生：《独立宣言》。

师：《独立宣言》，非常好，今天我们探讨的话题是——

生：平等。

师：我们思考的是什么是真正的平等，回家后请继续思考这个问题。好，今天的课就上到这里，下课，谢谢大家，同学们再见。

生：老师再见。

（文字整理：郭初阳）

IN CONGRESS, JULY 4, 1776.

The unanimous Declaration of the thirteen united States of America

……我们认为以下真理是不言而喻的：

人人生而**平等**，造物主赋予他们某些不可转让的权利，其中包括生命权、自由权以及追求幸福的权利。为了保障这些权利，人们建立起其正当权力来自被管理者同意的政府；任何形式的政府，一旦破坏这些目标，人民就有权利去改变它或废除它，而建立一个新的政府……

《独立宣言》，1776年7月4日

托马斯·杰弗逊 起草

图书在版编目（CIP）数据

郭初阳的语文课.第二堂课，儿童哲学课：哈里森·伯杰隆
／郭初阳著；黄月绘.——北京：北京联合出版公司，2020.9
（2025.1重印）

ISBN 978-7-5596-4349-0

Ⅰ.①郭… Ⅱ.①郭…②黄… Ⅲ.①中学语文课－
课外读物 Ⅳ.①G634.303

中国版本图书馆CIP数据核字（2020）第113251号

'Harrison Bergeron' by Kurt Vonnegut.

Copyright © Kurt Vonnegut Jr. 1950,1951, 1953, 1954, 1955, 1956, 1958, 1960,
1961, 1962, 1964, 1966, 1968, used bypermission of The Wylie Agency (UK) Limited.

郭初阳的语文课

（第二堂课 儿童哲学课：哈里森·伯杰隆）

作　者：郭初阳

绘　者：黄月

出品人：赵红仕

责任编辑：李　伟　李艳芬

特约编辑：吴嫦霞

书籍设计：陆红强

北京联合出版公司出版
（北京市西城区德外大街83号楼9层 100088）
北京联合天畅文化传播公司发行
北京美图印务有限公司印制 新华书店经销
字数30千　787mm×1092mm 1/32 2.5印张
2020年9月第1版 2025年1月第9次印刷
ISBN 978-7-5596-4349-0
定价：168.00元（全十一册）

樂 府

·

心里满了，就从口中溢出

郭初阳 的语文课

第三堂课

儿童哲学课

苏格拉底的申辩

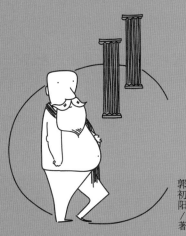

郭初阳 / 著

黄月 / 绘

北京联合出版公司

目录

一. 课前阅读

苏格拉底的申辩[1]

你们当然都认识开瑞丰[2]。他与我是自幼之交，他是卓越的民主派成员，在前几年的"放逐和复辟"[3]中，他始终是和你们站在一起的。你们知道他是什么样的人，他对于他所从事的每项工作是多么热心。我在前面说过，尊敬的陪审员们，请不要打断我。有一天，他去德尔菲[4]向神请教这样一个问题：是否有人比我聪明。女祭司回答说，没有。开瑞丰已经死了，上述情况可以由他的兄弟来证实，此刻他就在法庭上。

[1] 节选自《苏格拉底的最后日子——柏拉图对话集》，44–48页，余灵灵、罗林平译，上海三联书店，1988年3月。
[2] 开瑞丰：苏格拉底的圈子里极少的民主派之一。
[3] 前几年的放逐和复辟：指公元前404年的事件。当时寡头政治的执政者掌握了政权，屠杀和驱逐了一大批政治上的反对者，这些被驱逐的人在特雷叙布卢斯的领导下，后来在阿提卡获得了立足之地，打败了寡头政治的拥护者，又恢复了民主政治。
[4] 德尔菲：希腊神庙所在地。

请想一想我向你们说这些话的目的吧。我是想对你们解释清楚强加于我的坏名声是怎么来的。当我听了神谕后，我对自己说："神的旨意是什么呢？他为什么不讲明白呢？我只是充分意识到自己毫无智慧，那么他说我是世界上最聪明的人又是什么意思呢？神按其本性来说是不会说谎的。"

在对神谕迷惑了一段时间以后，我终于强迫自己以下述方法去证实神谕的真理性。我去访问了一位具有极高智慧声誉的人，因为我想，只有在这里，我才有可能成功地对神谕做出反证，向神圣的权威指出："你说我是最聪明的人，但这里有人比我更聪明。"

我全面地考察了这个人。我在这里不提他的名字，在我考察他时，他是我们城邦的政治家之一。经过交谈，我的印象是，虽然在很多人看来，特别是他自己认为，他很聪明，但事实上他并不聪明。当我试图向他指出他只是自认为聪明而并非真正聪明时，他和在场的其他很多人都表现出了对我的□□[1]。离开他后我反复思量，

〔1〕注：此处配合课堂填词环节，将原文词语用方框代替。

"我确实比这个人聪明。很可能我们谁都没有任何值得自夸的知识，但他对不知之物自认为有知，而我则非常自觉地意识到自己的无知。无论如何，在这点上我比他聪明，起码我不以我所不知为知。"

……

我愿你们想象一下我为确证神谕的真理性而踏上的像朝圣一样的艰难路途。当我遍访了政治家后，我又去访问诗人、戏剧家、抒情诗人和其他各种人，相信在他们那里可以暴露我自己的无知。我在他们那里列举我所想到的他们的最好的作品，紧紧围绕他们写作的目的提问题，希望能借此机会扩充自己的知识。尊敬的陪审员们，我不愿把事实真相告诉你们，可我又必须告诉你们事实的真相。毫不夸张地说，听了诗人们的回答，我感到，任何一个旁观者都能比诗的作者们更好地解释这些作品。这样，我很快就对诗人们也做出了评判，并不是聪明才智，而是本能和灵感，使他们创作出了诗歌。就像你们所见到的，

Athena

先知和预言家传达神谕时，一点儿都不知道他们所说的话的含义。在我看来，显然诗人们在写诗时也是这样。我还注意到这样一个事实，他们是诗人，所以就自以为无所不知，而实际上他们对其他学科完全无知。这样，我怀着在离开政治家们时同样的优越感放弃了对诗人们的拜访。

最后，我又去访问熟练的手艺人。我很清楚，我对技术一窍不通，因而我相信我能从他们身上得到给人以深刻印象的知识。对他们的访问的确没使我失望，他们懂得我所不懂的事，在这方面他们比我聪明。但是，尊敬的陪审员们，这些从事专门职业的人看来有着同诗人们同样的缺点，我是指他们自恃技术熟练，就声称他们完全通晓其他学科的知识，不管这些学科多么重要。我感到，他们的这一错误使他们的智慧黯然失色。于是，我使自己成为神谕的代言人，自问是保持我原来的样子，即既没有像他们那样的智慧，也没有像他们那样的愚蠢好呢，还是像他们那样智慧和愚蠢同时具备的好？最后我自己回答：神谕说，我还是保持过去的样子好。

尊敬的陪审员们，我遵循神谕，对人们进行的调查的后果，引起了大量的对我的敌对情绪，一种既强烈又持久的敌对情绪，它导致了很多恶意的中伤，包括把我描述成一个到处炫耀自己智慧的人。由于在某个特定的问题上，我成功地难住了一个自认为聪明的人，旁观者们就断定我对这个问题无所不通。但尊敬的陪审员们，事实完全不是这样，真正的智慧只属于神。他借助上述神谕启迪我们，人类的智慧没什么价值，或者根本没有价值。在我看来，神并不是认为苏格拉底最聪明，而只是以我的名字为例告诫我们，"你们当中像苏格拉底那样最聪明的人，他也意识到自己的智慧是微不足道的。"

Stay Hungry,
Stay Foolish.

Stay / vi.

1. 逗留，停留，留下：
   Could you stay for a while? 你能再待一会儿吗?

2. 暂住，居住：
   You could stay in Hilton Hotel. 你可以住在希尔顿饭店。

3. 保持；继续为：
   Stay silent! 保持安静! To stay clean. 保持干净。

4. 停止，站住；中止；暂停：
   We stayed to have a rest. 我们停下来休息了一会儿。

5. [口语] 坚持；持续（常与with连用）：
   We have to stay with the film in such a condition.
   在这种情况下，我们只好把电影看完了。

6. [口语]（与竞赛者）并驾齐驱，不相上下：
   I will be able to stay with Johnson in the first 50
   metres. 在头50米，我能与约翰逊并驾齐驱，跑得一样快。

hungry / adj.

1. 饥饿的；感到饥饿的，腹空的

2. 令人饥饿的，引起食欲的

3. 显出饥饿样子的，面露饥色的

4. （土地）不毛的，贫瘠的；缺乏有用成分的

5. 闹饥馑的；贫穷的

6. [常用以构成复合词] 渴望的；渴望成功的；贪婪的；雄心勃勃的

foolish / adj.

1. 傻的，愚蠢的，笨的，不聪明的

2. 可笑的；滑稽的；荒唐的；使窘迫的，使为难的

3. [古语] 卑微的；卑鄙的；不足道的，不可取的

二. 课堂实录

时间：2012 年 3 月 23 日

地点：杭州红星剧院

班级：杭州市天长小学六（4）班

第一幕

申辩
从苏格拉底说起

师：同学们好！

生：老师好！

师：我们开始上课，朗读今天这节课的标题，一二，开始。

生：《申辩：从苏格拉底说起》。

师：非常好。苏格拉底是怎么样的一个人呢？我们来看一段非常经典的论述，这是罗素在《西方哲学史》里面所讲到的。来，拿着话筒的同学，请你朗读第一段好吗？

苏格拉底是很丑的；他有一个扁鼻子和一个大肚子……他总是穿着褴褛的旧衣服，光着脚到处走。他的不顾寒暑、不顾饥渴使得人人都惊讶。

——《西方哲学史》上卷，127 页
[美] 罗素著，何兆武、李约瑟译，商务印书馆，1963 年 9 月

生：苏格拉底是很丑的；他有一个扁鼻子和一个大肚子……他总是穿着褴褛的旧衣服，光着脚到处走。他的不顾寒暑、不顾饥渴使得人人都惊讶。

师：非常好，把话筒递给前面那位同学。〔示意〕请你朗读下面一段，好吗？

一个非常自信的人，头脑高超而不介意于世俗的成败，相信自己是为一个神圣的声音所引导，并且深信清明的思想乃是正确生活的最重要的条件。

——《西方哲学史》上卷，125 页
[美] 罗素著，何兆武、李约瑟译，
商务印书馆，1963 年 9 月

生：一个非常自信的人，头脑高超而不介意于世俗的成败，相信自己是为一个神圣的声音所引导，并且深信清明的思想乃是正确生活的最重要的条件。

师：最后一句再来一下，"并且深信——"

生：并且深信清明的思想乃是正确生活的最重要的条件。

师：很好，请坐。好，第三位同学，听了前面两位同学的朗读之后，你有什么感想啊？

生：苏格拉底是一个很特别的人，他相貌长得很丑，而且穿的衣服也很特别，但是他呢，是一个非常自信的人，头脑也非常高超，充满哲学的思想。

师：很好。看来这个人，他的外表和他的内在，有一点儿反差，是吧。好，我们来看一看——

苏格拉底（前469年-前399年）

古希腊哲学家，西方哲学的奠基者。
身为雅典公民，被雅典法庭判处死刑。

罪名有两项：

1.不敬城邦所敬的神，引进新神。

2.腐蚀青少年。

——《苏格拉底》，55页
[美]A·E.泰勒著，周濂、朱万国译，
山东人民出版社，1998年4月

师：他是西方哲学的奠基者，但是很遗憾，他后来经过一个法庭的审判以后，被判处了死刑，他的罪名有两条，第一条，我们一起来读一下，开始——

生：〔齐读〕不敬城邦所敬的神，引进新神。

师：第二条——

生：〔齐读〕腐蚀青少年。

师：看一下这两条罪名，记住它，苏格拉底是因
　　为这两条罪名，后来被判处了死刑，然后饮
　　了毒汁去世的。

师：好，轮到谁了？请你站起来。苏格拉底的第一项罪名，请告诉我们。

生：因为他那个……城邦的神……然后，引进新神。

师：哦，他引进了新神，他不敬城邦所信奉的神。好的，请坐。前面一位同学，第二项罪名。

生：苏格拉底被判死刑的第二项罪名是，腐蚀青少年。

师：呀，他竟然敢腐蚀我们的青少年，请坐，很好。大家看，当时雅典的陪审团总共有500个人，也就是说有500票。

陪审团500人

无罪 VS. 有罪

140 VS. 360

师：第一轮公投的时候，有280个人认为他有罪，于是苏格拉底有一番当庭的申辩，没想到他申辩完以后，反而有80个人倒戈，最后有360人认为他有罪了，苏格拉底的申辩怎么会对自己如此不利呢？他到底说了些什么呢？导致他死亡的原因有很多，但是在他申辩的这一番话里面，其中有一点很重要，涉及到一个词语。我们朗读一下这个词语，开始——

生：神谕。

师：话筒轮到谁了，什么意思？

生：神谕可能就是神对某些人的旨谕。

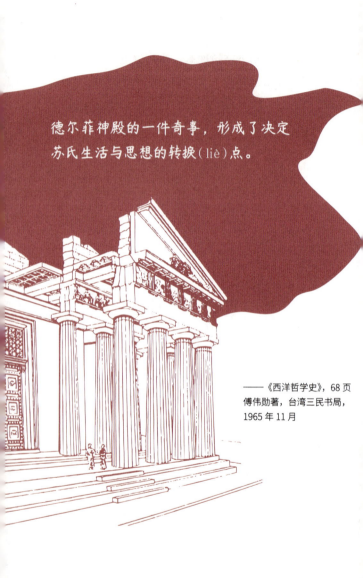

德尔菲神殿的一件奇事，形成了决定
苏氏生活与思想的转换（liè）点。

——《西洋哲学史》，68 页
傅伟勋著，台湾三民书局，
1965 年 11 月

师：很好，请坐，神的指示，神的启示。跟一个神谕有关哦。继续念，来。

生：德尔文神殿……

师：德尔菲。

师：很好，请坐。看来这是发生在德尔菲神殿的一件事情，而这件事情形成了苏格拉底一生中的一个重要的转折，所以他在法庭上申辩的时候，他也讲了这件事情。

那么，到底他讲的是什么内容呢？我要请一位同学来朗读这里的句子，别的同学一边听一边思考，因为等会儿省略号的地方我要叫你们补充的哦。轮到谁了？好，请你朗读。

生：苏格拉底的申辩：

你们当然都认识开瑞丰。他与我是自幼之交，他是卓越的民主派成员，在前几年的"放逐和复辟"中，他始终是和你们站在一起的。你们知道他是什么样的人，他对于他所从事的每项工作是多么热心。我在前面说过，尊敬的陪审员们，请不要打断我。有一天，他去德尔菲向神请教这样一个问题：是否有人比我聪明。女祭司回答说，没有。开瑞丰已经死了，上述情况可以由他的兄弟来证实，此刻他就在法庭上。

请想一想我向你们说这些话的目的吧。我是想对你们解释清楚强加于我的坏名声是怎么来的。当我听了神谕后，我对自己说："神的旨意是什么呢？他为什么不讲明白呢？我只是充分意识到自己毫无智慧，那么他说我是世界上最聪明的人又是什么意思呢？神按其本性来说是不会说谎的。"

师：好的，请回到座位，读得很不容易，因为我们第一次接触到这样的当堂的申辩，所以读起来有点儿难度。

大家看，这跟他的朋友做的一件事情有关，他的朋友去神殿里领受了一个命令，那个神说苏格拉底是世界上最聪明的人。

他说怎么可能呢，没觉得自己很聪明啊，但是神不会说谎啊，于是他想来证明，那怎么来证明呢？他说："我终于强迫自己以下述方法去证实神谕的真理性。"各位，假如神说你是世界上最聪明的人，但是你又觉得怀疑，"我很笨啊"，那么你会用什么方法去证明一下呢，我是不是世界上最聪明的人？和你旁边的人商量一下，你会怎么做。

[学生讨论（7:34—7:44）]

郭老师请你想一想

如果你是苏格拉底，
你会怎么做？

如果我是苏格拉底，我会：

- -

- -

- -

师：好，转过来，轮到谁了，你会怎么做？

生：我会去看很多那种有关哲理的书，还有发掘一下自己的潜质，然后，每天早上读很多书。

师：明白了，第一位同学说他要翻很多书来证明一下这个观点。还有别的方法吗？你来。

生：还有个方法，可以去看一些很难懂的东西，激发潜能。

师：既然我是世界上最聪明的人，那么我应该可以理解世界上那些最难的问题，是吗？

生：嗯。

师：请坐，你还有别的方法吗？

生：我会问一下别人对我有什么看法。

师：第三位同学的这个方法比较靠谱哦，"我会问一下别人，听听别人对我的看法"。〔示意下一位同学〕还有别的方法吗？

生：还可以和别人谈论一道难题，到底是别人的观点比较简单呢，还是自己的观点比较深奥？

师：好的，我们听了四位同学的看法，其中有两位同学涉及"别人"的问题。各位，你是世界上最聪明的人，一定涉及你和别人的——

众生：比较。

师：比较啊，对不对？所以我怎么来验证我是世界上最聪明的人——我们轮到谁了——有一个最简单有效的方法，就是，你怎么做一个测试？

生：比较。

师：怎么比较？

生：和别人比较学习。

师：你会找一个什么样的人和你比较？

生：找一位强者。

师：找一位强者，比如说你们班的谁？

生：缪天一。

师：哦，请坐。经过五位同学得出一个结论：我会找一个我周围的，我认为他是最聪明的人，去和他比较一下，看看到底是他聪明还是我聪明。那按照神谕来说，是苏格拉底聪明还是那个人聪明？

众生：苏格拉底。

师：那肯定是苏格拉底聪明，对吧，所以苏格拉底果然这样去做了。

第二幕

师：好，我们轮到谁了？〔示意〕请那位同学继续朗读，好吗？

生：〔朗读〕在对神谕迷惑了一段时间以后，我终于强迫自己以下述方法去证实神谕的真理性。我去访问了一位具有极高智慧声誉的人，因为我想，只有在这里，我才有可能成功地对神谕做出反证，向神圣的权威指出："你说我是最聪明的人，但这里有人比我更聪明。"

我全面地考察了这个人。我在这里不提他的名字，在我考察他时，他是我们城邦的政治家之一。经过交谈，我的印象是，虽然在很多人看来，特别是他自己认为，他很聪明，但事实上他并不聪明。当我试图向他指出他只是自认为聪明而并非真正聪明时，他和在场的其他很多人都表现出了对我的□□。

师：把这方框里的两个字也填进去，好吗？别把话筒递给别人。你会填两个什么字呢？

生：我想……会填……

师：他和在场的其他很多人都表现出了对我的——

生：愤怒。

师：愤怒。好，把话筒往前传，〔示意〕我们想听你的答案，表现出了对我的——

生：对我的……歧视。

师：歧视。我们再听一个答案。

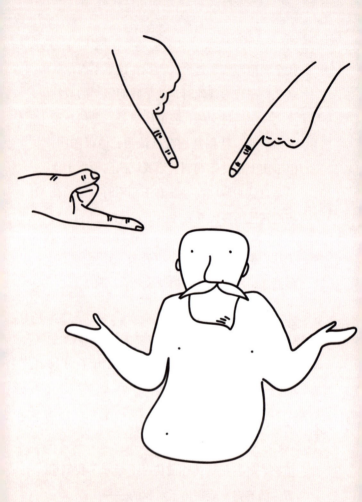

听了大家的回答，我认为在这个场景中，

"他和在场的其他很多人都表现出了
对我的 _____"。

生：我认为应该是反感。

师：反感。我们最后再听一个答案。

生：我认为是非议。

师：非议，请坐。

愤怒、反感、非议、歧视，都是负面的词语，没错，我们四个同学理解得很准确。当然，苏格拉底用的词语比我们四位同学用的词语，程度稍稍更深一点儿，大家猜是什么词语呢？

苏格拉底的申辩

……

在对神谕迷惑了一段时间以后，我终于强迫自己以下述方法去证实神谕的真理性。我去访问了一位具有极高智慧声誉的人，因为我想，只有在这里，我才有可能成功地对神谕做出反证，向神圣的权威指出："你说我是最聪明的人，但这里有人比我更聪明。"我全面地考察了这个人。我在这里不提他的名字，在我考察他时，他是我们城邦的政治家之一。经过交谈，我的印象是，虽然在很多人看来，特别是他自己认为，他很聪明，但事实上他并不聪明。当我试图向他指出他只是自认为聪明而并非真正聪明时，他和在场的其他很多人都表现出了对我的 **憎恨**。

生：憎恨。

师：憎恨——第一声——都表现出了对我的憎（zēng）恨。你不能当面说："喂，你这个人很不聪明哎。"那个人可能觉得很没面子，所以就憎恨了。

好，那么接下来的故事会怎么发展呢？后面还有很多很多的事情，在我们开始研究后面更精彩的内容之前，我想请各位带着这三个问题，来进入后面的文本。好了，轮到谁了，我们请一位同学把这三个问题读一下，好吗？

> **阅读并思考：**
>
> 1. 苏格拉底为什么会触犯众怒？
> 2. 这几类人的共同点是什么？
> 3. 用最少的几个字来概括苏格拉底的发现。

生：阅读并思考：①苏格拉底为什么会触犯众怒？②这几类人的共同点是什么？③用最少的几个字来概括苏格拉底的发现。

师：很好，请坐。好，请各位把抽屉里的纸拿出来，翻过来，正反两面都有的哦，看一看那篇文章，带着这三个问题，准备好你的笔，时间非常有限，只有三分钟时间，可以开始了。

［学生默读、思考（13:08—16:25）］

读完《苏格拉底的申辩》一文

（见本书第2—7页），我认为：

1. 苏格拉底触犯众怒的原因是：

- -

2. 这几类人的共同点是：

- -

3. 苏格拉底发现了：

- - - - - - - - - - - - - - - - - - - -

师：看得出大家平时的阅读很不错，绝大部分同学都已经完成了。接下来有一点讨论的时间，我们这样，靠外面这一排和靠里面这一排，以四人小组为单位，前排同学转过来；中间的（一排），我们就三个人。〔示意〕三个人，好，讨论一下。

[学生小组讨论（16:44—19:43）]

师：好，请转过来。我们一起来研究一下刚才那三个问题，首先，我想请一位同学来回答，苏格拉底为什么会触犯众怒？请你来说，好吗？

生：因为他毫不掩饰地指出了这些人的无知和缺陷，而且他并不是这方面的能人，所以使在场的人认为他是骄傲自大，但是他说的确实是他所观察到的以及看到的。

师：你觉得，他说的是真的还是假的呢？

生：真的。

师：请坐，这位同学说得非常准确，"因为他毫不掩饰地"说出了真话，而这样的真话触怒了他所碰到的每一个人，忠言会逆耳，这是第一个原因，所以他触犯了众怒。第二个问题，这几类很生气的人，他们的共同特点是什么？〔示意〕来，你来说。

生：他们的共同特点是都自以为无所不知，而实际上他们对其他学科完全无知。

师：这个答案说得太棒了，你再说一遍好吧，我们再听一遍。

生：这几类人的共同特点是，他们都自以为无所不知，而实际上他们对其他学科完全无知。

师：但他们知不知道一点儿东西呢？

生：知道。

师：知道一点点东西，很好，请坐。他们只知道自己本行的东西，但他们以为自己懂得世界上所有的东西，所以这些人的共同特点是以为自己无所不知。哎，是哪几类人？

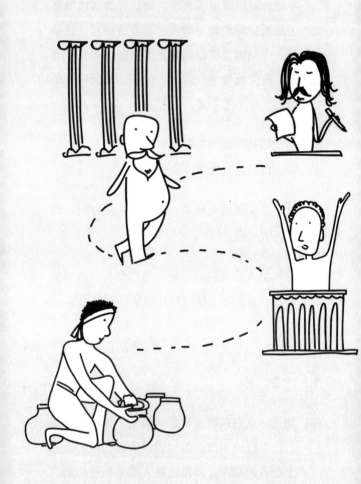

生：是诗人、政治家、熟练的手艺人。

师：非常好，请坐。他主要去采访了三类人：诗人、政治家、熟练的手艺人。他们都有这样的问题。那么我们来看最后一个问题，在这篇文章里面，你是否可以用简单的句子来概括苏格拉底的观点呢？

生：人并不是无所不知的，其实真正的智慧只来自于神，而你知道的只是片面的，世界上你不知道的东西其实还有很多。

师：郭老师打算把你的答案写在黑板上，你可不可以让我少写几个字呢？你说一句话，我把它写到黑板上，你怎么说我就怎么写，越精练越好，你会怎么说呢？

生：真正的智慧只属于神，人的智慧只能知道这世界的片面。

师：下课铃响了之后我还在黑板上继续写字，因为有这么多的字。好，请坐。还有没有同学有话要说，你觉得"我有一个很好的概括"，你来说。

生：自以为是的人是最愚蠢的。

师：自以为是的人是最愚蠢的。还有同学要说吗？

生：我觉得应该是——意识到自己的无知。

师：意识到——我打算把这个答案在黑板上写一下——

意识到自己的无知

请坐。八个字，这个意思表达得很好，这正是苏格拉底思想的核心，但我们可以更简单一点儿吗？字可以再少一点儿吗？你可以做一些修订吗？谁来？好，请那位女生，用话筒。你会怎么改良它？

生：自知无知。

师：我们第二位同学说用四个字就可以来概括苏格拉底的观点，〔板书：自知无知〕

〔一生举手〕哇，你还有更好的建议啊，我的天哪。

生：认识你自己。

师：认识你自己，文章里有吗？

生：这个好像还没有看到过，我刚刚自己想的。

〔众生笑〕

师：凭空而想的，不是从文章里找出来的。好，最后再请一位同学来发言。

生：人无完人。

师：人无完人。好的，请坐。

生：这也是我概括出来的。

师：嗯，这是你概括出来的。我们的确需要很好地来认识自己，"认识你自己"这五个字，恰恰是写在德尔菲神庙上的一句名言；然后我们有同学说"人无完人"，要对自己有个非常清醒的认识，但我们第二位同学概括得的确很好，自知无知，我自己知道我不是聪明的，好像很难再拿掉一个字了哦。所以你把握这四个字以后，其实你就把握住了整整一篇文章。

第三幕

师：大家知道吗，比苏格拉底更早五百年的时候，关于知识的问题，也有人有过很精妙的阐释，我们一起来看一下。在《圣经》里面有一卷叫《传道书》，作者所罗门说过一番非常精妙的话。请一位同学来朗读，好吗？轮到谁了，看得清楚吗？请你朗读。

> 因为多有智慧，就多有愁烦；
> 加增知识的，就加增忧伤。
>
> ——《圣经·传道书》

生：因为多有智慧，就多有愁烦；加增知识的，就加增忧伤。

师：读得非常好，再读一遍，好吗？再来一遍。

生：因为多有智慧，就多有愁烦；加增知识的，就加增忧伤。

师：请坐，我们一起来读一遍，好吗？因为多有智慧，一二，开始。

生：〔齐读〕因为多有智慧，就多有愁烦；加增知识的，就加增忧伤。

师：各位默读一遍。好，请各位看着我，我们一起来背诵一遍。因为，一二，开始。

生：〔齐背〕因为多有智慧，就多有愁烦；加增知识的，就加增忧伤。

> 吾生也有涯，而知也无涯，
> 以有涯随无涯，殆已。
>
> 《庄子·养生主》
>
> **殆：困乏，疲惫**
> **已：语气词，"了"**
>
> ——《庄子今注今译》，陈鼓应注译，中华书局，1983 年 4 月

师：中国古代也有人有类似的说法，庄子，轮到谁了，请朗读。

生：吾生也有涯，而知也无涯，以有涯随无涯……

师：殆已。

生：殆已。

师：好的，我们一起来朗读一遍。"吾生也有涯，而知也无涯"，一二，开始。

生：〔齐读〕吾生也有涯，而知也无涯，以有涯随无涯，殆已。

师：再来一遍，"吾生也有涯"，一二，开始。

生：〔齐读〕吾生也有涯，而知也无涯，以有涯随无涯，殆已。

师：不懂哎。轮到谁了，给我们解释一下好不好，文言文我们都看不懂。

生：吾生也有涯。

师：吾就是我。

生：吾生也有涯，应该是我的生命有限，但是学习是无限的，把有限的生命投入到这个无限的学习中去。

师：你这么翻着翻着让我们想到雷锋了，〔众生笑〕继续讲。

生：殆已，足够了。

师：足够啦？〔示意PPT〕下面有解释。

生：哦，疲惫了，就是一个感叹嘛。

师：感叹，好累啊——上完语文上数学，上完数学上英语，上完英语上别的东西——知也无涯啊，大家有这种感受吗？你的生命很有限，但是有这么多功课要做。所以大家看，所罗门的观点和庄子的观点挺像的，他们都觉得知识好像并不是越多越好，知识太多反而会忧伤，反而会让人感到很烦恼、很累，是吗？那我想问：他们两个是不是觉得一点儿知识都没有最好？

生：不是。

师：为什么你说不是？

生：因为凡事都是有正反两面的，知识有它的好处，也有它的坏处。

师：他们两个人对于知识的观点到底是怎么样的呢，你可以给出一个准确的表述吗？

生：所罗门觉得，知识太多愁烦就很多，知识越多的话忧伤就越多，但是知识还是有用的。

师：到底要有多少知识呢？

生：只要足够就可以。〔众生笑〕

师：还有同学要发言吗？关于这个知识的多少的问题。

生：我认为学习知识是利大于弊的，因为学习知识肯定是有用的，〔回头问同学们〕对不对？

师：〔笑〕你不要发动群众好不好，不是你认为，而是他们两个认为。

生：他们两个也是这么认为的。

师：这种方法叫作"六经注我"，所有人都是为我所用。这两位思想家的观点认为知识太多了固然不好，但是一无所有显然也不对，正如那位同学刚才所说的，知识要有，但是不用太多，恰到好处就可以了。

师：我想请问各位，苏格拉底认同这样的观点吗？不认同？认同？你从文中找答案，好不好？在文章里有几个句子非常明确地表达了苏格拉底对于知识的态度。找到了吗？有同学已经高高地举起了他的手，有两位同学举手了。好，我要请一位同学来说一说，你来说，苏格拉底认同他们的观点吗？

生：认同。

师：认同。请说。

生："最后我自己回答，神谕说我还是保持过去的样子好。"

师：请坐，这个句子好像并不能表明苏格拉底对他们的认同。〔示意〕你来说。

生：有一句话说"希望借此机会扩充自己的知识"，他想通过访问政治家、诗人、戏剧家等一些人来扩充自己的知识，说明他是想加增知识，而后面他说保持原来的样子，我想应该是保持能够成为世界上最聪明的人，保持过去的样子。

师：非常敏锐的一位同学，他从文中找到一个句子说苏格拉底去访问某人，然后他说"我想借此机会扩充自己的知识"，这样的表达在文中至少有两处，我想借这个机会来拓展知识的疆域，我要更多更多的知识，所以苏格拉底会认为加增知识就是加增忧伤吗？〔生摇头〕不会，他的观点和他们并不一样，他是抓住一切扩充自己知识的机会，所以我们就明白了，这三个人的观点是不一样的。

我们在谈论知识问题的时候，不仅仅是古代人在谈论，当代有一个非常厉害的人物，他也谈论过关于知识的话题，这个人，我一秀出来大家就知道了。

Stay Hungry,
Stay Foolish.

—— Steve Jobs,

Stanford University in 2005

生：乔布斯。

师：这两句话，2005年，他在斯坦福大学演讲，临近结尾的时候他反复提到，至少说了三遍：Stay Hungry, Stay Foolish！我们一起回到那个场面，我们一起来看一下。

［播放乔布斯演讲视频（32:24—33:02）］

师：好，我们看讲义。大家看讲义的反面，关于这几个单词有解释，郭老师不懂英文，所以我很想知道他说的这两句话是什么意思，我们是语文课哦，请各位研究一下这几个单词，并且把这么短的两句话，按照你的理解把它翻译成中文，各位有一点点思考的时间，你可以把答案写在方格里面。

Stay Hungry,
Stay Foolish.

Stay ╱ vi.

1. 逗留，停留，留下：
   Could you stay for a while? 你能再待一会儿吗？

2. 暂住，居住：
   You could stay in Hilton Hotel. 你可以住在希尔顿饭店。

3. 保持；继续为：
   Stay silent! 保持安静！To stay clean. 保持干净。

4. 停止，站住；中止；暂停：
   We stayed to have a rest. 我们停下来休息了一会儿。

5. ［口语］坚持；持续（常与with连用）：
   We have to stay with the film in such a condition.
   在这种情况下，我们只好把电影看完了。

6. ［口语］（与竞赛者）并驾齐驱，不相上下：
   I will be able to stay with Johnson in the first 50 metres.
   在头50米，我能与约翰逊并驾齐驱，跑得一样快。

hungry / adj.

1. 饥饿的；感到饥饿的，腹空的

2. 令人饥饿的，引起食欲的

3. 显出饥饿样子的，面露饥色的

4. （土地）不毛的，贫瘠的；缺乏有用成分的

5. 闹饥馑的；贫穷的

6. [常用以构成复合词] 渴望的；渴望成功的；贪婪的；
   雄心勃勃的

foolish / adj.

1. 傻的，愚蠢的，笨的，不聪明的

2. 可笑的；滑稽的；荒唐的；使窘迫的，使为难的

3. [古语] 卑微的；卑鄙的；不足道的，不可取的

Stay Hungry, Stay Foolish.

我想把它翻译成：

（草稿区）

师：〔巡视全场，偶尔发言指导几句〕我们的方格总共只有四十个字哦，我惊讶地看到有些同学已经把这四十个字填满了，太可怕了，就四个单词，你要追求的首先是精练，两个短句而已，不用下笔万言。

翻译追求的是信、达、雅。所谓信就是准确，是根据它来翻译，而不是自己生造一个句子，这是最重要的，要准确。

抓紧，你还有最后两分钟独立思考的时间，已经定稿的同学，你看看哪些字句是可有可无的，是可以删去？你尽可能用最少的语言来表达那些意思。竭力把可有可无的字句删去，就像刚才那位同学给我们的示范，用四个字"自知无知"来表达苏格拉底的核心观点一样。

〔学生思考、尝试翻译（33:45—37:35）〕

师：好，我们放下笔。我们按照刚才的小组形式重新再讨论一下，四个人或者三个人中间选出一个最佳版本，好吗？商量一下！

[学生小组讨论（37:43—40:51），其间教师请两位同学上台，板书如下]

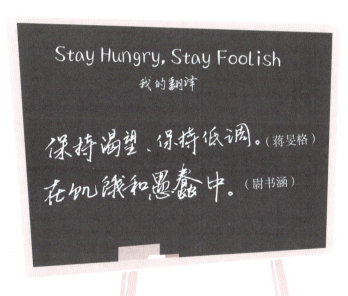

Stay Hungry, Stay Foolish
我的翻译

保持渴望、保持低调。（蒋旻格）
在饥饿和愚蠢中。（尉书涵）

师：在黑板上有我们两个小组的讨论方案的呈现，大家抬头凝视一下黑板，想一想，我会随意地抽取几位同学，请你来评价一下这两个答案。你可以在这两套方案里面选择一个，来加以点评，说说你的观点，你认为它是不是比较完美，是不是有更好的修正意见。

〔师看板书，转头问尉书涵〕书涵，你这句话的"在"前面还有字吗？

尉书涵：〔摇头〕

师：没有了，是吗？〔沉吟〕感觉这里少了一个动词，不是很通，是不是前面可以给它加一个词上去，你原来写的是什么词？

尉书涵：停留。

师：上去写一下，把它写完整，好吗？这个动词还是很重要的，拿掉就不是很通了。

〔尉书涵上台板书"停留"二字〕

师：我们一起来读一下这两个答案，来，一二，
　　开始。

生：〔齐读〕保持渴望、保持低调。
　　停留在饥饿和愚蠢中。

师：我们轮到谁发言了，按照刚才的顺序。〔示
　　意〕请你选择一个来点评一下，好吗？

生：我觉得蒋旻格的可以写成"保持渴望、保持
　　无知"。

师：你认为可以把"低调"替换成"无知"是
　　吧，为什么？

生：因为首先就是那个"F"开头的单词里面，
　　没有"低调"这种解释；然后，我觉得这句
　　话里面还是写上"无知"比较……具体。

师：更准确一点儿，更符合原意，是吗？

生：是。

师：好的，请坐。这位同学觉得，其他的都不错，而且也挺对应原句的格式的，两两很整齐。好，我想继续请同学谈一谈，〔示意〕你怎么看？

生：我要点评尉书涵的那句话。

师：你怎么看？

生：我觉得他那句话……因为乔布斯是一个很特别、所有人都摸不透他想法的人，所以说，我觉得他的想法和《圣经》差不多的，觉得知识太多反而没有好处，知识只要适量就够了，所以我觉得尉书涵的这句话的思路是对的，就是表达方式可以改一下。

师：你打算怎么改一下呢？

生：停留在饥饿的学习中，就等于停留在愚蠢中。

〔众生笑〕

师：你再说一遍你的答案，好吗？

生：停留在饥饿的学习中，就是停留在烦恼中。

师：〔笑〕你又换了答案了。请坐，真是让我们摸不透啊，把我们全班人都搞晕了。〔举话筒〕好，还有同学要点评吗？有没有谁一直没有发过言的，抓住机会啊，在台上发言的机会太难得了，〔递话筒〕好，你来说一说。

生：我觉得尉书涵的这个是对的。

师：你朗读一下他的答案。

生：停留在饥饿和愚蠢中。

师：请讲。

生：因为我觉得，在饥饿和愚蠢中也就是学的知识不够，然后就是要继续学习。

师：哦，你认为乔布斯在这里面表达的，是一种非常积极的、不断进取的状态，是吗？

生：是。

师：请坐，最后我想请一位同学来点评，还有谁想发言？〔示意〕好，我们给后面那位同学，用我的话筒。

生：我来点评一下蒋旻格这个，"保持渴望、保持低调"。"保持渴望"的话，时刻就保持一种谦虚和积极的那种心态；"保持低调"的话，就是不要太张扬。

师：你喜欢这个翻译，是吗？

生：嗯。

师：好的，请坐。我们按照顺序应该轮到谁发言
了，后面还有两个不同的翻译，我想请同学
来读一读，请你读下面一个翻译。

乔布斯说：

我傻我知道，
我穷我努力。

生：我傻我知道，我穷我努力。

师：请坐。这是一个很可怕的翻译哦，所以苏格
拉底都被震翻了，"自知无知"是不是"我
傻我知道"的意思呢，你会发现同样的意思
用不同的语气表达出来，感觉很不一样。
〔示意〕好，最后请你朗读，最后面一个答
案，好吗？

有一点饿，有一点呆……

生：有一点饿，有一点呆。

〔众生笑〕

生：老师我还想说一下！

师：好，请讲。

生：我认为他们两个人写的这个句子，翻译都是仅仅停留在字面意思上的，我写的是"不安于现状，虚怀若谷"。

〔众人鼓掌〕

师：请坐。"虚怀若谷"的确是一个不错的选择，当然我们这里的"有一点饿，有一点呆"也有它的道理，这不是纯粹为了搞笑哦，事实上，我们看这个又饿又呆的大熊，〔示意PPT〕正如谁看苏格拉底？我们眼中的这只大熊正如谁眼中的苏格拉底，谁？告诉我。众人吗？陪审团吗？

众生：神！

师：神。请各位回到讲义的最后一段，倒数第六
　　行，中间有一句话，我们一起来朗读一下：
　　"真正"，一二，开始。

生：真正的智慧只属于神。

师：再来一遍，一二，开始。

生：真正的智慧只属于神。

师：我们都很无知，我们都有一点饿，有一点
　　呆。

　　好，就到这里，下课。

生：起立！

师：谢谢同学们，同学们再见！

生：老师再见！谢谢老师！

（文字整理：李慧）

我为什么要给小学生上《申辩》

中学语文教师能有机会与大学哲学教授联袂，一起给小学生上哲学课，是稀奇而愉快的事。术业有专攻，谈论哲学课堂（即便是小学生的），陈家琪老师一定远胜于普通的别的专业的教师。我很开心地听到陈老师说："郭老师……真会给孩子们上课，我当时已经在欣赏了，也忘了他要讲什么。"听课者在课堂中略带紧张的沉醉，可以视作对授课教师的褒奖。

诚然，并不是因为讲了一位哲学家就叫讲了哲学，然而，A.E.泰勒《苏格拉底》一书中的评价是中肯的，"直接或间接的，他是自他以后所有思想家的老师"，既然是"儿童与哲学"的主题单元，那么回到苏格拉底那里去，应当是切题的。

这节课的设想，总共有三个目标：

其一，让孩子们了解苏格拉底及其死因。

其二，在《申辩》节选的文字中，经由"神谕"事件发现并概括苏格拉底"自知无知"的观点，并对比所罗门（加增知识的，就加增忧伤）和庄子（吾生也有涯，而知也无涯，以有涯随无涯，殆已），进一步思考知识与人生的关系。

其三，以乔布斯的"Stay Hungry, Stay Foolish"，通过让孩子们译成中文的方式，与"自知无知"做一个现代的呼应。

在这节课的设计过程中，我念念不忘当年的法国教育部长阿尔贝·雅卡尔《睡莲的方程式》中的名言："即使是最微妙的概念也可以很早就介绍给青少年，不一定非要让他们完全理解这些概念的所有细节，但目的是要激发他们的兴趣，朝这些概念指示的方向进一步探索。不是要详细地探索一个新领域，而是在这个领域里转一转，激发他们的渴望，一种到了知识武装完备的那天更向前冒险的渴望。"

图书在版编目(CIP)数据

郭初阳的语文课.第三堂课,儿童哲学课:苏格拉底的申辩 / 郭初阳著;黄月绘.——北京:北京联合出版公司,2020.9
(2025.1重印)

ISBN 978-7-5596-4349-0

Ⅰ.①郭… Ⅱ.①郭… ②黄… Ⅲ.①中学语文课-课外读物 Ⅳ.①G634.303

中国版本图书馆CIP数据核字(2020)第113250号

本书部分文字作品稿酬已委托中国文字著作权协会转付,敬请相关著作权人联系。电话:010-65978917,传真:010-65978926,E-mail:wenzhuxie@126.com。

郭初阳的语文课

(第三堂课 儿童哲学课:苏格拉底的申辩)

作　　者:郭初阳
绘　　者:黄　月
出 品 人:赵红仕
责任编辑:李　伟　李艳芬
特约编辑:吴嫦霞
书籍设计:陆红强

北京联合出版公司出版
(北京市西城区德外大街83号楼9层 100088)
北京联合天畅文化传播公司发行
北京美图印务有限公司印制 新华书店经销
字数30千　787mm×1092mm 1/32 2.5印张
2020年9月第1版 2025年1月第9次印刷
ISBN 978-7-5596-4349-0
定价:168.00元(全十一册)

樂 府

·

心里满了，就从口中溢出

郭初阳
的语文课

第四堂课

儿童文学课

水晶人

郭初阳／著

黄月／绘

北京联合出版公司

目录

一. 课前阅读

水 晶 人 [1]

[意] 罗大里

在很远很远的一座城里，一个透明的小男孩出世了。透过他的全身各部位，就像透过空气和水一样，什么都清清楚楚的。他的肉和骨头就像玻璃，不过跌下来却不会碎，最多在他的额头上鼓起一个透明的肉瘤子。

谁都可以清清楚楚地看到他的心跳，看到他的思想像金鱼在鱼池里欢跃。

有一次，他无意中说了谎话，人们立刻就可以从他的前额里面发现一个火球。后来他把毛病改正了，说实话了，火球就自行消失了。从那以后他再也不说一句谎话了。

[1] 选自《电话里的故事》，[意]姜尼·罗大里著，俞克富译，外国文学出版社，1982年12月。姜尼·罗大里（Gianni Rodari，1920-1980），意大利儿童文学作家，1970年国际安徒生奖得主，著有《洋葱头历险记》《假话国历险记》《二十个童话加一个》《有三个结尾的故事》等。

又有一次，一个朋友告诉了他一个秘密，所有的人马上从他的胸腔里看见有一个像黑色的球一样的东西不停地在旋转，秘密也就不再是秘密了。

这个孩子长大了，成了一个壮实的小伙子，慢慢地又成了大人。每个人都可以知道他在想些什么。如要问他什么问题，在他开口回答之前，都能猜到他要怎样回答。

他叫乔高木，不过大家习惯叫他"水晶乔高木"。人们对他的忠厚、诚实非常有好感，只要和他在一起，每个人都可以变成举止文雅、心地善良的人。

但是不幸得很，在那个国家里，一个凶狠的独裁者登上了统治舞台，这给人民带来了专权的、没有正义的苦难时期。谁胆敢表示出一丝不满或者抗议，谁就会突然消失，而且不留下任何痕迹。谁要造反，就会被枪毙。穷人们受尽了迫害、凌辱，吃尽了苦头。

人们沉默不语，忍受着，怕只怕招来横祸。

但是乔高木没法沉默，尽管他闭口不言，然而他的思想却已经替他讲出来了：因为他是透明的，他对暴君的凶恶和不公正所持的愤怒、谴责的情绪，人们透过他的前额知道得一清二楚。暗暗地，人们受了他的启发和影响，也产生了同样的思想，并且似乎看到了光明，感到了希望。

暴君叫人把水晶乔高木抓了起来，并且命令把他投进最黑暗的监狱。[1]

[1] 注：因为有续写的练习，所以把本文印作课堂讲义时，略去了最后一段。

二．课堂实录

时间：2011 年 10 月 21 日

地点：南京东南大学

班级：南师大附小六年级某班

第一幕

师：大家都看到了讲义吗？什么时候发下来的？

生：今天早上。

师：今天早上是吧，打开来看一下，今天我们学的一篇课文叫什么名字啊？

生：《水晶人》。

师：水晶人是一个人，他叫什么名字？

生：乔高木。

师：乔高木，非常好，接下来我请同学来朗读一下这篇课文，每位同学读一小节吧，读完以后就把话筒往后传，别的同学一边听一边想想：水晶人乔高木，他有哪些特点？等会儿我要请同学来说的。好，〔递话筒〕请你朗读，第一小节。

生：在很远很远的一座城里，一个透明的小男孩出世了。透过他的全身各部位，就像透过空气和水一样，什么都清清楚楚的。他的肉和骨头就像玻璃，不过跌下来却不会碎，最多在他的额头上鼓起一个透明的肉瘤子。

师：非常好，〔示意〕后面。

生：谁都可以清清楚楚地看到他的心跳，看到他的思想像金鱼在鱼池里欢跃。

师：〔示意〕第三节。

生：有一次，他无意中说了谎话，人们立刻就可以从他的前额里面发现一个火球。后来他把毛病改正了，说实话了，火球就自行消失了。从那以后他再也不说一句谎话了。

师：很好。

生：又有一次，一个朋友告诉了他一个秘密，所有的人马上从他的胸腔里看见有一个像黑色的球一样的东西不停地在旋转，秘密也就不再是秘密了。

师：好的。

生：这个孩子长大了，成了一个壮实的小伙子，慢慢地又成了大人。每个人都可以知道他在想些什么。如要问他什么问题，在他开口回答之前，都能猜到他要怎样回答。

师：好，请坐。

生：他叫乔高木，不过大家习惯叫他"水晶乔高木"。人们对他的忠厚、诚实非常有好感，只要和他在一起，每个人都可以变成举止文雅、心地善良的人。

师：很好，〔示意递话筒〕继续往前。

生：但是不幸得很，在那个国家里，一个凶狠的独裁者登上了统治舞台，这给人民带来了专权的、没有正义的苦难时期。谁胆敢表示出一丝不满或者抗议，谁就会突然消失，而且不留下任何痕迹。谁要造反，就会被枪毙。穷人们受尽了迫害、凌辱，吃尽了苦头。

〔话筒依次向前传递〕

生：人们沉默不语，忍受着，怕只怕招来横祸。

师：好的。

生：但是乔高木没法沉默，尽管他闭口不言，然而他的思想却已经替他讲出来了：因为他是透明的，他对暴君的凶恶和不公正所持的愤怒、谴责的情绪，人们透过他的前额知道得一清二楚。暗暗地，人们受了他的启发和影响，也产生了同样的思想，并且似乎看到了光明，感到了希望。

师：好的，最后一段。

生：暴君叫人把水晶乔高木抓了起来，并且命令把他投进最黑暗的监狱。

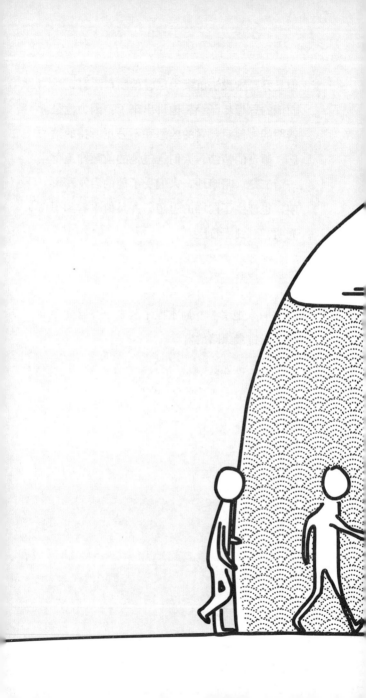

师：好的，我们把这个作品读了一遍，那么乔高木有什么特点呢？

郭老师请你想一想：

你觉得乔高木身上有哪些特点？

请在原文中把相关句子画出来。

〔众生举手〕

师：我们按照顺序来，〔示意〕轮到你了，你也
　　按照顺序来，告诉我们：他的第一个特点是
　　什么，好吗？

生：我觉得乔高木，他很有正义感。

师：他非常有正义感。好的，话筒继续往后传，
　　还有补充吗？

生：乔高木是透明的，思想……就是别人可以看
　　到的。

师：他是透明的，别人可以直接看到他的思想。
　　非常好，请坐，〔话筒〕继续往后传，还有
　　补充吗——除了他很有正义感，他的思想别
　　人可以看到。

生：他全身就像水晶一样，但是他跌下来不会碎。

师：哦，他全身都像水晶一样是什么意思？

生：全身透明。

师：好的，他的身体是透明的，他的思想是可以看到的。〔示意后面一位同学〕还有补充吗？

生：他忠厚、诚实。

师：他忠厚、诚实——他的品质很好，对不对？

生：嗯。

师：很好，继续，〔话筒依次传递〕还有吗？

生：他举止文雅、心地善良。

师：所以说周围跟他在一起的人，都会——

生：都会非常……都会举止文明、心地善良。

师：所以说他能够影响——

生：其他人。

师：非常非常好，请坐。〔示意看投影〕

一个透明的小男孩出世了，透过他的全身各部位……什么都清清楚楚的。

谁都可以清清楚楚地看到他的心跳，看到他的思想像金鱼在鱼池里欢跃。

人们对他的忠厚、诚实非常有好感，只要和他在一起，每个人都可以变成举止文雅、心地善良的人。

人们受了他的启发和影响，也产生了同样的思想。

师：大家看一下，文中这些特点都表明在这里。第一点，他是透明的；然后，他的思想也很透明；然后，他的品质很不错；最后，他还可以影响周围的人。

这个作品，我们这样读了一遍后，可以看出乔高木真的是一个非常特别的人。有同学说他是一个优秀的人，没错，他具有这样四大特点。

写一写 乔高木身上有这些特点

❶ --------------------------------

❷ --------------------------------

❸ --------------------------------

❹ --------------------------------

师：这么一个透明人，真的很不一样。接下来，我想让大家来看一部电影，这部电影里讲的也是一个透明人，这个透明人的名字叫作Sebastian——塞巴斯蒂安，大家一边看一边想想，这个塞巴斯蒂安和乔高木同样都是透明人，他们有什么区别呢？我们来看一下。

[播放《透明人》视频片段（6:52—10:10），播放完毕，安静了几秒，有学生举手]

师：两个人都是透明人，有什么不一样呢？和同桌商量一下，不要急着举手。

[同桌讨论（10:25—10:40）]

师：好了，我要请同学来回答了，刚才按顺序轮到谁了？我们按照顺序来。

生：我觉得那个乔高木……

师：咦，这么快就传到这里啦，这话筒我记得……是传到这里了吧？

生：是的，传过来的。

师：好，请讲。

生：我觉得，乔高木始终能清楚地看到他的心跳，而这个透明人却不行。

师：塞巴斯蒂安是一个纯粹的透明人，乔高木我们可以看到他的心跳。好的，请坐。话筒继续往前传。

生：我觉得乔高木比他举止要文雅一点儿，他讲话就有点儿凶。

师：这人有点粗鲁，挺凶的，不像乔高木这样文雅。〔示意下一位〕还有什么区别吗？

生：我觉得如果他要说谎或者做一些亏心事的话，别人无法知道；而乔高木如果做出这些事的话，别人可以一清二楚地知道。

师：为什么？

生：因为乔高木的思想是可以被人看透的。

师：很好，这是一个纯粹的透明人，透明得就像空气一样什么都看不到；但乔高木，他的思想却可以看到。〔示意下一位〕还有补充吗？

生：这个透明人不能让其他人受到他的影响，而乔高木是可以让其他人也能变好的。

师：非常好，这个透明人看起来好像是挺孤单的吧，不像乔高木这样乐于在人群中。〔目光转向下一位持话筒者〕还有补充吗？

〔生沉默〕

师：好像都被他们讲完了是吧，〔目光转向全体〕还有没有同学想发言补充的？

〔有人举手〕

师：〔递上话筒〕好，你来说。

生：我觉得，乔高木生来就是个人形，而这个人要变成人形必须得用其他东西——像刚才那个皮——套在上面。

师：哦，这才能够呈现出一个人的样貌，这是个科学实验，给他注射了之后才变成了那个样子。我们同学罗列了很多这两个透明人的不同之处，虽然他们都很透明，我们会发现在这里面〔示意看投影〕——

乔高木的四大特点

① 全身透明

② 思想可见

③ 忠厚、诚实、文雅、善良

④ 启发和影响人们

但是乔高木没法沉默，尽管他**闭口不言**，然而他的思想却已经替他讲出来了：因为他是透明的，他对暴君的凶恶和不公正所持的愤怒、谴责的情绪，人们透过他的前额知道得一清二楚。暗暗地，人们受了他的启发和影响，也产生了同样的思想，并且似乎看到了光明，感到了希望。

师：乔高木所谓的"全身透明"，在"全身"和"透明"这两个词语之间，我们最好给加一个字，会更加准确一点。〔递话筒〕加一个什么字啊？

生：我觉得应该加一个"半"。

师：非常好，乔高木并非透明得像空气一样，他透明得像……这篇文章的题目叫什么？

众生：水晶人。

师：水晶啊，对不对，所以他其实是半透明的。

还有一点特别奇怪的就是——他闭口不言，别人却可以知道他的想法——刚才的同学已经说了，因为他的思想别人是可以看到的，但是我们很奇怪啊，我们怎么可以看到一个人的思想？你认为他的思想是以什么样的方式来传递的，也就是说，别人是以怎么样的方式来知道他的思想的？

〔众生默想了一会儿（13:35—13:45）〕

请你发挥自己的想象力，

画一画乔高木与人交流的场景：

他是通过 _____ 来传达他的思想。

师：我想请三位同学来说一说。

〔有人举手〕

师：我们有同学很慎重地举起了自己的手，〔递话筒〕你来猜测一下，好吗？

生：别人是通过颜色来判断他思想的程度的。

师：好，我们第一位同学给出的理由是，很有可能他的思想是由色彩——不同的思想是由不同的色彩——来呈现的，正如他说谎了，那个颜色是？

〔众生争相举手〕

众生：红色的。

师：红色的一个火球是吧，还有同学有不同的猜测吗？请里面的同学来说，〔递话筒〕你怎么看，你认为他的思想是怎么传递的？

生：他的思想，是通过思想在身体里面的位置来传递的。

师：根据这个思想所处的位置，人家可以猜出他的想法。好的，还有吗？〔生举手，师递话筒〕你怎么看？

生：我认为是他的语言——他的身体是透明的——他的语言会在身体中看见。

师：你的意思是说，虽然他不说话，但是可以某种文字的形式呈现出来，可以直接读取，就像我们收一条短信一样。〔生点头〕好，还有同学有补充，〔递话筒〕你来说。

生：我觉得他的思想有可能是以形状的形式来表现的。

师：你觉得什么样的思想应当呈现什么样的形状呢？

生：愤怒的时候应该是幅度比较大的形状，平静的时候应该是一条直线。

师：多有意思啊，很好的回答。大家有没有看过《天龙八部》，金庸的很著名的小说，里面有四大恶人，为首的那个恶人叫段延庆，他有独特的一门武功，叫什么？

〔一生举手〕

师：〔递话筒〕你知道？

生：好像是读心术。

师：是腹语术啦——嘴巴不动，但是他的肚子能够说话。所以我们在想，水晶人是不是也有可能会这种腹语术，或者，能够让他周围的人有一种——刚才这位同学所说的——读心术，意念一动，你就知道我在想什么。总而言之，这的确非常神奇，尽管他闭口不言，他的想法却可以传递。

第二幕

师：他生活在一个非常恐怖的时代，各位，这样的时代在中国古代的历史上也曾经有过。

师：〔示意看投影〕大家看，在周朝的时候。我们轮到谁了，〔生举手，师递话筒〕好，请你朗读一下这个句子好吗，厉王——

生：〔朗读〕厉王虐……国人莫敢言，道路以目。

师：非常好，读得很好。这段话有点费解，哪一位同学可以给大家解释一下，〔递话筒〕你可以解释一下吗，这个周厉王……

厉王虐（nüè）······国人莫敢言，
道路以目。

——《国语·周语上》

厉王：周夷王之子，名胡，在位三十七年
（约前879年—前843年）。

生：这个厉王肯定很凶，那个国家的人都不敢说
　　话，都不敢讲他。

师：所以大家走在路上都只能怎么样？

生：只能看一看。

师：只能看一看，就像你现在看我一样，我们都不太敢说话，因为那个领导太凶了。好的，请坐。大家看，这个国家已经恐怖到怎样的程度了，老百姓敢说话吗？不敢说话。这样的恐怖气息，在这个故事里也有两小节有呈现，第几节，有没有找到？

〔众生举手〕

师：有同学说是第七节和第八节，"但是不幸得很……"我们一起来读一下，"但是不幸得很"，一二，开始。

生：〔齐读〕但是不幸得很，在那个国家里，一个凶狠的独裁者登上了统治舞台，这给人民带来了专权的、没有正义的苦难时期。谁胆敢表示出一丝不满或者抗议，谁就会突然消失，而且不留下任何痕迹。谁要造反，就会被枪毙。穷人们受尽了迫害、凌辱，吃尽了苦头。

人们沉默不语，忍受着，怕只怕招来横祸。

师：大家的讲义下面有好几条横线——显然这并不是这个故事的结尾，故事还没有结束。

接下来有一个很大的挑战，各位，我想请你来给这个故事加一个结尾，你要很认真地思考：这个作品到底应该怎样来运行，你打算给它一个怎样的出人意料的结尾？

各位，写文章就像打毛线一样，要把线头接上，编织得天衣无缝，你要有创造性的想象，又要符合上文中出现过的所有要求。

接下来，我们一边听一边想，听完以后就要请你动笔了。

[全班静听《水晶人》录音，思考（19:22—20:30）]

师：请各位拿出笔来，在横线上写一个你所认为的最漂亮的结尾，你想写多长都可以，但是只有三分钟，开始吧。

[学生写作，教师巡视（22:45—27:00）]

听录音，续写结尾

（扫码即可收听《水晶人》录音）

要求：

❶ 精心编织，浑然一体（原文的线头）

❷ 意料之外，情理之中（创造性想象）

水晶人

　　在很远很远的一座城里，一个透明的小男孩出世了。

　　……

　　暴君叫人把水晶乔高木抓了起来，并且命令把他投进最黑暗的监狱。

我的结尾

师：有同学已经完成了，已经完成的同学自己默读一下，看看字句是否通畅，等会儿你有可能要站起来朗读自己的创作。

[大部分学生继续写作（27:10—28:34）]

师：好，不管你写到哪里，把笔放下，接下来我们这样——以前后四人小组为单位一起来商量一下，四人小组要做这样两件事情：第一件事，通读小组其他成员的创作，看看那个家伙写得怎么样；然后，四个人或者三个人推选出最能代表小组水平的那一位同学，待会儿要请他来朗读。好，〔示意〕前后讨论一下。

[小组讨论，师参与各个小组的讨论（29:00—31:15）]

师：尽快确定小组里面的最佳方案，选出最能代表小组水平的那一篇，等会儿要请他来朗读一下。请注意，当那位同学朗读自己的创作时，小组其他的成员，郭老师会让你们来做点评——为什么你们要推选他？他读的时候，你们要思考。

差不多了吧？我想请同学来说一下。接下来我们不一定僵硬地按照那个次序来，有没有小组很想呈现一下自己的创作，觉得自己的创作好得不得了的？

〔众生踊跃举手〕

师：我们选最里面的好不好，坐得太里面了，要给个机会，〔探身传递话筒给里排的一位学生〕从最后一小节读起，"暴君叫人……"

生：暴君叫人把水晶乔高木抓了起来，并且命令把他投进最黑暗的监狱。乔高木在黑暗的监狱里吃尽了苦头，但他一直坚贞不屈。终于有一天，看守监狱的小卒被他这种坚韧不拔的精神感动了，放了水晶乔高木。乔高木一出狱，就立刻组织起一队农民起义军，推翻了暴君的统治。乔高木当上了国王，从此人们过上了幸福的生活。

〔众生乐而开笑，有人轻轻鼓掌〕

师：请坐，请同桌点评，把话筒递给旁边的女生，〔示意〕请你点评一下好吗？

生：他这篇文章写得很合情理，因为乔高木的思想会感动别人，才写小卒被他的精神感动了，放了他；而人们都受到他的思想（影响），一起推翻了暴君——这篇文章写得很合情理。

师：不错，同桌给了一个很不错的点评。第一个小组提供的方案是"越狱版"，"越狱"加"人民起义"的版本。好的，接下来还有其他的创意吗？我希望听到一些不同的方案。

〔众生踊跃举手〕

师：好，话筒给我，我们请这边的小组，〔示意〕你们谁来，〔递话筒〕好，来吧。

生：暴君叫人把水晶乔高木抓了起来，并且命令把他投进最黑暗的监狱。可是乔高木并没有害怕，他仍然像以前一样。人们很想去看他，可是暴君知道了，就说让去看乔高木的人立刻消失，人们便都不敢去了。乔高木也不寂寞，他天天在监狱里快乐地生活着。因为暴君的手下也很可怜他，便背着暴君给他送东西。不久，因为人们对暴君极度的不满，便把他拉下了王位，乔高木得救了。人们便让心地善良的乔高木当了国王。

师：请坐，〔示意〕同桌点评一下。

生：我认为，暴君的手下也不一定都是同情他的，也可能对他不好。然后呢，我认为她写得合情合理，但是人们是怎么起义的，也应该说一下。

师：嗯，这里要稍微有点交代就更好了。第二个版本和第一个版本有一点点相似，都是讲"起义"，然后让乔高木当上了国王。还有什么别的创意吗？我们请后面这位女生来吧，〔递话筒〕读一下自己的创作好吗？

生： 暴君叫人把水晶乔高木抓了起来，并且命令
把他投进最黑暗的监狱。在没有乔高木的时
间里，人们并没有放弃希望，而是越来越团
结，越来越强大。终于有一天，人们反抗
了，他们心中只有一个念头：要救出乔高
木。经过三天三夜的抗争，人们把那凶残的
独裁者打败了，可是当他们冲进监狱时，沉
默了——乔高木静静地躺在床上，心已经停
止了跳动。人们透过他的身体，看到了一行
字：亲爱的人们，不管我在哪里，心永远和
你们在一起。

〔众生鼓掌〕

师：同桌点评一下，好吗？

生：她写得很在情理之中，一开始我听她读到前面的时候就觉得很有意思，读到最后一段，水晶乔高木已经停止了呼吸，我很震撼。她（前面）写得在情理之中，后面又让人很震撼，写得很好。

师：请坐。她设置了这样一个乔高木死亡的结局，一个悲剧的结尾。我们想，乔高木不是不会死吗？他不是往地上砸一下都没关系吗，肿一个透明的包不就行了吗？没想到他也会死。当人们满怀激情攻破监狱，竟然看到的是他死亡的局面——每个人都会死，所以这个结局还是挺合理的。不错，这是一个"领袖人物英勇牺牲"的版本。还有不同的创意吗？

〔众生踊跃举手〕

师：好，〔递话筒〕请你来朗读一下自己的创意。

生：暴君叫人把水晶乔高木抓了起来，并且命令把他投进最黑暗的监狱。水晶乔高木没有一句怨言，但大家已经看出水晶乔高木的怨恨更加强烈。暴君得知以后，气愤不已，立刻叫人把他枪毙。在临枪毙前，水晶乔高木说了一句话："如果可以用我的性命换来百姓的幸福，我也愿意。"暴君被水晶乔高木的行为感动了，放了水晶乔高木，也让百姓们过上了幸福的生活。

〔众生微笑，讶异〕

师：同桌点评一下。

生：我感觉她写的好像不在情理之中。

师：怎么讲？

生：因为暴君应该不会被水晶乔高木感动的。

师：鳄鱼竟然流出了眼泪，是吧？

〔众生笑〕

师：这个设计，有一点戏剧性在里面，哇，"刀下留人"，到刑场去救人！这种追求是好的，但是戏剧性的设计是否符合人物性格的逻辑——这是值得讨论的。

大家的创意非常多，但是我们的时间很有限，我们刚才听到的，同学们设计了很多版本：越狱的版本、起义的版本、悲剧牺牲的版本以及鳄鱼流出眼泪的版本。

〔众生笑〕

师：罗大里，这么伟大的一个作家，他是 1970年安徒生大奖的得主，他本人会怎么来设计这个结尾呢？跟各位所想的都不一样！我们一起来看一下，好吗？

生：好。

师：按照顺序应该轮到谁来朗读了，好，〔示意〕请你朗读，"暴君叫人把水晶乔高木抓了起来"——

暴君叫人把水晶乔高木抓了起来，并且命令把他投进最黑暗的监狱。

但是一件特别奇异的事发生了。关着乔高木的那间小狱室的墙壁变成了透明的了。过了一会儿，整个监狱的墙壁，甚至外围墙壁全变成了透明的了。人们走近了监狱，看见乔高木坐在小板凳上。他正在想些什么，大家看得清清楚楚，好像整个监狱也像水晶似的。一到晚上，监狱放出了万道光芒，那个暴君在他的宫殿里叫人把所有的窗帘全拉上，但是仍然不能睡觉。水晶乔高木虽然被锁链铐着，但还是比暴君强大，因为真理比任何其他东西都强大，比白天更加明亮，比暴风雨更加可怕。

生：〔朗读〕暴君叫人把水晶乔高木抓了起来，并且命令把他投进最黑暗的监狱。但是一件特别奇异的事发生了。关着乔高木的那间小狱室的墙壁变成了透明的了。过了一会儿，整个监狱的墙壁，甚至外围墙壁全变成了透明的了。人们走近了监狱，看见乔高木坐在小板凳上。他正在想些什么，大家看得清清楚楚，好像整个监狱也像水晶似的。一到晚上，监狱放出了万道光芒，那个暴君在他的宫殿里叫人把所有的窗帘全拉上，但是仍然不能睡觉。水晶乔高木虽然被锁链铐着，但还是比暴君强大，因为真理比任何其他东西都强大，比白天更加明亮，比暴风雨更加可怕。

师：咦，最后一句再读一遍，"比……"开始。

生：比暴风雨更加可怕。

师：好的，请坐。我们重新恢复到刚才四人小组的状态，大家商量一下，探讨一个问题：罗大里的创作，哪一点是你没有想到的？讨论一下。

郭老师请你想一想，罗大里的创作，
哪一点是你没有想到的？

[小组讨论（40:05—40:30）]

师：好，转回来，我们最后还有三次发言机会，请三位同学发言，来谈一谈罗大里对你的启发，或者说，这个结尾给你怎样的一些思考。好，我们请第一位同学，[递话筒]请你说。

生：我觉得，罗大里编的这个故事，结尾很有戏剧性。

师：怎么讲？

生：他一开始写的是一件特别奇异的事情，我觉得他这个写得十分清楚，因为他写的是关着乔高木的那间小狱室的墙壁变成透明的了，过了一会儿，整个监狱的墙壁甚至外围的墙壁整个变成透明的了。人们走近了监狱，看见乔高木坐在小板凳上，他正在想些什么。我觉得，因为乔高木十分清白，他没有丝毫做错的地方，所以就连墙壁也因为他的缘故变成透明的了。后面，那个晚上的描写更加奇特，因为乔高木没有做错任何事情，但是暴君十分残酷，所以监狱也仿佛知道了暴君做的事情，也受到了感染，过来惩罚暴君。

师：以什么样的方式来惩罚？

生：让他睡不着觉。

师：哦，以光亮的方式来惩罚他，让他睡不着觉。好的，请坐。我们第一位同学强调了这个结尾给人的一种奇异的感觉，特别有创意。我想请第二位同学，你怎么看？

生：我觉得罗大里设计的这个结尾非常的精妙，也给我们留了一个最后的悬念——最后暴君怎么样了？他也揭示出了一个真理——也就是真理其实比任何东西都强大，比白天更加明亮，比暴风雨更加可怕——最后留给了我们一个道理。

师：非常好，请坐。我们的第二位同学强调了两点：第一，强调了真理，真理是很强大的，真理是会得胜的；第二，大家请注意，罗大里给的这个结尾，其实——

生：还没完。

师：还没完，对吗？接下来会怎么样呢？这里给你很多思考，你会继续想下去，他并没有真正地画上一个句号，这是一个开放式的结尾，很精妙。好，最后我想请一位同学来发言，谁来？好，〔递话筒〕请你来。

生：我就想说，如果他最后把这个故事写完了的话，人们就不觉得有些惊奇了，如果说暴君怎么样了，乔高木怎么样了，这个故事就变得非常平淡；而这样让读者感到这个故事非常精彩，感到它还没有结束。

师：非常好，继续补充强调了这个开放式结尾的功能。我们重新回忆一下这个故事的标题，叫什么？

生：水晶人。

师：标题叫水晶人，乔高木这个人是透明的，所以结尾紧紧地抓住这一点，不仅是透明的，而且他还会发光，会增强他的感染力——这是一个让人读过以后都不会忘记的故事。
〔示意看投影〕

《隐身人》

[英] 赫·乔·威尔斯 著
黄协安 译
少年儿童出版社，2011年1月

师：这故事很短，还有一部比较长的小说，作者是威尔斯，叫《隐身人》，跟这部电影《透明人》也很像，非常好看，大家有兴趣找来看一看。好，今天我们就上到这里，下课！

生：起立。

师：谢谢同学们，下课。

生：老师再见。

（文字整理：章佳萍 任雅丽 钟 丹

潘书玥 张玉婷）

......

水晶乔高木虽然被锁链锁铐着，但还是比暴君强大，因为真理比任何其他东西都强大，比白天更加明亮，比暴风雨更加可怕。

后来呢？

图书在版编目（CIP）数据

郭初阳的语文课.第四堂课，儿童文学课：水晶人
/ 郭初阳著；黄月绘.——北京：北京联合出版公司，2020.9
（2025.1重印）

ISBN 978-7-5596-4349-0

Ⅰ.①郭… Ⅱ.①郭…②黄… Ⅲ.①中学语文课－
课外读物 Ⅳ.①G634.303

中国版本图书馆CIP数据核字（2020）第113249号

Original title Giacomo di Cristallo from Favole al Telefono

© 1980, Maria Ferretti Rodari and Paola Rodari, Italy

© 1991, Edizioni EL S.r.l., Trieste Italy

本书部分文字作品稿酬已委托中国文字著作权协会转付，敬请相关著作权人
联系。电话：010-65978917，传真：010-65978926，E-mail: wenzhuxie@126.com。

郭初阳的语文课

（第四堂课 儿童文学课：水晶人）

作　　者：郭初阳
绘　　者：黄　月
出 品 人：赵红仕
责任编辑：李　伟　李艳芬
特约编辑：吴嫦霞
书籍设计：陆红强

北京联合出版公司出版
（北京市西城区德外大街83号楼9层 100088）
北京联合天畅文化传播公司发行
北京美图印务有限公司印制 新华书店经销
字数30千 787mm×1092mm 1/32 2印张
2020年9月第1版 2025年1月第9次印刷
ISBN 978-7-5596-4349-0
定价：168.00元（全十一册）

樂 府

·

心里滿了，就从口中溢出

郭初阳 的 语文课

第五堂课

社会写作课

如何给《南方周末》投稿

郭初阳／著

黄月／绘

北京联合出版公司

目录

一.课前阅读

评论

REVIEW

2010 年 3 月 18 日 星期四

我想上体育课

□ 许燕于飞（安徽芜湖小学四年级）

在接下来的一个月，我们的所有体育课都将被语文、数学所替代。原因很简单：体育老师休婚假。我很纳闷：为什么学校就不能安排其他体育老师来给我们上课呢？为什么不能将这些课时让给美术、音乐呢？

在刚刚过去的全国"两会"上，温家宝爷爷在《政府工作报告》中提出要"坚持育人为本，大力推进素质教育"。这么拿体育不当回事，我们的综合素质什么时候才能真正提上来？！

评论

REVIEW

2012年4月1日 星期日

警察唱着小妖的调子巡逻

□ 周洪（云南昭通市科协主席）

一天我在街边散步，一辆公安警车也顺街边徐徐前行，敞开的车窗中，几个青年警官正在哼唱。此时的街区十分宁静，车开得慢，歌哼得也从容，我听清了是《西游记》里一个小妖唱的"大王派我来巡山……"这几句。乍一听感觉十分幽默，让我忍俊不禁。回味一阵我又觉得不对劲，幽默固然是幽默了，但"幽"得不太对劲：警察唱着小妖的调子，且是在巡逻……当然，我也乐见警察同志工作时来点无伤大雅的幽默。

南方周末

评论

REVIEW

2012 年 4 月 16 日　星期一

应急电话，要好记

□ 潘彦睿（深圳民治二小六年级）

　　乘坐地铁时，我发现站台电梯旁有块"温馨提示"牌，称"有紧急情况请拨打88964631"。身边一位老人说："这号码太难记！"的确，我十二岁，默诵三遍才勉强记住。爷爷奶奶们要是遇到紧急情况，可能看着牌子拨号都很难拨准，更别说记住了。有个订票电话（88882222）我记得很牢，为什么地铁公司不能选用这样好记的号码呢？妈妈猜，可能为了省钱；爸爸说，也许没有其他号码可选……如果政府部门或者电信局出台规定，将一部分朗朗上口的电话号码预留下来，优先供各类应急、救援电话使用——关键时刻，或许就能挽救不少生命！

评论

REVIEW

2012 年 4 月 27 日　星期五

我不喜欢猎人

□ 杜简宁（浙江嵊州鹿山小学二年级）

　　语文期中考有道阅读题。猎人外出打猎，没碰到鹿、狼、野兔，但他没放弃，就算被树枝划破了手指也不在乎。终于他发现了一只布谷鸟，他想打鸟，又看见两只正在听布谷鸟唱歌的小松鼠向他扫了一眼，像在说：听，多美的歌声呀！猎人也被迷住了，也就没打死布谷鸟。问题是：你喜欢这个猎人吗？为什么？

　　我写了："不喜欢，因为他是猎人。"这道题我被扣掉2分。老师说，要宽容，因为猎人知错能改。我知道我的表达有问题，但猎人为什么那么晚才知错能改？他以前没听过小鸟哭泣、鹿儿哀求、老虎咆哮？再说他这次不杀死小鸟，不等于他以后不会杀其他动物呀。

评论

REVIEW

2012 年 6 月 14 日 星期四

小学毕业生也迷惘

□ 黄沁雅（福建晋江市实验小学六年级）

晋江市一中是所名校，以前初中招生都是根据成绩择优录取，每届毕业生都争着去。可2012年政策变了，除了招五十名特长生，其他都用电脑派位。全市毕业生都蒙了，只能眼睁睁地等着……

近年来，我们上奥数、作文班就希望初考能有个好成绩。因为提倡"素质教育"，我就认真地去学小提琴、南音[1]、朗诵，成了小提琴手、广播室播音员，这一切只为兴趣爱好和素质提高，妈妈也没让我去考级。谁想得到现在招艺术特长生必须有考级证书！

我想问问，什么才是素质教育？我想问问，制定政策的人能不能关心一下我们小学生的感受，不要说改就改？

---

[1] 南音：又称泉州南音、福建南音，乐器有洞箫、三弦、琵琶等，除演奏、演唱以外，还有戏剧（福建南音戏）。

评论
REVIEW
2012 年 7 月 5 日 星期四

点滴推动胜过抱怨

□ 浙江 周华诚（杭州日报编辑）

同事姜雄坐火车出差。进站时，警察拦住他要查验身份证。姜雄脸上留了络腮胡，看上去不是个"好人"。姜雄说："要看我的身份证可以，但是我要先看你的证件。"警察勃然大怒，多年来都没碰到过这种事。警察没有携带证件，无法出示证件。姜雄不依不饶："今天你不给我看你的证件，我是不会给你看我的证件的。"吵闹声引来了警察的上司。上司也没辙，只好让他走了。姜雄出差回来后，仍一次次打电话投诉。最后，公安局有关领导与那名警察上门来道歉。

姜雄说："大家都在抱怨这个世道很糟糕，但如果你连自己的权利都不去争取，那你又能怪谁呢？"这样的言论应是常识，不过人们多是说说而已。相对于说，做更有成效。不必求远，不必宏大，你我何不从小事做起，来推动社会一点点变好？

12月13日上《木笛》

□ 李宇轩（杭州天长小学五年级）

　　学期初，刚拿到语文课本，发现有篇课文叫《木笛》，这是一篇关于南京大屠杀纪念日的文章。从此，我记住了12月13日。2012年12月13日，上学时，我边走边想：要不去跟教语文的史老师说今天上《木笛》？呵，这样做很有意义，但又怕被老师说我"多事"。我就找好朋友金帅交流了一下，金帅也觉得这主意不错。最后，我们鼓起勇气走到史老师面前要求上《木笛》。没想到，史老师答应了，还表扬了我和金帅。南京大屠杀纪念日那天，我们上《木笛》。我突然觉得，采纳我们建议的史老师比平时更高大了。这节课，同学们似乎比平时更投入了。

未发夏装，不用穿校服吧

□ 明川（海口英才小学一年级）

我喜欢穿校服。每周一、三、五，我都会记得穿上校服。三月的海口已经很热了，人们都换上了夏装，可我们夏天的校服还没有发下来。爸妈叫我别穿校服了，说太厚了会中暑的。可我又担心，不穿校服违反校规会被批评的。我们同学说，如果学校的校讯通发一条短信，通知咱们的爸爸妈妈："一年级因为未发夏装可以不穿校服。"那我们就可以安心穿自己的夏装去上学了。

若批评不自由，
则赞美无意义。

——法国剧作家博马舍，《费加罗的婚礼》

二. 课堂实录

时间：2013年4月12日

地点：南京军区大礼堂

班级：南京苏杰学校五(1)班

第一幕

作为读者：朗读与评论
（0:50—14:30）

师：同学们好。

生：老师好。

师：请坐。大家看郭老师手头有一份报纸，这份报纸的名字叫……〔举起报纸〕看得清楚吗？

生：《南方周末》。

师：对，大家以后看到这份报纸，要知道它是每逢周四出版的，在报刊亭可以买到；而且"南方周末"这四个字，用的是鲁迅的书法。

《南方周末》上有一个版面叫作评论版，我们今天讲义上面的这些文章就来自于各期的《南方周末》评论版。

大家看一下，我们面前这份讲义，上面的文章总共有几篇啊，有没有数过？

生：八篇。

师：总共有八篇，绝大部分是小学生写的，最小的是几年级的？

生：一年级。

师：一年级的，比各位小很多——各位现在是五年级了。当然也有六年级的同学写的，还有两篇是成年人写的。好，大家还有一点点时间，你把这八篇文章再默读一下，等一会儿我可能会邀请你站起来，选择其中的一篇来朗读一下，读一读你最想读的那一篇，然后说一说为什么你要选这篇来朗读。好，各位请准备一下。

[生默读（2:25—3:33）]

师：我们这样吧，同桌配合一下，等会儿一组一组地请同学站起来，你们两个人商量一下，一位同学读，另外一位同学说一说，为什么我们要读这一篇，接下来有一点准备时间，两人一组你们商量一下。

你想读的一篇文章是：

— — — — — — — — — — — — — — — — — — — —

请你朗读这篇文章。

〔同桌商量（3:55—5:05）〕

师：好了，请抬起头来，有没有两位都已经完全
　　准备好了，想来给大家试一下的？这两位同
　　学，〔递话筒〕好，我们请同学来，你们自
　　己分工，一位同学朗读，读完之后，另外一
　　位同学给我们说一说，为什么选这一篇来
　　读？

生：《点滴推动胜过抱怨》：

同事姜雄坐火车出差。进站时，警察拦住他要查验身份证。姜雄脸上留了络腮胡，看上去不是个"好人"。姜雄说："要看我的身份证可以，但是我要先看你的证件。"警察勃然大怒，多年来都没碰到过这种事。警察没有携带证件，无法出示证件。姜雄不依不饶："今天你不给我看你的证件，我是不会给你看我的证件的。"吵闹声引来了警察的上司。上司也没辙，只好让他走了。姜雄出差回来后，仍一次次打电话投诉。最后，公安局有关领导与那名警察上门来道歉。

姜雄说："大家都在抱怨这个世道很糟糕，但如果你连自己的权利都不去争取，那你又能怪谁呢？"这样的言论应是常识，不过人们多是说说而已。相对于说，做更有成效。不必求远，不必宏大，你我何不从小事做起，来推动社会一点点变好？

师：非常好，请坐，把话筒递给你同桌——姜雄要是听到这么好的朗读一定会很开心的——好，同桌，点评一下。

生：我读这篇文章，是因为我觉得社会不是一个人能改变的，但要是我们每人都改变社会的一点点，相信我们的社会在不久之后就会变得十分美好。

师：非常好，请坐。每人改变一点点，整个社会就会好起来，点滴的努力很重要。

第一组的两位同学，给我们起了一个非常好的头，还有没有别的小组想选别的文章来读一读？〔师递话筒〕我们请里边的这两位，你们谁朗读？

生：《我不喜欢猎人》：

语文期中考有道阅读题。猎人外出打猎，没碰到鹿、狼、野兔，但他没放弃，就算被树枝划破了手指也不在乎。终于他发现了一只布谷鸟，他想打鸟，又看见两只正在听布谷鸟唱歌的小松鼠向他扫了一眼，像在说：听，多美的歌声呀！猎人也被迷住了，也就没打死布谷鸟。问题是：你喜欢这个猎人吗？为什么？

我写了："不喜欢，因为他是猎人。"这道题我被扣掉 2 分。老师说，要宽容，因为猎人知错能改。我知道我的表达有问题，但猎人为什么那么晚才知错能改？他以前没听过小鸟哭泣、鹿儿哀求、老虎咆哮？再说他这次不杀死小鸟，不等于他以后不会杀其他动物呀。

师：同桌，说一说你们为什么选这篇？

生：因为我是这样想的，有时候我也跟他有同感，跟老师要求的意愿不相同，但是为了能得分，不得不写违背自己意愿的话，我希望以后老师可以从不同的方面去批改。

师：最好这2分不要扣掉，又能写出真实的想法，又能得分。

〔生点头〕

师：看来有的时候，我们也会碰到这样的场景。好，第三组的同学打算选择哪一篇呢？前面四位都是女生，有没有男生？〔递话筒〕很好，你们来。

生：《应急电话，要好记》：

乘坐地铁时，我发现站台电梯旁有块"温馨提示"牌，称"有紧急情况请拨打88964631"。身边一位老人说："这号码太难记！"的确，我十二岁，默诵三遍才勉强记住。爷爷奶奶们要是遇到紧急情况，可能看着牌子拨号都很难拨准，更别说记住了。有个订票电话（88882222）我记得很牢，为什么地铁公司不能选用这样好记的号码呢？妈妈猜，可能为了省钱；爸爸说，也许没有其他号码可选……如果政府部门或者电信局出台规定，将一部分朗朗上口的电话号码预留下来，优先供各类应急、救援电话使用——关键时刻，或许就能挽救不少生命！

师：读得非常好，把话筒给同桌。

生：我认为，因为生命是只有一次的，应急电话应该要好记，在危急情况下，可能只有几秒钟时间，时间是非常宝贵的，所以说拨打应急电话应该是强调一个"急"字，速度也要快，这样才能够挽救一些生命。

师：的确，应急电话不能弄得太复杂，是这样的。〔示意刚才朗读的学生起立〕来，刚才你读了一遍，不要偷看，把刚才那个号码再告诉我，好吗？

〔生起立，思考〕

师：还记得吗？

生：8896……4621。

师：88964631，你看，小学五年级的孩子记忆力是最好的，但是我们这样认真读过一遍之后——当着这么多人在读，读得非常认真的——有没有记住？错了一个数字是吧，可见他说得有没有道理啊？

生：有道理。

师：真的挺有道理的，应急电话要朗朗上口，好记一点，简单一点，这么复杂谁记得住呀！好了，前面请了三位同学朗读了，都读得非常好，也评论得很好，最后我们再请一组好吗？还有谁想来？我们请后面的女生，〔递话筒〕你们来。

生： 我想读的是：《12月13日上〈木笛〉》：

学期初，刚拿到语文课本，发现有篇课文叫《木笛》，这是一篇关于南京大屠杀纪念日的文章。从此，我记住了12月13日。2012年12月13日，上学时，我边走边想：要不去跟教语文的史老师说今天上《木笛》？呵，这样做很有意义，但又怕被老师说我"多事"。我就找好朋友金帅交流了一下，金帅也觉得这主意不错。最后，我们鼓起勇气走到史老师面前要求上《木笛》。没想到，史老师答应了，还表扬了我和金帅。南京大屠杀纪念日那天，我们上《木笛》。我突然觉得，采纳我们建议的史老师比平时更高大了。这节课，同学们似乎比平时更投入了。

〔读完后生欲坐下〕

师：〔示意继续站立〕话筒先不要拿走，把这篇文章的作者名字告诉我们，好吗？

生：叫李宇轩。

师：是哪个学校的？

生：杭州天长小学五年级。

师：哦，跟我们一样，刚好也是五年级，请坐。好，同桌评论一下。

生：今天我和同桌共同选了这篇《12月13日上〈木笛〉》，因为每年的12月13日是南京大屠杀纪念日，当年的这一天日本人血洗了南京城，而每年的这一天南京上空都会拉响防空警报，这是在警告后人。我觉得在12月13日这一天，上一节与南京大屠杀有关的课文，有很好的意义，而且还可以教育同学们不忘国耻。

师：非常好，请坐。这篇课文大家都学过吧？

〔生摇头〕

师：哦，可能我们用的教材有点不一样。要是在南京，在这一天，来学习这篇跟南京大屠杀有关的文章，那会让人印象特别深刻，对吧，它的含义会很不同。所以这个建议还是挺合理的，他们的老师采纳了吗？

生：采纳了。

师：采纳了，语文老师真不错。这是非常好的一个建议。

第二幕

变成编辑Ⅰ：范例与方法
（14:30—21:30）

师： 好，我们刚才请了四组同学，选择这八篇文章里的四篇来朗读，也做了一点分析。那接下来我很想跟大家一起探讨一下，也希望大家能够转换一下角色，因为这些文章都是发表在《南方周末》的评论版上面的，还有很多小学生希望自己的名字，能够有一天也出现在这份报纸的评论版上，那么，怎么样才有可能让你的名字出现在这上面呢？

我希望各位现在转换一下角色，假设你是《南方周末》评论版的编辑——我希望你摇身一变，变成这个版面的编辑——然后请你以这八篇文章或者里面的几篇文章为例，来给小学五年级的学生讲解一下："小朋友，文章要这样写，才有可能会刊发在评论版上面……"请各位研究一下，等会儿我想请你讲解讲解，至少要给出三条标准，或者三种方法，或者三个原则，诸如此类……研究一下，思考一下。

[生默读、思考（15:55—21:30），教师巡视，适时补充说明]

师：以我们面前的文章为例，什么样的文章才有可能被刊登在这个版面上呢？

请各位准备一支笔，圈画一下，做一些笔记，有没有发现这些文章的共同点？

你可以写在文章的旁边，当然你也可以写在第二页右下角的空白处。我希望每个同学都写三点，尽力来概括出三点，你的文章如果这三点都满足的话，就有可能被报纸所采用，概括一下。

〔师继续巡视〕

师：有同学速度超快，已经完成了。〔师最后绕行班级一周，查看学生书写情况〕各位做得很好，你可以用一个很短的句子来表达，甚至可以用一个词语来表达，都很好。

我们马上要开始讨论了，在讨论开始之前，无论如何你总要想三点，不要只想了一点哦。作为你对四人小组讨论的一点点贡献，你一定要有自己的想法。

当你化身为编辑……
请在此停留 六分钟，写下你的征稿要求：

1.

2.

3.

第三幕

变成编辑Ⅱ：四人小组讨论
（21:30—27:40）

师：好，接下来我们分一下组，我们四人一组，交换一下彼此的看法。如果说每人发现了三点，那么四个人的话，就有十二点了，对吧，也许会有些重合。我们共同的发现具体是什么，我们用什么样的方式来表达……大家有三到五分钟的时间来讨论，讨论完了之后，老师会邀请小组里面的同学依次来说一说，自己的发现是什么，我们会在黑板上罗列一下。好，前排同学转过去，我们前后四个人，讨论一下。

师：我们小组讨论有一点点成果，接下来还有一两分钟时间，我希望各位把自己的讨论所得，能够有一个非常简练的概括——因为等会儿老师要把你的观点写到黑板上，你不能说四百个字让我写哦，对不对——你给一个短句，甚至只是一个词语，把你们讨论所得的概括提炼一下，好吗？最后一点时间。

第四幕

变成编辑Ⅲ：全班交流
（27:40—41:15）

师：好，请各位都转过来，很简单，我们还是这样按照顺序公平一点；也就是说我们先走一轮，每个小组请一位同学。每个小组都请A同学，〔师指点示意〕A同学、A同学、A同学……第一轮，我们请每个小组的A同学来讲；如果意犹未尽还没讲完，我们继续请同桌B同学来讲，补充到我们不能再补充为止，这样好不好？还有个话筒在哪里？好，我们先请第一组的A同学，给我们讲述一点你们探讨之后的发现。

生：我是这样认为的，首先要敢于说真话，说出自己内心的想法，贴近生活，然后为民众考虑。

师："敢于说真话，说出自己真实的想法。"请坐，我们只是围绕一点来哦。敢于说真话，说出自己内心真实的想法。〔师板书：说真话，内心〕很好，把话筒往后传，继续补充。

生：我们这组讨论的是：题目新颖，主题明确，语言精炼。

师：稍等，我们就来探讨一下题目。〔师板书：题目〕关于题目的问题，你们有什么发现，这些题目有什么共同点？

生：就是……题目是新颖的。

师：在这个标题里面，都呈现了一种非常新颖的观点。关于题目，除了新颖之外，还有什么特点？

生：主题明确。

师：是很明确的，是吗？

生：嗯。

师：好，请坐。我们后面小组可以继续补充哦，如果你们探讨的也是这个问题的话，好，继续来，〔递话筒〕你们组。

生：要有现象和具体证据，以让人信服。

师：再说一遍，好吗？

生：要有现象和具体证据，以让人信服。

师：〔板书：现象＋证据＝信！〕针对这个现象，你要出示证据，这样才可以让人来相信它。非常好的概括！〔示意〕把话筒继续往后传，第四组。

〔生沉吟〕

师：你可以提供新的观点，也可以就上面的观点做一些补充。

生：我觉得，必须要有自身的看法，然后才能让别人相信你的观点。

师：也就是说，在说真话、说自己内心的想法的时候，你说的并不仅仅只是一种情感态度，更多的是要有自己的一个"看法"，〔板书：看法〕很好，请坐。"提出一种看法"，〔示意〕继续补充。

生：我认为像《我想上体育课》这篇文章里面，第二自然段，说到"在刚刚过去的全国'两会'上，温家宝爷爷……"，就是那段，引用了温家宝爷爷的话，然后就是增强了说服力。

师：〔板书：引用〕请坐。这是一种非常聪明的文学技巧，当你想让别人相信自己的话，让自己的话变得更有力量，你可以适当引用谁？某个名人，知名人物，让他来帮你说话——这是一个非常敏锐的发现。很好，〔示意〕把话筒往那边传，请讲。

生：我觉得在"说真心话"那一边，可以加上：要有自己独到的见解。

师：怎么讲？

生：就是不一定跟大家看法都一样。

师：可以举一个例子吗？〔板书：独到见解〕

生：比如说《我不喜欢猎人》这篇文章，他说"我不喜欢，因为他是猎人"，我觉得就是老师说要宽容，因为猎人知错就改，而他不这样认为，他认为猎人本来就不应该当猎人，他们不应该出去打猎，打死小动物。

师：也就是说，我的见解和老师的见解是——

生：不一样的。

师：我说出这个观点之后，还会被扣分，但是这个见解却是非常独到的。如果你有一个独到的见解，你愿意把它说出来吗？

生：我愿意把它说出来。

师：如果会被扣掉两分呢？

生：我觉得我可以跟老师探讨。

师：可以跟老师来探讨一下。当然，这可以体会到，说出一个独到的见解还是需要那么一点点——

众生：技巧，勇气。

师：嗯，有同学说"技巧"，有同学说"勇气"，都很需要。非常好，请坐。〔板书：技巧，勇气〕继续。

生：首先，他们这几篇文章都有自己的观念，不是人云亦云；其次，写出了自己内心的感受，是从我们孩子的角度来写的；并且语句通顺，并针对每件事提出了建议；对主要内容有一个详细的描写。总而言之，是有自己的观念，真情实感，并针对每件事情提出了一个建议。我觉得还可以用三个字来概括一下，就是——真、实、感。

师：太好了，你最后终于用三个字来概括了，语文老师真的很可怜，你不能把所有的弹药都射过来啊。最后哪三个字，再说一遍好吗？

生：真、实和感。

师：请坐。〔板书：实、感〕真、实和感，这个概括很有意思，同桌，这个"真"我们都很明确，说真话，说内心的想法——〔示意〕对，站起来——你们的概括里面，还有一个"实"，这个"实"怎么讲？

生：这个"实"的意思就是实实在在的，不像浮云一样随便乱讲的。

师：是负责任的，是这个意思，实实在在的，请坐。我还想再听一位同学的看法，关于"实"和"感"，你还有补充吗？

生：我觉得"实"，讲的是真实发生的一件事情；"感"是这个作者对于这件事情的感受，或者说是对这个事情提出的意见或者是想法。

师：〔板书：一件事〕哦，请坐，我明白了。看来这个"感"和这个"看法"联系在一起；"实"是一件事，也可以和我们前面所说的"证据"联系在一起，对吗？让这件事情更真实，是发生在生活中的。

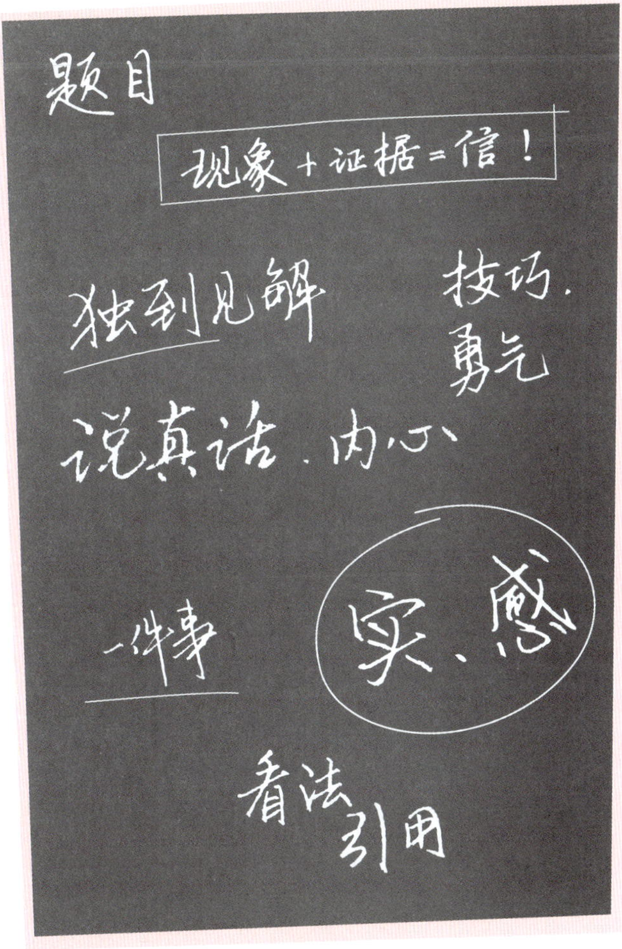

题目

現象 + 证据 = 信！

独到见解　　技巧.
　　　　　　勇气

说真话. 内心

一件事　　实、感

看法
引用

师：好，这样一轮下来了，我们的成果在黑板上呈现出来。可以考虑一下你的职业发展方向，当编辑是不错的，而且也不是很困难——我们讨论五分钟，就给出了很多很深刻的见解。

这是第一轮，还有同学，还有小组，觉得这上面说得还不够完美，你还有补充吗？接下来可以有更自由的发言。谁想补充、修订，或者增加？〔递话筒〕好，请后面的同学，你有什么补充？

生：我觉得文章是可以不论长短的，但是文笔要流畅，写得要精彩，有详有略，还有重点。

师：非常好，请坐。在这个版面上的这些文章，有一个非常重要的特点，我们同学一开始说了，这些文章长不长啊？

生：不长。

师：〔板书：短〕都不长，都挺短的，这个是我们可以做的，很短的小文章，却是很精彩的，让人印象很深的。有见解的话不必太长，但让人印象深刻。还有补充吗？好，把话筒递给前面那位女生。

生：我认为题目不仅要新颖，还需要一目了然，能够表达整篇文章的中心。

师：你可以给我们举两个例子吗？

生：比如第三篇《我不喜欢猎人》，就是这样的，它表达了文章的中心，说因为猎人那么晚才知道知错能改。

师：我就不喜欢他——虽然老师你喜欢他——我就是不喜欢他。题目里面，一目了然地表明了态度。可以再举一个例子吗？

生：《未发夏装，不用穿校服吧》。

师：我们读一下这个题目，也就知道了它要说的核心内容了，对吧？非常好，请坐。各位，在你投稿文章的里面，题目真的是很要紧的。"目"什么意思？眼睛，做动词是"看"的意思。"题"什么意思？你看看郭老师就知道"题"是什么意思了，〔示意自己的额头〕脑门。

〔生笑〕

师：明白了吗？所以题目题目，就像我们看一个人，看一下你同桌——你看他哪里呀，不就是看这一带嘛〔示意头部〕，不会说把你的脚指头给我看一下，所以一篇文章的题目，就像一个人最核心的部分，非常重要。好，还有补充吗？把话筒继续往前传，请那位男生来说一说。

生：这些文章都有几个共同的特点，首先它们的现象都非常简单，直接讲出了什么事，为什么；然后它们的评论部分，都可以提出自己的疑惑；在它们最后的提出自己想法的部分，观点都非常的鲜明，表达自己的主见；还有的提出了改进的方法，还点明了中心。

师：〔板书：简单、疑惑〕把你说的倒数第二句话再说一遍好吗？在点明中心之前的那句话。

生：提出了自己的主见，并提出了改进的方案。

师：各位，在这个独到的见解里面，可以表达自己的疑惑；还有一点极其重要，正如我们刚才这位同学所说的，在独到的见解里面，往往都给出了一个改进的方案〔板书：改进方案〕，有一个方案我们是可以来操作的，怎么样改一改会变得更好，给出改进方案，这一点特别要紧。

师：好，最后我想请一位同学，把黑板上的这些
　　内容给我们简单地总结一下，好吗？谁来？
　　有难度的哦。

　　〔多人举手〕

师：〔递话筒〕真是太喜欢你们了。来，就黑板
　　上这些内容给大家稍稍总结一下，怎么样我
　　们才有可能让自己的名字出现在《南方周
　　末》上，给我们说一说，好吗？

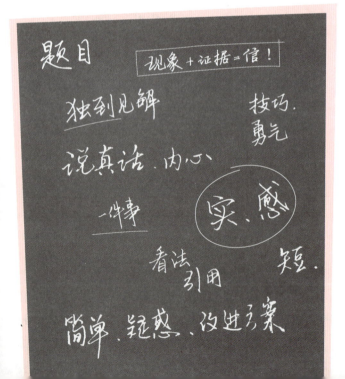

生：就是说，我们的文章需要有事例，而且要有自己的观点，然后观点要有独到的见解，还有就是我们的题目需要一目了然，在描写事例的时候，需要描写一些简单的现象，文章不需要长，只要有内涵就可以。

师：非常好，请坐。都是小学生嘛，写的自然都是我们身边的非常简单的事情，这件事情，大还是小？

生：小。

师：这是非常小的一件事情。〔板书：小〕但是它跟别人有没有关系呢？

生：有。

师：有关系，跟很多人都有关系。校服你要穿，你同桌要不要穿，全校的人都要穿啊，所以你在讲这个小事的时候，讲出了很多人内心的想法。

第五幕

我是作者I：事件与题目
（41:15—49:35）

师：好，各位请拿起笔来。我们每个人有一张方
格纸张，是吧，拿出来，南京苏杰学校作文
纸，在方格纸上写上五（1）班和自己的名
字。写完之后请各位把这张方格纸翻过来，
翻过来这一面，我们先做一件事情，请每位
同学认真想一想，请你拟定两个题目，只是
题目，一个题目一行。大约有两三分钟的时
间可以思考一下，你想写什么呢？

[生思考（42:30—43:00）]

如果我要给《南方周末》投稿，
我打算拟的题目是：

草稿区

师：〔巡视、补充〕一定是在你身边的，你非常熟悉的一件小事；也是你思考了很久的，挺想说的一件事情；这件事情跟挺多人也都有关系，而且这件事情好像有那么一点不太合理，你想给点意见，甚至你有更好的解决方案。抓住你的灵感，把它写下来，有的同学已经写了一个题目了。

[生继续思考（43:00—44:30）]

师：大部分同学都拟了一个标题，有一半的同学想了两个标题，接下来把你的这个想法跟你旁边的人交流一下，大家交换一下看法。如果你有两个方案，你问问同桌："你看，我的哪个方案更好？"两个人商量一下，给同桌一点好建议，好不好？

[同桌讨论（45:00—46:40）]

师：你可以把你的想法跟旁边的人好好聊一聊，如果说你的这个想法想听一听成年人的意见的话，你也可以举一下手邀请我，我也愿意表达我的观点。好，我们讨论一下，来聊一聊，两三分钟以后，我会邀请同学来说一说。

［同桌继续讨论（47:00—47:47）］

师：再过六十秒钟，我将要让这个话筒在全班都传一遍，所以各位，擦亮你的题目哦，说出来以后让人知道，哦，你要写这个话题。好，还有一点点时间了。

［同桌继续讨论（48:00—49:05）］

第六幕

我是作者Ⅱ：说出我的题目
（49:05—58:25）

师：好了，如果你起先拟定的是两个题目的话，你选择比较优秀的那个就可以了，我想请全班所有同学[1]把自己拟定的方案说一下，读一下自己的题目，好不好？我们从这边开始，（递话筒）你的题目是——

---

[1] 苏杰学校五（1）班在台上的有三十位同学，可惜时间所限，没有能够一一展示。

生：我想写的题目是《小区车满为患》，就是说，我们小区本来地盘就很小，但是很多的外来车辆总是停在我们小区里。一次我上学的时候，爸爸停车的位置左右两头都被堵住了，然后我们就出不去，只好请妈妈从楼上下来，骑自行车把我送去学校，差点就迟到了。我觉得，本来小区不是对所有人都开放的，小区并不是停车场，你不应该把自己的车停到小区里，这样就堵塞了人家的交通，而且还给人们带来了不便。

师：请坐，说出了很多人共同的感受，因为车子实在是太多了。〔对全班〕等会儿你们讲的时候，我希望你们的题目一念我们都明白，如果觉得很有必要，你再稍做补充哦。〔示意〕把话筒往前传，好吗？前面的同学，你的题目是——

生： 我想说的题目是《新疆不盛产小偷》，昨天我在路口看见一个人，他在一个大学生的后头翻口袋，接着赶紧跑回了后头的摩托车，开走了。那个大学生好似丢失了什么东西，翻翻口袋后，焦急地望着四周，在寻找那个可恶的小偷，后面的行人都说，那个小偷一定是新疆的，只有新疆人才会偷别人的东西。我认为新疆不盛产小偷，为什么要把小偷这个罪名压在美丽的新疆的美名上呢，我认为人们的观点是片面的，他应该全面地思考，而不是把原来盛产水果的新疆，改为盛产小偷的新疆。

师： 非常好的见解，请坐。新疆，我们知道，盛产的是葡萄干、哈密瓜，《新疆不盛产小偷》这个标题非常一目了然地表达了作者的态度。〔示意〕继续来，你的题目是——

生：我的题目是《只为了多赚一点钱》，记得在我很小的时候，我跟我的父母一起去海南玩，在去海南之前，我们在网上做了功课，听说海南那边的很多小贩都会赚黑心钱，于是，我爸妈就带着一个弹簧秤去了。

师：你爸妈好有远见，带一个弹簧秤去。

〔众生笑〕

生：后来啊，那天我们下楼去买水果，一个小贩在那里，然后爸爸妈妈就挑了几个山竹，"买这么多水果，你帮我称一下"，于是那个小贩就拿出了一个秤，那个秤是他做过手脚的，就十几个山竹，他称出来竟然有八斤。

师：天哪，这么重的山竹。

生：我的爸爸妈妈感觉很奇怪，于是就问那个小贩怎么回事，小贩说："你们不信，我再拿一个秤称一下。"他后来又拿了一个秤，其实那个秤也是做过手脚的，一称发现又是五斤，爸爸妈妈说，那算了吧，于是就回宾馆了，结果拿弹簧秤称了一下，发现只有两三斤。这个小贩真会赚黑心钱，看来这些商人不值得我们信任，以后我们买东西的时候可一定注意一下。

师：非常流畅的一篇叙事。但郭老师有个建议很希望你转告老爸老妈，既然弹簧秤都已经带过去了，为什么不随身携带着呢，没派上用场嘛，是不是？

〔众生笑〕

师：请坐。〔示意〕继续往前。

生： 我讲的是《吐瓜子的启示》，我每次都是步行回家，然后经常会看到形形色色的人，有一次我看见一个阿姨在嗑瓜子，我本以为她会像其他人一样，也是遍地开花，把瓜子壳吐得满地都是，但是我很惊奇地发现，她非常有公民意识，她是拿一个塑料袋，嗑一粒瓜子，然后把瓜子壳吐在塑料袋里。但是，我也想给她提一点意见：一个亭亭玉立的阿姨，在街上嗑瓜子，好像有损她的形象，看起来很不雅观。

师： 请坐。虽然你拿了一个塑料袋，依然有损你的形象，所以我们的同学给出了一个改进的方案，最好不要在街上嗑瓜子。有篇文章大家回去找一下，丰子恺先生写过一篇文章，就是关于瓜子的[1]，他觉得中国人就在这样"咯啦哒、咯啦哒"吃瓜子的声音中就消耗了我们的生命，太可惜了，生命多宝贵啊，你怎么会有这么多时间来嗑瓜子呢？

〔1〕名为《吃瓜子》，见丰子恺《缘缘堂随笔》。

师：哎呀，只请了四位同学，我们只能再请最后一位了，有没有同学觉得自己这个方案好得不得了，你一定要举一下手来说一说。〔示意举手〕来吧，你来。

生：我讲的题目是《吐痰》，因为现在人们都遍地吐痰，但是我从吐痰这件事里也发现一个问题，就是我们之所以有这么多痰会吐出来，主要是因为南京这边有很多的工业污染，工业污染把空气都污染了，污染了之后，我们吸进去，自然产生很多的痰。所以说干什么事情要先把本质给做好了。

师：你的意思是说，要先把这个PM2.5给治好了，我们才可以不吐痰了，是吗？

生：只有把浓烟啊什么的尽可能地减少，减少了之后，起码我们就不会说，时时刻刻嗓子都觉得痒。

师：哦，请坐。这真是一个非常新奇的观点，我原来以为讲的是，人人都经常看见并且要阻止这样一种行为；但没有想到的是，这位同学给出了一个更为深层次的原因——是不是因为空气不好，才会让我们整天咳嗽不止，才会这个样子呢？如果我们生活在一个山清水秀的地方，是不是根本就不会有痰呢？这个建议真是很有意思，我们没想到雾霾和吐痰之间有着这样一种深层的联系。当然，关于吐痰这个行为，我们自己还是可以控制的，对吗？不管怎么样，今天郭老师收获了很多，大家给出了很多很有意思的想法，我们知道，这样的文章其实是批评文章。

第七幕

尾声：批评与赞美
（58:25—59:35）

师：请各位把目光转向我们这份讲义第二页的最右下角，有一行很小的字，是一个法国作家博马舍的一句话，这句话好有名，我们一起来读一下，一二，开始。

生：若批评不自由，则赞美无意义。

师：再来一遍，一二，开始。

生：若批评不自由，则赞美无意义。

师：抬起头来，我们一起来背诵一遍，一二，开始。

生：〔齐背〕若批评不自由，则赞美无意义。

师：我们要学会批评，我们要学会有建设性地批评，我们要学会怀着一颗爱心来提一些批评的意见，因着我们的批评，能够让这个世界变得更好。

郭老师万分渴望，看到苏杰学校的同学的名字，能够出现在《南方周末》的评论版上，投稿的邮箱讲义上面有，你可以订一个计划，在一段比较长的时间里来做一个尝试，好，我们今天就上到这里，下课。

生：起立。

师：同学们再见。

生：老师再见。

师：谢谢大家。

（文字整理：郭初阳）

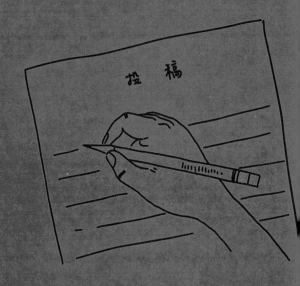

我 的 投 稿

投稿信箱：nfzmreaders@163.com

图书在版编目（CIP）数据

郭初阳的语文课 . 第五堂课，社会写作课：如何给《南方周末》
投稿 / 郭初阳著；黄月绘 . —— 北京：北京联合出版公司，2020.9
（2025.1重印）

ISBN 978-7-5596-4349-0

Ⅰ.①郭… Ⅱ.①郭…②黄… Ⅲ.①作文课 – 中学
– 课外读物 Ⅳ.①G634.303

中国版本图书馆CIP数据核字（2020）第113248号

郭初阳的语文课

（第五堂课 社会写作课：如何给《南方周末》投稿）

作　　者：郭初阳

绘　　者：黄　月

出 品 人：赵红仕

责任编辑：李　伟　李艳芬

特约编辑：吴嫦霞

书籍设计：陆红强

北京联合出版公司出版

（北京市西城区德外大街83号楼9层 100088）

北京联合天畅文化传播公司发行

北京美图印务有限公司印制　新华书店经销

字数30千　787mm×1092mm 1/32 2.5印张

2020年9月第1版 2025年1月第9次印刷

ISBN 978-7-5596-4349-0

定价：168.00元（全十一册）

樂 府

·

心里滿了，就从口中溢出

郭初阳 的语文课

第六堂课

批判性思维课

鞋匠的儿子

郭初阳／著

黄月／绘

北京联合出版公司

目录

一. 课前阅读

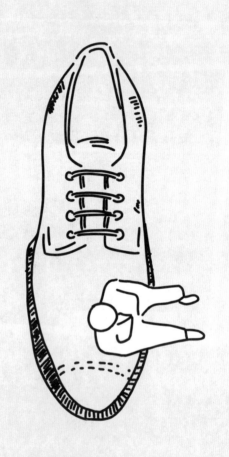

鞋匠的儿子 [1]

　　在林肯当选美国总统的那一刻，整个参议院的议员们都感到尴尬，因为林肯的父亲是个鞋匠。当时美国的参议员大部分出身名门望族，自认为是上流社会的优越的人，从未料到要面对的总统是一个卑微的鞋匠的儿子。于是，林肯首次在参议院演说之前，就有参议员想要羞辱他。

　　当林肯站上演讲台的时候，有一个态度傲慢的参议员站起来说："林肯先生，在你开始演讲之前，我希望你记住，你是一个鞋匠的儿子。"

　　所有的参议员都大笑起来，为自己虽然不能打败林肯但能羞辱他而开怀不已。等到大家的笑声停止后，林肯说："我非常感激你使我想起我的父亲。他已经过世了。我一定会永远记住你的忠告，我永远是鞋匠的儿子。我知道我做总统，永远无法像父亲做鞋匠那样做得那么好。"

[1] 原注：根据相关材料改写。
　　选自《语文》六年级上册，张庆、朱家珑 主编，江苏教育出版社，2007年6月第二版，2007年6月第一次印刷。

参议院陷入一片静默。林肯转头对那个傲慢的参议员说："就我所知，我父亲以前也为你的家人做鞋子。如果你的鞋子不合脚，我可以帮你改正它。虽然我不是伟大的鞋匠，但我从小就跟父亲学到了做鞋子的艺术。"

然后他对所有的参议员说："对参议院里的任何人都一样，如果你们穿的那双鞋是我父亲做的，而它们需要修理或改善，我一定尽可能地帮忙。但是有一件事是可以确定的，我无法像我父亲那么伟大，他的手艺是无人能比的。"说到这里，林肯流下了眼泪，所有的嘲笑声全都化成赞叹的掌声……

林肯是美国历史上最有作为的总统之一。在他就任美国第16任总统不久，南方的一些州竟发动了分裂国家的战争。林肯坚决反对国家分裂，他曾经在一次演说中强调："一个裂开的房子是站立不住的，我不希望这个房子塌下去"，"我所希望的是它结束分裂，它应该成为一个完整的整体"。正是这位出身卑微的美国总统，毫不犹豫地领导人民拿起武器，维护了国家的统一。

我接受了《纽约客》的核查[1]

钱钢[2]

从事新闻工作三十年，头一回遇到这样的事。本周一，我接受了美国《纽约客》杂志的"Fact Check"（事实核查），颇感新奇。

一个月前，我曾接受《纽约客》记者的电话采访。他在做一篇人物特写，主人公是我的朋友，北京一家著名杂志的女主编。周一打来电话的是一位女士，她说同事已经交稿，文中内容要向我核查。

对曾采访我的记者，我印象很好。他富有采访经验，对事实和细节穷追不舍。然而这位事实核查员（Fact Checker）似更谨严。她核查的内容包括：时间、地名、场面；记者在文中引用的我的原话；记者本人提出，而得到我认同的某观点；等等。

[1] 选自2009年7月9日《南方周末》。
《纽约客》(*The New Yorker*)，创刊于1925年，内容覆盖新闻、文学、纽约文化生活动态等。
[2] 钱钢：生于1953年，香港大学新闻及传媒研究中心中国传媒研究计划主任，著有《唐山大地震》等。

接电话时我有个突出的感觉：即使最优秀的记者，他所转递的信息也会有些微偏差。例如我说过，那位主编写的一本介绍美国报业的书，曾是我们这群人的必读物；而文章给核查员女士的印象是，那是一本按规定必读的书。我还曾对记者回忆，那位女主编"未见其人，先闻其声"，记者很自然地理解为她说话声音很大（我向核查员解释了"声音清脆"和"说话大声"的细微区别）；"先闻其声"还包括女主编当年脚穿高跟鞋的走路声——这也没有逃过核查员的眼睛："你说过她爱穿高跟鞋，对吗？"我忙解释，那是十来年前的事！现在，谁还……电话那边这时传来轻松的笑声："是啊，现在连年轻人也不爱穿了，太老土了。"

我接受"核查"约半个小时。想到我只是众多被采访者之一，对那位核查员女士的勤勉不禁感叹。放下电话，我即向专家求教，并上网搜索。原来，美国传媒的事实核查制度始于百年前的普利策时代。《纽约客》杂志专设一个事实核查部（Fact-checking Department），聘请富有经验的人担任事实核查员。这是很有前途的职位，据说担任过事实核查员的人，被媒体聘为总编辑的概率很高。

核查员有其独立性，和被核查的记者无个人瓜葛，核查规矩很严。港大陈婉莹教授[1]，曾在美国作为记者接受过事实核查。她给《村声》周报写稿，交稿时，同时交出所有被采访者的联络方式。核查员向他们逐一去电，文章的内容，包括所引用的被采访者的每句话，被细细核查。《纽约客》等杂志还要求记者交出采访录音。这无疑意味着很高的工作成本，所以"只在一些顶级媒体实行"，陈婉莹说，"太贵了。"

对美国传媒素有研究的展江教授告诉我，这十年来，严格实行这一制度的美国媒体越来越少。难怪我在接听《纽约客》核查电话时，仿佛置身一个古老仪式。普利策先生当年"准确！准确！准确！"的名言，在传媒竞争日益激烈的时代，似乎已是飘逝的远烟。是的，愿意投重兵重金去做长线调查报道，并严格核查事实的媒体越来越少了。

---

[1] 陈婉莹，汕头大学长江新闻与传播学院院长，香港大学新闻及传播研究中心总监，资深新闻工作者。

如今，报得快似乎比报得对更加重要。据互联网研究专家胡泳先生观察，新闻的生产方式，过去是"过滤，然后发布"，现在开始向"发布，然后过滤"转移。这会导致什么样的结果？他引用西方学者的话说，"在21世纪，当每个人都成为记者……的时候，我们面对的是一座新闻丛林，好坏参半，优劣共存"（胡泳：《众声喧哗》，119—120页）。

这个问题困惑着我。我不认为，网络的崛起必然导致经典新闻理念的坍塌。2007年7月18日济南特大暴雨后，腾讯网"召集"济南网友提供目击证言，短短数小时，大量准确的事实公之于众，速度和力度均为传统媒体难以企及。"华南虎"事件，广大网民群起核查事实，最终戳穿谎言。更别忘了，还有个人博客，不畏艰辛担当了事实核查使命。

但毋庸讳言，相反的例证也很多。许多网上的"事实"让人莫辨真伪。虽说网络自有纠错功能，但无情的是，在网上第一次出现的"事实"，多半成了最终的"事实"，无法修正。现在的问题是，许多朋友热衷谈论传统媒体的衰落和解体，以浪漫的言辞描述新媒体带来的"革命"，但是对传统媒体在漫长岁月里形成的价值和操守，却似有意无意地轻视。在融合媒体时代，还需不需要新闻专业主义？还需不需要从事调查报道的一整套技术和规范？在大学新闻专业，我们如何教育学生？当他们毕业后的就业选择可能变得越来越多元、许多人将到网络去打拼的时候，我们的新闻课，还要继续讲《大公报》，讲范长江，讲"水门事件"调查吗？或者说，我们的这些传统课程，已经到了必须更新的时候。但，如何更新？

新闻的本初命题——"提供准确事实"，正面临强劲挑战。新的传播环境下，传媒如何进行"Fact Check"（事实核查），应该不是一个迂腐的提问。

二、课堂实录

时间：2014 年 10 月 31 日上午

地点：南京市金陵中学仙林分校

班级：金陵中学仙林分校小学部六(1)班

第一幕

师：上课。

众生：起立，我们的班训是：快乐学习，幸福生活。老师您好！

师：同学们好，请坐，把语文书打开，翻到120页，大家看过这篇课文了，题目叫什么？

众生：《鞋匠的儿子》。

Abraham Lincoln
亚伯拉罕·林肯
美国第16任总统（1861—1865）

《鞋匠的儿子》
《语文》六年级上册
主编：张庆 朱家珑
江苏教育出版社

师：嗯，《鞋匠的儿子》。我们手头有一份讲义，上面有三篇文章，第一篇就是这篇课文，第二篇的题目叫什么，作者是谁，大家有没有注意到？

生：《鞋匠与总统》，作者是林清玄。

师：非常好，两篇文章有点像的，大家预习过以后就知道了，我们看一下课文，120页，左下角的注释，注释里面有一句话——根据什么改写的？

生：相关材料。

师：现在你知道了，这"相关材料"就是谁的文章？

生：林清玄。

师：非常好，大家拿起笔来，在"相关材料"下面写下"林清玄"三个字，我们知道了，语文书第21课是根据林清玄的文章改写的，这样你就知道一个明确的出处了。

师：接下来我想请同学来朗读这篇课文，因为课文也不长，就一人读一节，按照顺序把话筒往后传；其他同学请认真听，对照一下，这篇课文和林清玄的文章，有没有什么不同的地方，有没有差别，读完之后我请同学来说一说，好，第一位同学，开始。

〔生朗读课文〕

生：二十一，《鞋匠的儿子》。

在林肯当选美国总统的那一刻，整个参议院的议员们都感到尴尬，因为林肯的父亲是个鞋匠。当时美国的参议员大部分出身名门望族，自认为是上流社会的优越的人，从未料到要面对的总统是一个卑微的鞋匠的儿子。于是，林肯首次在参议院演说之前，就有参议员想要羞辱他。

师：非常好。

生：当林肯站上演讲台的时候，有一个态度傲慢的参议员站起来说："林肯先生，在你开始演讲之前，我希望你记住，你是一个鞋匠的儿子。"

所有的参议员都大笑起来，为自己虽然不能打败林肯但能羞辱他而开怀不已。等到大家的笑声停止后，林肯说："我非常感激你使我想起我的父亲。他已经过世了。我一定会永远记住你的忠告，我永远是鞋匠的儿子。我知道我做总统，永远无法像父亲做鞋匠那样做得那么好。"

师：非常好。

生：参议院陷入一片静默。林肯转头对那个傲慢的参议员说："就我所知，我父亲以前也为你的家人做鞋子。如果你的鞋子不合脚，我可以帮你改正它。虽然我不是伟大的鞋匠，但我从小就跟父亲学到了做鞋子的艺术。"

生： 然后他对所有的参议员说："对参议院里的任何人都一样，如果你们穿的那双鞋是我父亲做的，而它们需要修理或改善，我一定尽可能地帮忙。但是有一件事是可以确定的，我无法像我父亲那么伟大，他的手艺是无人能比的。"说到这里，林肯流下了眼泪，所有的嘲笑声全都化成赞叹的掌声……

林肯是美国历史上最有作为的总统之一。在他就任美国第16任总统不久，南方的一些州竟发动了分裂国家的战争。林肯坚决反对国家分裂，他曾经在一次演说中强调："一个裂开的房子是站立不住的，我不希望这个房子塌下去"，"我所希望的是它结束分裂，它应该成为一个完整的整体"。正是这位出身卑微的美国总统，毫不犹豫地领导人民拿起武器，维护了国家的统一。

师：我们请了几位同学把这篇课文从头到尾读了一遍，读过之后，大家看看，和林清玄的文章有没有差别？有一些差别是吧，有没有同学可以很简单地跟大家来说一说，差别在什么地方？谁可以来给我们谈一谈？好，你来说。

生：从课文中的第六自然段，"林肯是美国历史上最有作为的总统之一"，从这边开始就和林清玄的文章有不同了。林清玄（的文章）后来是，林肯没有成为伟大的鞋匠，但成为伟大的总统，他被认为最伟大的特质，正是他永不忘记自己是鞋匠的儿子，并引以为荣。然后林清玄在后面写的是"当六祖慧能去拜见五祖弘忍的时候"，这是另外一个故事。

师：他另外又加入了一个故事。

生：对，而课文上是直接顺着写下去，写了林肯的一次演说，就是林肯反对国家分裂的一个事情。

师：非常好，请坐。字里行间是有一些变化的，这篇课文是在强调林肯反对国家分裂，林清玄那篇文章是想表达一个什么观点呢？〔示意〕你来说，拿话筒。

生：林清玄文章的最后，"那些没有被嘲笑与批评的黑暗所包围过的人，就永远无法在心里点起一盏长明之灯"，我觉得，林清玄写到最后的时候，主要想强调的其实并不是林肯怎么当好一个总统，而是这样一种精神——没有失败过就不会成功的一种精神。

师：非常好的概括，没有失败过就难以成功的这样一种精神；或者从教育的角度来看，讲的是"挫折教育"的重要性，对吗？而《鞋匠的儿子》这篇课文更多地在告诉我们——题旨在最后一句话里面对吧，我们一起来读一下最后一句，"正是这位"，一二，开始。

生：正是这位出身卑微的美国总统，毫不犹豫地领导人民拿起武器，维护了国家的统一。

师："维护了国家的统一"，这是这篇文章要强调的重点，它告诉我们每一个人都应当爱——

生：国。

师：要"爱国"，对不对？大家看看这个单元前面几篇课文，是不是也在讲这回事，大家有没有留意到这个单元里还有哪几个人物，都是很有名的人物。

生：詹天佑。

师：詹天佑，还有吗？

生：钱学森。

师：钱学森，还有谁啊？

生：巴金。

师：都是厉害的人物。这四篇课文放在一起，你要去了解编辑的意图，体会他的良苦用心。我们来看一看前面几篇，大家还没有学过这个单元，我们来读其中几句话。大家往前翻，我们翻到第20课，117页，第一小节倒数第四行，我们从这里开始，"遇到困难，他总是想"，一二，开始。

生：遇到困难，他总是想，这是中国人自己修筑的第一条铁路，一定要把它修好，否则，不但惹外国人讥笑，还会使中国的工程师失掉信心。

师：很好，继续往前翻，翻到前面的19课，第111页，倒数第二小节倒数第四行，"他说，我是中国人"，一二，开始。

生：他说，我是中国人，我现在所做的一切都是在做准备，为的是回到祖国后能为人民多做点事。

师：读得很好，我们再看看巴金怎么说的，107
页，最下面一行开始，"不要把我当作什么
杰出人物"，一二，开始。

生：不要把我当作什么杰出人物，我只是一个普
通人，我写作不是我有才华，而是我有感
情，对我的祖国和同胞有无限的爱，我用作
品表达我的这种感情。

师：好，就到这里。读了四篇课文里的这些片
断，我们知道整个单元都在告诉我们要
爱——

生：爱国。

师：要"爱国"，非常明确。那问题就来了，詹
天佑也罢，钱学森也罢，巴金也罢，都是中
国人，那写林肯干吗，为什么把林肯这篇文
章放在这个单元里面呢？我们的话筒在谁这
里，〔示意〕你来说。

生：主要写的是教导我们要爱国，之所以要把林肯写进去，是要写出林肯也是一个爱国的总统。教导我们爱国，不一定非要写中国人。

师：林肯爱的是哪个国家？

生：林肯爱的是美国。

师：哦，所以我们中国人要爱——

生：中国。

师：哦，原来是这么回事。好，把话筒给后面那位同学，你可以告诉我们美国的全称吗，你知不知道？

生：美利坚合……

师：美利坚合众国，对吗，非常厉害，请坐。后面的同学，你知道中国的全称吗？

生：中华人民共和国。

师：哦，非常好，请坐，各位，抬头看PPT。

中华人民共和国：1949—

中国：
前841年（西周共和）—

詹天佑（1861—1919）
巴　金（1904—2005）
钱学森（1911—2009）

师：大家留意看一下上面的PPT，他们的生卒年代。你可以和同桌交换一下意见。

[同桌讨论（12:53—13:28）]

师：好，请各位抬起头来，我们知道在这三个人里面，有一个人，爱的并不是中华人民共和国，是谁啊？

生：詹天佑。

师：为什么他爱的不是中华人民共和国？你来说。

生：因为当时中华人民共和国还没有成立呢。

师：他去世于哪一年？

生：1919年。

师：中华人民共和国成立于哪一年？

生：1949年。

师：他没有等到中华人民共和国成立。那么巴金和钱学森，他们的前半生爱的是不是中华人民共和国？

生：不是。

师：显然也不是。有没有同学可以把这个意思讲清楚，什么是"爱国"？

你认为，
什么是"爱国"？

师：谁可以帮助我们厘清思路，〔示意〕你来说。

生：我认为爱国就是爱自己现在的国家，还爱自己国家的人民，这就叫爱国。

师：请坐。这位同学告诉我们，"国"的一个重要的解释是"国家"。大家把书本重新翻到林肯那篇课文的最后一小节，最后那句话，维护了什么的统一啊？

众生：维护了国家的统一。

师：维护了"国家"的统一，所以说"国"一个非常明确的意思是"国家"。刚才我们之所以觉得有点晕，是因为这个"国"（除了"国家"之外）似乎还有不同的解释。谁想发言，〔示意〕你来。

生：我觉得爱国就是爱周围的人。

师：你的同桌是不是可以改名叫爱国，国，我爱你，请坐。这位同学的思路很好，国是一个抽象的概念，我们要爱周围具体的一个一个的人，思路很好，但是是否解释了这个"国"字的含义呢，除了"国家"之外还可以解释成什么？你来说。

生：我有不同的想法，比如那位大诗人屈原，他就是国在人在，国亡了人也亡了，宁愿跳江自尽。

师：对于某些人来说，爱的确实是一个非常具体的国家，国家灭亡了，他也不想再活了。当然有些人还是顽强活了下来，刚才这位同学的引语很好，我们都知道杜甫非常有名的一句诗，杜甫说，国破——

生：国破山河在，城春草木深。

师：可以了，我知道你们背得很好。爱国，还可以爱——

生：家。

师：爱你的家，"国"，可以组什么词，里面有"国"的。

生：国家。

师："国家"刚才说过了。还有什么词？

生：祖国。

师：来，写下来——给大家上课好不容易啊——你明明知道这个词语的，在"国家"一词的下面，写下两个字"祖国"。

"国家"后面画一条横线，解释一下——"国家"是一个政治概念。

"祖国"，你在旁边解释一下——是一个文化概念，或者说历史概念。概，木字旁。

爱国，理解成爱国家，没问题；更广义地来讲，你应该知道是爱的祖国，"国破山河在"。大家很爱玄武湖，不管它在哪个朝代你都爱，对吗？要有点历史感。

师：中国的历史，有明确文字记载的有将近3000年了，加上传说中的，中华文明5000年。有很多人生活在某个国家之前的，他们爱不爱国？

生：爱国。

师：爱国，在这篇课文的最后一句话里面还有一个词语，"这个出身卑微的总统为了维护国家的统一"，大家有没有留意到，"他带领他的人民毫不犹豫地拿起了"——

生：武器。

师：拿起了武器，因为你要分裂，所以林肯带领他的百姓拿起了武器来战斗。大家有没有记得最近，在一个月之前，世界上发生了一件大事，有一个地区也试图从一个非常著名的国家分裂出去，有同学知道吗？

生：苏格兰。

师：苏格兰。请坐。各位，请把"武器"圈出来。苏格兰最后有没有分裂出去啊？

生：没有。

师：从哪个国家？

生：英国。

师：英国。英国的领导者有没有号召他的人民拿起武器，有吗？没有。

请在"拿起武器"这四个字下面写下"苏格兰"。这后来成了一个专有名词，大家记一下这个专有名词：苏格兰独立公投。这个专有名词，请大家回去搜一搜。

苏格兰独立公投，公，"公正"的"公"，投，"投票"的"投"。

为什么他们可以不需要武器，最后又保持和平，也不分裂，这跟林肯的方式有那么一点点不一样，时代有点变化。这个大家在课后要多做一些了解。

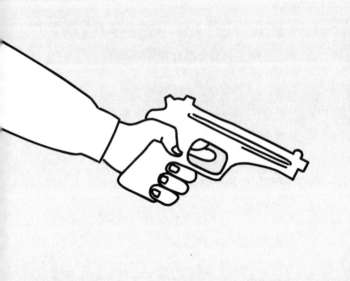

第二幕

师：好，接下来我们看一下我们讲义的另外一篇文章，钱钢先生的文章，题目叫什么？

众生：我接受了《纽约客》的核查。

师：〔示意PPT〕大家看一下前面，那就是《纽约客》。这四本杂志的封面，风格挺统一的，但你要知道它们中间相差了几十年，它创刊于20世纪20年代，那是它的创刊号，后面还有几本是21世纪的，但是风格很统一。

好，这篇文章郭老师为大家来朗读，我想请大家思考一个问题，你一边听这篇文章，一边手上拿一支笔，然后想一想，"我接受了《纽约客》的核查"，《纽约客》核查的到底是什么内容？大家留意这一点，现在我为大家朗读这篇文章。

[师朗读全文（21:23—26:46）] [1]

师： 各位有大约60秒钟的时间，稍稍整理一下思路：事实核查，到底核查的是什么内容？

[生思考（26:56—27:23）]

大声朗读《我接受了〈纽约客〉的核查》这篇文章，想一想：

事实核查，核查的是什么内容？

---

[1] 这篇文章在本书的"课前阅读"部分。

师：好，把你那一点点不太成熟的想法，告诉旁边的那个人，听听他的意见。

[小组讨论（27:27—28:03）]

师：好，请抬起头来，我想请同学来聊一聊，所谓的事实核查，核查些什么东西呢？

郭老师现在才发现，原来我们是一半男生一半女生，我的天哪，这么壁垒分明，大家平时就这么坐的？

生：不是。

师：今天为了我上课才这么坐啊，那如果女教师来了就换一种坐法？〔笑〕这个坐法很特别。我们请男生来聊一聊，刚才都是女生发言，〔递话筒〕你来。

生：事实核查，就是有些记者用电话联系，然后核查这一次事件是真是假……好坏参半。

师：我被你说的这个成语吓了一跳，好像和你前面说的话没什么关系，我明白你的意思了，请坐，这位同学很好地给我们强调了一点，事实核查求的就是一个字——真。要来确定这件事情是不是真的。

还有补充吗？好，我们请靠里面的男生，不太有发言机会，〔递话筒〕请你来，求真之外，还核查什么东西？

生：他核查的内容就是第三段的时间、地名、场面和记者在文中引用我的原话。

师：因为这是已经采访了之后的再次确认，所以他是对着那篇文章再来做一个核查——某年某月某日，什么地方，你是不是这样说的——诸如此类，时间、地点，以及我所说过的那些话。还有补充吗？〔示意〕你来说，拿话筒。

生：我认为，事实核查，他会把每一个事件的任何一个细节都调查出来，不会出现一点差错。

师：请坐，听了这位同学的回答之后，我们可以画上一个句号了。哦，原来是这样来核查，这篇报道的任何一个细节，这篇文章的每一句话，甚至是这篇文章的每一个字，他都要来核查一遍。这容易吗？

生：不容易。

师：成本高还是低？

生：高。

师：成本极高，所以说"太贵了"，要有很多人手来做。

大家明白了，所谓事实核查，就是对所发生的，对这篇文章的任何一个细节，每句话、每个字，都来重新做一遍求真的调查。

事实核查，是对所发生的，对这篇文章的任何一个细节，每句话、每个字，都来重新做一遍求真的调查。

师：好，大家明白这一点之后，接下来我们来操练一下，我想让大家来核查几个事实。

留意哦，轮到谁朗读了，按照刚刚的顺序。〔递话筒〕来，站起来做好准备，请你朗读。〔出示PPT〕好，朗读第一句话。

事实核查，针对以下文本——

白发三千丈，缘愁似个长。

——李白《秋浦歌》

悟空十分欢喜，拿出海藏看时，原来两头是两个金箍，中间乃一段乌铁，紧挨箍有镌成的一行字，唤做"如意金箍棒一万三千五百斤"。

——《西游记》第三回

鬼魂：你听了以后，也一定得替我报仇。
哈姆雷特：什么？
鬼魂：我是你父亲的鬼魂……

——《哈姆雷特》第五幕第一场

生：白发三千丈，缘愁似个长。

师：非常好，请坐，请想一想，如何事实核查。来，〔示意传话筒〕继续往前，第二段。

生：悟空十分欢喜，拿出海藏看时，原来两头是两个金簪……

师：什么棒，什么棒？

生：箍。

师：对呀，金箍棒才对。

生：中间乃一段乌铁，紧挨箍有镌成的一行字，唤做"如意金箍棒一万三千五百斤"。

师：很好，有一个字要注意哦，紧挨"箍"有……这个字念什么？镌（juān），镌刻的镌，刻在金石上称为"镌"。好，〔示意传话筒〕第三段。

生：鬼魂：你听了以后，也一定得替我报仇。

哈姆雷特：什么？

鬼魂：我是你父亲的鬼魂……

师：请坐。有些同学听了之后说：What，这怎么核查？想一想，你不是刚学了事实核查吗，什么"Fact Check"。

[生思考（32:38—32:58）]

师：可不可以核查？有人认为可以核查。认为可以核查的同学，举一下手。〔递话筒〕你来说一下。

生：我认为，就拿第一个来举例，"白发三千丈"，这个三千丈说明是一个很长的距离。

师：9900米，一丈约等于3.3米。

生：9900米，人的头发就算一辈子不剪也不可能多于三千丈。

师：所以，你认为……

生：这句话，李白是采用了夸张的手法，所以……

师：是否符合事实？

生：不符合事实。

师：被你这个事实核查员给否定了，李白是不是写了一首烂诗？

生：不是。

〔众生笑〕

师：你刚刚说它不符合事实。

生：因为李白使用了夸张的手法，由此来说明自己心里很愁，愁得白发都很多，而且很长。

师：但很遗憾，它不太符合事实。

生：是的。

师：它经不起事实的核查，请坐，但你觉得这还是一首好诗。

还有同学想再来事实核查一下吗？有没有同学想去找一下那个"鬼魂"的？〔生笑〕想找"鬼魂"的举一下手。那个男生胆子很大，你跟我们说一说，怎么去核查这个事实。

生：这个鬼魂是不可能存在的，所以他说，"你听了以后也一定得替我报仇"，这个我觉得……而且人一般不可能听见鬼魂讲话。

〔众生笑〕

师：所以你的结论是——

生：我……

师：你不要发抖。

生：我觉得不符合事实。

师：所以你觉得莎士比亚写了一个很烂的作品，是不是这样？

生：应该不算吧。

师：那怎么解释，你怎么自圆其说？

生：我觉得他是用这种方式表达，表达什么来着……这是一篇幻想的文章。

师：所以，不必来进行事实核查。

生：对。

师：请坐，大家留意到这位坐在后排的男生，他的手颤抖了很久啊。〔学生大笑〕他的手颤抖了十秒钟之后，最后很谨慎地说出一句话，我觉得这句话很有价值，他说"这是一篇幻想的文章"——"幻想"这个词未必很准确，但是这个意思很好——所以似乎无须来进行事实核查。这是一个非常宝贵的结论。

有没有同学，你的思路已经理得足够清楚，可以让我们把这个问题看得非常明白的，谁想发言？〔巡视全场，无人举手〕我们再讨论一下，再讨论三十秒。

〔现场讨论（36:07—36:30），然后纷纷举手〕

你认为这些文本需要事实核查吗？

为什么？

师：好像有很多同学已经很明白了，手举得这么高，我们请这位女生来聊一聊，〔递话筒〕请你来试一试。

生：我觉得这三句话都是用一种夸张的手法，作者用这种手法来表现他当时想表现的场景。所以，这个事实核查，在生活中当然是不准确的，但是如果我们用夸张的修辞手法来看的话，这三段话都写得非常好。

师：你的回答——三千丈，还有金箍棒的重量，可以说似乎是夸张了一点，但是第三段这里的夸张你是怎么解释的？

生：一般人应该听不到鬼魂的说话声，还有……应该也看不见鬼魂。

师：你想说鬼魂并不存在，那么这和夸张有什么关系？

生：这应该是作者的一种幻想，然后就用这种夸张的手法表现出来。

师：你还要说"夸张"，你只是想说"幻想"，对吗？好，请坐。总结这位同学的发言，她说大量使用夸张手法，以及那些幻想类的作品，就没有必要进行事实核查，大家同意这种观点吗？不错，还有同学有补充吗？〔示意〕那位女生。

生：我觉得这三段都是应该能衬托出主人公的一种性格。第一段应该是写李白很愁，然后才用夸张的手法写出"白发三千丈"；第二段应该是写出悟空力气很大，超出常人；第三段应该是写出哈姆雷特的一种特异功能。

师：特异功能。〔现场大笑〕但这个特异功能并非哈姆雷特一人具有，因为守护城墙的两个卫士也看到了那鬼魂，莫非在丹麦王国里有这么多有特异功能的人吗？

大家有没有留意到，这三个作品的文体是不太一样的，李白写的是一首——

众生：诗。

师：诗。《西游记》是一部——

众生：小说。

师：小说，很好。而《哈姆雷特》是——被改编成电影了，也会在舞台上面来演出，所以它是一个——

众生：话剧。

师：它是一个剧本，是戏剧，对吗？

所以说，诗歌，还有什么？

众生：小说。

师：小说。还有什么？

众生：剧本。

师：剧本。这些都可以把它们归为幻想类的作品，或者说纯文学的作品，有没有必要来进行事实核查？

众生：没必要。

师：因为它们原本就是幻想的，原本就是想象出来的。比如你昨天晚上做了个梦，来，事实核查一下，没法核查，因为它是我的幻想啊！

好，各位明白这一点了，事实核查，针对的文章是那些——

众生：新闻……

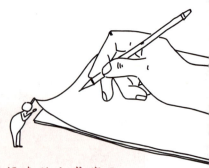

**事实核查，
是针对非幻想类的文学作品。**

师：非幻想类的文学作品。

好，这一点明确了，那么，我们难度增加了。我想给大家看几本书。〔出示PPT〕

第一本，什么书——

众生：《霍比特人》。

师：《霍比特人》。第二本——

众生：《最后的熊猫》。[1]

---

〔1〕经作者调整，此处与现场课堂略有不同。

师：第三本——

众生：《三国志》。

师：下面——

众生：《三国演义》《詹天佑传》《钱学森传》。

师：不许说话，独立思考，想一想。在这六本书里面——我想请你做一道判断题——区别一下，哪几本需要事实核查，哪几本不需要？

把手放下，考虑得成熟一点，再想一想，需要事实核查的书，它属于什么文体？不要讨论。

［学生思考片刻（40:48—40:56）］

师：好，完全明确你的观点之后，讨论一下，问问你旁边的人，看看大家的观点是不是一致。

［现场讨论（41:00—41:25）］

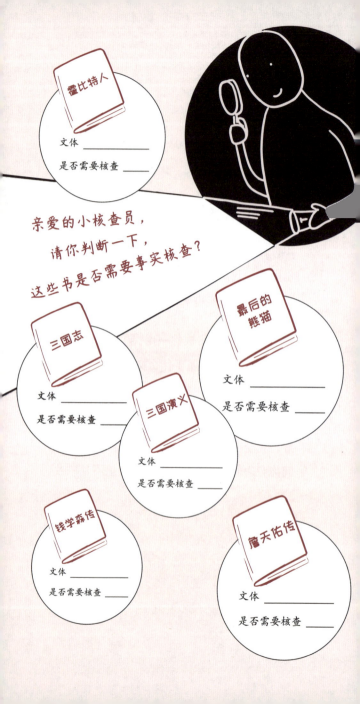

霍比特人

文体 _____

是否需要核查 _____

亲爱的小核查员，

请你判断一下，

这些书是否需要事实核查？

三国志

文体 _____

是否需要核查 _____

三国演义

文体 _____

是否需要核查 _____

最后的熊猫

文体 _____

是否需要核查 _____

钱学森传

文体 _____

是否需要核查 _____

詹天佑传

文体 _____

是否需要核查 _____

师：好，请抬起头来。我们一起往前看——《霍比特人》，需要还是不需要？

众生：不需要。

师：不需要。《最后的熊猫》——

众生：需要。

师：需不需要？

众生：需要。

师：有个别人说不需要，大部分同学认为需要。《三国志》需不需要？

众生：需要。

师：《三国演义》需不需要？

众生：不需要。

师：好像更多的同学认为《三国演义》不需要，《三国志》倒是需要的。《詹天佑传》需不需要？

众生：需要。

师：很一致。《钱学森传》——

众生：需要。

师：好，我想请一位同学给我们总结一下，什么样的书或者文章是需要事实核查的，请简单明了地告诉大家，〔示意〕你来说。

生：一般历史上发生过的需要事实核查；如果是像那种根据历史改编出来的剧本，或者科幻小说，就没有核查性。

师：非常好，请坐。告诉了我们一个非常重要的词语，"历史类"的书籍，是需要进行事实核查的，还有补充吗？〔示意〕前面的同学。

生：我认为，一些名人的传记，或者是一些记者的调查，需要核查。比如传记的话，如果一个作者把题目取为《钱学森传》，像这样就需要核查。我也同意陈云鹤的意见，一般的历史类的书籍也需要核查。

师：好，请坐。各位拿起笔来，把刚才几位同学的发言记录下来，写在钱钢那篇文章标题的旁边，《我接受了〈纽约客〉的核查》，在"核查"的后面写个冒号，历史类，然后刚才同学说的传记，还有新闻类的，这些是需要事实核查的。

好，然后你在下面一行写一下，刚才我们讲的另外三种文体，李白的那首诗歌，然后《西游记》是——

众生：小说。

师：小说。还有一个是——

众生：剧本。

师：剧本，或者说戏剧，这三个词语请写下来，在后面画一条横线，它们需要的是文学鉴赏，不需要事实核查。

当然，如果说拿李白的"白发三千丈"，或者金箍棒的重量，哈姆雷特到底有没有见到鬼魂，来做一个事实核查，这在文学鉴赏里面也有人这么做，我们称之为"索隐派"。就是看这个事情到底是不是真的，你是怎么编出这个故事的，这是文学鉴赏的一个种类。

我知道了，

这样的文本，需要事实核查：_ _ _ _ _ _ _ _ _ _ _ _ _ _

这样的文本，不需要事实核查：_ _ _ _ _ _ _ _ _ _ _ _ _

第三幕

师：好，我们重新回到《鞋匠的儿子》。我想请
你换一种眼光，在了解了"事实核查"这个
概念后，假如你是事实核查员，假如让我们
都"置身一个古老仪式"，那么面对这篇课文，
你觉得它是属于哪一类，是不是想象类的？

生：不是。

师：显然不是，属于什么类的？

生：历史。

师：历史类的，或者说是传记类的。我想请一位同学再为我们来朗读这个作品，别的同学请拿好你的笔，书本上你认为需要事实核查的地方，请打问号，你也许可以打很多问号。谁愿意为大家来朗读这个作品？〔递话筒〕你来吧。

〔生朗读课文〕

师：非常好，请坐。我们同一排的三位同学组成一个小组，大家讨论一下，哪些地方需要事实核查。

〔现场讨论（48:30—49:05）〕

师：好，请抬起头来，我想请同学来说一说，你觉得这篇文章哪些地方需要事实核查？〔递话筒〕请告诉我们其中的一点。

生：我觉得，卑微的……他是不是鞋匠的儿子，要核查。

鞋匠的儿子

在林肯当选美国总统的那一刻，整个参议院的议员们都感到尴尬，因为林肯的父亲是个鞋匠。当时美国的参议员大部分出身名门望族，自认为是上流社会的优越的人，从未料到要面对的总统是一个卑微的鞋匠的儿子。于是，林肯首次在参议院演说之前，就有参议员想要羞辱他。

当林肯站上演讲台的时候，有一个态度傲慢的参议员站起来说："林肯先生，在你开始演讲之前，我希望你记住，你是一个鞋匠的儿子。"

所有的参议员都大笑起来，为自己虽然不能打败林肯但能羞辱他而开怀不已。等到大家的笑声停止后，林肯说："我非常感激你使我想起我的父亲。他已经过世了。我一定会永远记住你的忠告，我永远是鞋匠的儿子。我知道我做总统，永远无法像父亲做鞋匠那样做得那么好。"

参议院陷入一片静默。林肯转头对那个傲慢的参议员说："就我所知，我父亲以前也为你的家人做鞋子。如果你的鞋子不合脚，我可以帮你改正它。虽然我不是伟大的鞋匠，但我从小就跟父亲学到了做鞋子的艺术。"

然后他对所有的参议员说："对参议院里的任何人都一样，如果你们穿的那双鞋是我父亲做的，而它们需要修理或改善，我一定尽可能地帮忙。但是有一件事是可以确定的，我无法像我父亲那么伟大，他的手艺是无人能比的。"说到这里，林肯流下了眼泪，所有的嘲笑声全都化成赞叹的掌声……

林肯是美国历史上最有作为的总统之一。在他就任美国第 16 任总统不久，南方的一些州竟发动了分裂国家的战争。林肯坚决反对国家分裂，他曾经在一次演说中强调："一个裂开的房子是站立不住的，我不希望这个房子塌下去"，"我所希望的是它结束分裂，它应该成为一个完整的整体"。正是这位出身卑微的美国总统，毫不犹豫地领导人民拿起武器，维护了国家的统一。

你认为上面这篇文章中，有哪些地方需要被核查？
请拿起笔，在相关文字下画线，并打上问号。

我认为以下这些地方需要被核查：

原因是：

师：也就是说，关于林肯的——

生：身世。

师：他的身世以及他父亲的——

生：工作。

师：他父亲的工作，我们需要核查。

生：嗯，还有——

师：很好，请坐。我们留一点发言机会给后面的同学，〔示意〕来，把话筒递给你后面那位，要发言哦，来!

生：我觉得，一个态度傲慢的参议员为什么羞辱他?

师：你发现这个参议员有点可疑，是吗?

生：〔点头〕嗯。

师：你想知道这个参议员的什么情况吗?

生：就是……〔沉吟〕他为什么要羞辱这个鞋匠的儿子?

师：羞辱他的动机，是吗?

生：嗯。

师：你有没有想进一步了解有关这位参议员的其他方面，比如说他的——

生：〔沉默〕

师：〔微笑〕好，把话筒递给你旁边那个人。

生：我觉得这个参议员可能是出身名门望族，因为一个小小的参议员是不可能在大庭广众之下羞辱总统的。

师：参议员不是很小，参议员也挺大的。但我们要加以明确的是，就事实核查而言，你应当提供这个参议员的什么?

〔众生轻声议论〕

师：资料，对不对，比如说他的——

众生：身世。

师：他的身世，还有很重要的，我们知道一个人，首先你要知道他的什么？

生：名字。

师：你叫什么名字啊？

〔众生笑〕

师：对不对，哎，这个参议员何许人也，他叫什么名字啊，他是哪一个州的参议员，这些是不是要做一些了解，今天回去研究一下。〔示意〕好，把话筒递给后面的同学，除此之外还有补充吗？〔示意〕你来说，还有什么需要核查的？

生：我认为应该核查——他是否给那个参议员做过鞋子。

师：林肯的父亲，之前于何年何月何日、在哪里、给谁做过了鞋子，关于这一点是需要核查的。继续补充，〔示意〕你来。

生：我觉得，还有这里，"林肯流下了眼泪，所有的嘲笑声全都化成了赞叹的掌声"，这句话需要核查。

师：你恨不得回到现场去看一看当时的情景，对吗？

生：因为林肯作为一个总统，我觉得，不可能在大庭广众之下流眼泪。

师：哦，有的国家领导人也挺会表演的。来，继续，〔递话筒〕还有什么需要核查的？

生：我认为核查的应该是最后一段，他"毫不犹豫地领导人民拿起武器，维护了国家的统一"，这个"毫不犹豫地"我觉得需要核查，因为昨天我上网查资料的时候，它上面写的是，先是和平地谈判，希望谈判成功，结果没有谈判成功，才拿起武器，维护国家统一的。这个需要核查。

师："毫不犹豫"，好像根本就没有那中间的过渡时期了。还有要补充的吗？〔示意〕你来说。

生：我觉得还要核查他有没有真的让人民拿起武器，让那些从来没有碰过武器的、没有训练过的美国公民去打仗。

师：非常好，他的人民是怎样拿起武器的。好，〔伸手〕把话筒给郭老师，我想最后再请后面这位同学，〔递话筒〕你还有什么要补充的，认为哪里还需要核查？

生：我觉得我们还需要核查一下，林肯当时就任总统的时候，南方一些州真的发动了一些分裂国家的战争了没有？还有，林肯真的从小就学过做鞋子吗？

师：请坐，好，各位把手都放下，抬起头来。正如港大教授陈婉莹所说的，"事实核查"这东西实在是太——

众生：太贵了。

核查：

林肯父亲的工作

参议员的名字、身份

林肯父亲是否给参议员做过鞋子

林肯是否支持战争

......

师：太贵了。各位，当你以事实核查的眼光来看这篇文章的时候，你发现要研究的资料实在是太——

众生：太多了。

师：太多了，太昂贵了，要花很多的时间和精力，要泡很长时间的图书馆。刚才有同学说得很好，直接关于林肯本人的东西，郭老师手里有一本非常好的《林肯选集》，他的演讲都在里面——我们还需要了解这个事件，比如说那个参议员羞辱林肯，到底发生在——

生：什么时候。

师：什么时间，什么地点……那些要素，都需要一些考察，那么，有没有收录在这个林肯的演讲里面，既然这是如此著名的一篇演讲，我希望大家做一些研究。

那么，有没有同学愿意在短时间内把这本书从头到尾翻一遍看完的，有没有同学愿意？

〔众生纷纷举手〕

师：真的？那我把这本书留给大家好不好，这后面有我的邮箱，我希望大家最好在三周之内写一篇小文章，然后发给我，我们找个地方发表一下，好不好？

众生：好。

师：好，那我们今天就到这里，下课！

生：起立！

师：谢谢大家，同学们再见！

生：老师再见，您辛苦了！

（文字整理：张　锋　冯少婉）

我对《鞋匠的儿子》的核查报告

图书在版编目（CIP）数据

郭初阳的语文课. 第六堂课, 批判性思维：鞋匠的儿子
/ 郭初阳著；黄月绘. — 北京：北京联合出版公司, 2020.9
（2025.1重印）

ISBN 978-7-5596-4349-0

Ⅰ.①郭… Ⅱ.①郭…②黄… Ⅲ.①中学语文课 –
课外读物 Ⅳ.①G634.303

中国版本图书馆CIP数据核字（2020）第113247号

本书部分文字作品稿酬已委托中国文字著作权协会转付，敬请相关著作权人
联系。电话：010-65978917，传真：010-65978926，E-mail: wenzhuxie@126.com。

郭初阳的语文课

（第六堂课 批判性思维课：鞋匠的儿子）

作　　者：郭初阳
绘　　者：黄　月
出 品 人：赵红仕
责任编辑：李　伟　李艳芬
特约编辑：吴嫦霞
书籍设计：陆红强

北京联合出版公司出版
（北京市西城区德外大街83号楼9层 100088）
北京联合天畅文化传播公司发行
北京美图印务有限公司印制 新华书店经销
字数30千　787mm×1092mm 1/32 2.5印张
2020年9月第1版 2025年1月第9次印刷
ISBN 978-7-5596-4349-0
定价：168.00元（全十一册）

樂 府

.

心里满了，就从口中溢出

郭初阳 的语文课

第七堂课

小说阅读课

项链

郭初阳／著

黄月／绘

北京联合出版公司

目录

一．课前阅读

根据我个人的阅读和理解，这是一篇关于_____的小说。

项　链 [1]

　　她也是一个美丽动人的姑娘，好像由于命运的差错，生在一个小职员的家里。她没有陪嫁的资产，也没有什么法子让一个有钱的体面人认识她、了解她、爱她、娶她；最后只得跟教育部的一个小书记 [2] 结了婚。

　　她不能够讲究打扮，只好穿得朴朴素素，但是她觉得很不幸，好像这降低了她的身份似的。因为在妇女，美丽、丰韵、娇媚，就是她们的出身；天生聪明，优美的资质，温柔的性情，就是她们惟一的资格。

　　她觉得她生来就是为着过高雅和奢华的生活，因此她不断地感到痛苦。住宅的寒伧，墙壁

---

〔1〕选自《普通高级中学教科书·语文·第四册》，人民教育出版社。
　　以下注释未经说明，均为课文原注。
　　这篇课文以几种中文译文为基础，并根据法文本校订。小说发表于
　　1884年，原题为"首饰"，"项链"这个译名是由英译本转译过来
　　的，因沿用已久，这里仍保留。莫泊桑（1850—1893），法国作
　　家，其文学成就以短篇小说最为突出，有短篇小说巨匠的美称。
〔2〕书记：旧时称办理文书和做抄写工作的职员。

的黯淡，家具的破旧，衣料的粗陋，都使她苦恼。这些东西，在别的跟她一样的地位的妇人，也许不会挂在心上，然而她却因此痛苦，因此伤心。她看着那个替她做琐碎家务的勃雷大涅省[1]的小女仆，心里就引起悲哀的感慨和狂乱的梦想。她梦想那些幽静的厅堂，那里装饰着东方的帷幕，点着高脚的青铜灯，还有两个穿短裤的仆人，躺在宽大的椅子里，被暖炉的热气烘得打盹儿。她梦想那些宽敞的客厅，那里张挂着古式的壁挂[2]，陈设着精巧的木器，珍奇的古玩。她梦想那些华美的香气扑鼻的小客室，在那里，下午五点钟的时候，她跟最亲密的男朋友闲谈，或者跟那些一般女人所最仰慕最乐于结识的男子闲谈。

每当她在铺着一块三天没洗的桌布的圆桌边坐下来吃晚饭的时候，对面，她的丈夫揭开汤锅的盖子，带着惊喜的神气说："啊！好香的肉汤！再没有比这更好的了！……"这时候，她就梦想到那些精美的晚餐，亮晶晶的银器；梦想到那些挂在墙上的壁挂，上面绣着古装人物、仙境

〔1〕勃雷大涅省：法国西部靠海的一个省区，比较贫穷。雇用这个地方的人，可以给较低的工资。
〔2〕壁挂：挂在墙上的装饰性织物。

般的园林、奇异的禽鸟；梦想到盛在名贵的盘碟里的佳肴；梦想到一边吃着粉红色的鲈鱼[1]或者松鸡[2]翅膀，一边带着迷人的微笑听客人密谈。

她没有漂亮服装，没有珠宝，什么也没有。然而她偏偏只喜爱这些，她觉得自己生在世上就是为了这些。她一向就向往着得人欢心、被人艳羡，具有诱惑力而被人追求。

她有一个有钱的女朋友[3]，是教会女校的同学，可是她再也不想去看望她了，因为看望回来就会感到十分痛苦。由于伤心、悔恨、失望、困苦，她常常整天整天地哭泣。

然而，有一天傍晚，她丈夫得意扬扬地回家来，手里拿着一个大信封。

"看呀，"他说，"这里有点东西给你。"

她高高兴兴地拆开信封，抽出一张请柬，上面印着这些字：

[1]鲈鱼：一种嘴大鳞细的鱼，肉味鲜美。
[2]松鸡：一种山鸡，脚上长满羽毛，背部有白、黄、褐、黑等杂色的斑纹，生长在寒冷地带的森林中。
[3]一个有钱的女朋友：指下文的佛来思节夫人。

"教育部部长乔治·郎伯诺及夫人，恭请路瓦栽先生与夫人于一月十八日（星期一）光临教育部礼堂，参加夜会。"

她不像她丈夫预料的那样高兴，她懊恼地把请柬丢在桌上，咕哝着：

"你叫我拿着这东西怎么办呢？"

"但是，亲爱的，我原以为你一定很喜欢的。你从来不出门，这是一个机会，这个，一个好机会！我费了多大力气才弄到手。大家都希望得到，可是很难得到，一向很少发给职员。你在那儿可以看见所有的官员。"

她用恼怒的眼睛瞧着他，不耐烦地大声说：

"你打算让我穿什么去呢？"

他没有料到这个，结结巴巴地说：

"你上戏园子穿的那件衣裳，我觉得就很好，依我……"

他住了口，惊惶失措，因为看见妻子哭起来了，两颗大大的泪珠慢慢地顺着眼角流到嘴角来了。他吃吃地说：

"你怎么了？你怎么了？"

她费了很大力气才抑制住悲痛！擦干她那润湿的两腮，用平静的声音回答：

"没有什么。只是，没有件像样的衣服，我不能去参加这个夜会。你的同事，谁的妻子打扮得比我好，就把这请柬送给谁去吧。"

他难受了，接着说：

"好吧，玛蒂尔德[1]。做一身合适的衣服，你在别的场合也能穿，很朴素的，得多少钱呢？"

她想了几秒钟，合计出一个数目，考虑到这个数目可以提出来，不会招致这个俭省的书记立刻的拒绝和惊骇的叫声。

末了，她迟疑地答道：

"准数呢，我不知道，不过我想，有四百法郎就可以办到。"

他脸色有点发白了。他恰好存着这么一笔款子，预备买一杆猎枪，好在夏季的星期天，跟几个朋友到南代尔平原去打云雀。

然而他说：

"就这样吧，我给你四百法郎。不过你得把

[1]玛蒂尔德：路瓦栽夫人的名字。

这件长衣裙做得好看些。"

夜会的日子近了，但是路瓦栽夫人显得郁闷、不安、忧愁。她的衣服却做好了。她丈夫有一天晚上对她说：

"你怎么了？看看，这三天来你非常奇怪。"

她回答说：

"叫我发愁的是一粒珍珠、一块宝石都没有，没有什么戴的。我处处带着穷酸气，很不想去参加这个夜会。"

他说：

"戴上几朵鲜花吧。在这个季节里，这是很时新的。花十个法郎，就能买两三朵别致的玫瑰。"

她还是不依。

"不成，……在阔太太中间露穷酸相，再难堪也没有了。"

她丈夫大声说：

"你多么傻呀！去找你的朋友佛来思节夫

人，向她借几样珠宝。你跟她很有交情，这点事满可以办到。"

她发出惊喜的叫声。

"真的！我倒没想到这个。"

第二天，她到她的朋友家里，说起自己的烦闷。

佛来思节夫人走近她那个镶着镜子的衣柜，取出一个大匣子，拿过来打开了，对路瓦栽夫人说：

"挑吧，亲爱的。"

她先看了几副镯子，又看了一挂珍珠项链，随后又看了一个威尼斯式的镶着宝石的金十字架，做工非常精巧。她在镜子前边试这些首饰，犹豫不决，不知道该拿起哪件，放下哪件。她不断地问着：

"再没别的了吗？"

"还有呢。你自己找吧，我不知道哪样合你的意。"

忽然她在一个青缎子盒子里发现一挂精美的钻石项链，她高兴得心都快跳出来了。她双手拿着那项链发抖。她把项链绕着脖子挂在她那长长的高领上，站在镜前对着自己的影子出神好半天。

随后，她迟疑而焦急地问：

"你能借给我这件吗？我只借这一件。"

"当然可以。"

她跳起来，搂住朋友的脖子，狂热地亲她，接着就带着这件宝物跑了。

夜会的日子到了，路瓦栽夫人得到成功。她比所有的女宾都漂亮、高雅、迷人，她满脸笑容，兴高采烈。所有的男宾都注视她，打听她的姓名，求人给介绍；部里机要处的人员都想跟她跳舞，部长也注意她了。

她狂热地兴奋地跳舞，沉迷在欢乐里，什么都不想了。她陶醉于自己的美貌胜过一切女宾，陶醉于成功的光荣。陶醉在人们对她的赞美和羡妒所形成的幸福的云雾里，陶醉在妇女们所认为最美满最甜蜜的胜利里。

她是早晨四点钟光景离开的。她丈夫从半夜起就跟三个男宾在一间冷落的小客室里睡着了。那时候，这三个男宾的妻子也正舞得快活。

她丈夫把那件从家里带来预备给她临走时候加穿的衣服，披在她的肩膀上。这是件朴素的家常衣服，这件衣服的寒伧味儿跟舞会上的衣服的豪华气派很不相称。她感觉到这一点，为了避免那些穿着珍贵皮衣的女人看见，想赶快逃走。

路瓦栽把她拉住，说：

"等一等，你到外边要着凉的。我去叫一辆马车来。"

但是她一点也不听，赶忙走下台阶。他们到了街上，一辆车也没看见，他们到处找，远远地看见车夫就喊。

他们在失望中顺着塞纳河[1]走去，冷得发抖，终于在河岸上找着一辆拉晚儿的破马车。这种车，巴黎只有夜间才看得见；白天，它们好像自惭形秽[2]，不出来。

车把他们一直拉到马丁街寓所门口，他们惆怅地进了门。在她，一件大事算是完了。她丈夫呢，就想着十点钟得到部里去。

〔1〕塞纳河：法国西北部的一条河，流经巴黎，把巴黎分为河南河北两部分。

〔2〕自惭形秽：看到自己的容貌或举止不如别人而感到羞愧。形秽，体态丑陋。

她脱下披在肩膀上的衣服，站在镜子前边，为的是趁这荣耀的打扮还在身上，再端详一下自己。但是，她猛然喊了一声。脖子上的钻石项链没有了。

她丈夫已经脱了一半衣服，就问：

"什么事情？"

她吓昏了，转身向着他说：

"我……我……我丢了佛来思节夫人的项链了。"

他惊惶失措地直起身子，说：

"什么！……怎么啦！……哪儿会有这样的事！"

他们在长衣裙褶里、大衣褶里寻找，在所有口袋里寻找，竟没有找到。

他问：

"你确实相信离开舞会的时候它还在吗？"

"是的，在教育部走廊上我还摸过它呢。"

"但是，如果是在街上丢的，我们总听得见声响。一定是丢在车里了。"

"是的，很可能。你记得车的号码吗？"

"不记得。你呢，你没注意吗？"

"没有。"

他们惊惶地面面相觑。末后，路瓦栽重新穿好衣服。

"我去，"他说，"把我们走过的路再走一遍，看看会不会找着。"

他出去了。她穿着那件参加舞会的衣服，连上床睡觉的力气也没有，只是倒在一把椅子里发呆，精神一点也提不起来，什么也不想。

七点钟光景，她丈夫回来了。什么也没找着。

后来，他到警察厅去，到各报馆去，悬赏招寻，也到所有车行去找。总之，凡有一线希望的地方，他都去过了。

她面对着这不幸的灾祸，整天等候着，整天在惊恐的状态里。

晚上，路瓦栽带着瘦削苍白的脸回来了，一无所得。

"应该给你的朋友写信，"他说，"说你把项链的搭钩[1]弄坏了，正在修理。这样，我们才有周转的时间。"

---

[1]搭钩：这里指项链两头连接的钩子。

她照他说的写了封信。

过了一个星期，他们所有的希望都断绝了。

路瓦栽，好像老了五年，他决然说：

"应该想法赔偿这件首饰了。"

第二天，他们拿了盛项链的盒子，照着盒子上的招牌字号找到那家珠宝店。老板查看了许多账簿，说：

"太太，这挂项链不是我卖出的；我只卖出这个盒子。"

于是他们就从这家珠宝店到那家珠宝店，凭着记忆去找一挂同样的项链。两个人都愁苦不堪，快病倒了。

在皇宫街一家铺子里，他们看见一挂钻石项链，正跟他们找的那一挂一样，标价四万法郎。老板让了价，只要三万六千。

他们恳求老板，三天以内不要卖出去。他们又订了约，如果原来那一挂在二月底以前找着，那么老板可以拿三万四千收回这一挂。

路瓦栽现有父亲遗留给他的一万八千法郎。其余的，他得去借。

他开始借钱了。向这个借一千法郎，向那个借五百法郎，从这儿借五个路易[1]，从那儿借三个路易。他签了好些债券，订了好些使他破产的契约。他跟许多放高利贷的人和各种不同国籍的放债人打交道。他顾不得后半世的生活了，冒险到处签着名，却不知道能保持信用不能。未来的苦恼，将要压在身上的残酷的贫困、肉体的苦楚、精神的折磨，在这一切的威胁之下，他把三万六千法郎放在商店的柜台上，取来那挂新的项链。

路瓦栽夫人送还项链的时候，佛来思节夫人带着一种不满意的神情对她说：

"你应当早一点还我，也许我早就要用它了。"

佛来思节夫人没有打开盒子。她的朋友正担心她打开盒子。如果她发觉是件代替品，她会怎样想呢？会怎样说呢？她不会把她的朋友当作一个贼吗？

路瓦栽夫人懂得穷人的艰难生活了。她一下

[1]路易：法国钱币名。一路易约值二十法郎。

子显出了英雄气概，毅然决然打定了主意。她要偿还这笔可怕的债务。她就设法偿还。她辞退了女仆，迁移了住所，租赁了一个小阁楼住下。

她懂得家里的一切粗笨活儿和厨房里的讨厌的杂事了。她刷洗杯盘碗碟，在那油腻的盆沿上和锅底上磨粗了她那粉嫩的手指。她用肥皂洗衬衣，洗抹布，晾在绳子上。每天早晨，她把垃圾从楼上提到街上，再把水从楼下提到楼上，走上一层楼，就站住喘气。她穿得像一个穷苦的女人，胳膊上挎着篮子，到水果店里，杂货店里，肉铺里，争价钱，受嘲骂，一个铜子一个铜子地节省她那艰难的钱。

月月都得还一批旧债，借一些新债，这样来延缓清偿的时日。

她丈夫一到晚上就给一个商人誊写账目，常常到了深夜还在抄写五个铜子一页的书稿。

这样的生活继续了十年。

第十年年底，债都还清了，连那高额的利息和利上加利滚成的数目都还清了。

路瓦栽夫人现在显得老了。她成了一个穷苦

人家的粗壮耐劳的妇女了。她胡乱地挽着头发，歪斜地系着裙子，露着一双通红的手，高声大气地说着话，用大桶的水刷洗地板。但是有时候，她丈夫办公去了，她一个人坐在窗前，就回想起当年那个舞会来，那个晚上，她多么美丽，多么使人倾倒啊！

要是那时候没有丢掉那挂项链，她现在是怎样一个境况呢？谁知道呢？谁知道呢？人生是多么奇怪，多么变幻无常啊，极细小的一件事可以败坏你，也可以成全你！

有一个星期天，她到极乐公园去走走，舒散一星期来的疲劳。这时候，她忽然看见一个妇人领着一个孩子在散步。原来就是佛来思节夫人，她依旧年轻，依旧美丽动人。

路瓦栽夫人无限感慨。她要上前去跟佛来思节夫人说话吗？当然，一定得去。而且现在她把债都还清，她可以完全告诉她了。为什么不呢？

她走上前去。

"你好，珍妮〔1〕。"

---

〔1〕珍妮：佛来思节夫人的名字。

那一个竟一点也不认识她了。一个平民妇人这样亲昵地叫她，她非常惊讶。她磕磕巴巴地说：

　　"可是……太太……我不知道……你一定是认错了。"

　　"没有错。我是玛蒂尔德·路瓦栽。"

　　她的朋友叫了一声：

　　"啊！……我可怜的玛蒂尔德，你怎么变成这样了！……"

　　"是的，多年不见面了，这些年来我忍受着许多苦楚，……而且都是因为你！……"

　　"因为我？……这是怎么讲的？"

　　"你一定记得你借给我的那挂项链吧，我戴了去参加教育部夜会的那挂。"

　　"记得。怎么样呢？"

　　"怎么样？我把它丢了。"

　　"哪儿的话！你已经还给我了。"

　　"我还给你的是另一挂，跟你那挂完全相同。你瞧，我们花了十年工夫，才付清它的代价。你知道，对于我们这样什么也没有的人，这可不是容易的啊！……不过事情到底了结了，我倒很高兴了。"

佛来思节夫人停下脚步，说：

"你是说你买了一挂钻石项链赔我吗？"

"对呀。你当时没有看出来？简直是一模一样的啊。"

于是她带着天真的得意的神情笑了。

佛来思节夫人感动极了，抓住她的双手，说：

"唉！我可怜的玛蒂尔德！可是我那一挂是假的，至多值五百法郎！……"

二．课堂实录

时间：2003 年 11 月 5 日下午

班级：杭州市第十四中学高二某班

第一幕

师：上课，同学们好！

生：老师好！

师：请坐。今天很高兴跟大家一起来学习一篇莫泊桑的小说。

其实看一下题目，我们就知道，所有的情节都围绕什么展开？

生：项链。

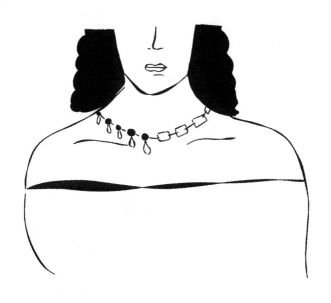

师：非常好。整个情节分成四大板块，这里有四幅插图，我想请四位同学，各用一句话，来简要地概括它的内容。

师：〔示意〕来，第一幅。

生：她向那个……她向她的朋友借项链。

师：谁？

生：〔低头看书寻找〕

众生：〔低声〕佛来思节夫人。

师：佛来思节夫人，是吗？她向朋友借项链，为了参加舞会。请坐。〔示意〕后面。

〔生沉默〕

师：对着镜子一声尖叫。

生：哦，她发现那串项链没了。

师：发现项链丢了，请坐。〔示意往后〕第三幅。

生：她去寻找项链。

师：她去寻找项链，寻找，然后试图要——啊，这里好像是在拖地板哎。

〔众生笑〕

师：在寻找项链吗？怎么说？

生：她在挣钱。

师：挣钱干吗？

生：挣钱还项链。

师：哦，挣钱还债赔项链，是吗？很好，请坐。〔示意〕后面，最后一幅。

生：后来碰到那位朋友，得知真相。

师：得知真相，真相是什么？

生：那根项链只值五百法郎。

师：哇，只值五百法郎！原来是一根假项链，请坐！这就是这个故事的整个情节。围绕"项链"这个词语，我们其实用四个字就够了。

项链

师：我们继续往后，〔示意〕来，后面那位同
　　学。第一个情节，用哪一个字比较好？

生：借。

师：借项链。非常好，请坐。〔示意〕继续往后。

生：丢。

师：丢项链。请坐。〔示意往后〕怎么说？

生：还。

师：还项链，或者说是赔项链，是吗？很好。
　　〔示意〕往前。最后，用个形容词吧。

生：惊讶。

师：惊讶，惊讶的项链？

生：不是。

师：惊讶，发现这根项链是——

生：假的。

借项链

丢项链

赔项链

假项链

师：很好。这就是整个小说的梗概，好，经过这样一周转之后，我们的主人公玛蒂尔德，她的外貌是否发生了变化？变了没有？

生：〔沉默〕变了。

师：真的，大变。

我们有一位同学，傅学磊，他在读的时候，他说：这是一部关于"变化"的小说。真的发生变化了。那么，我要问，玛蒂尔德的外貌，发生了怎样的变化，她起先是怎么样的？轮到谁了，〔示意〕你来说，起先玛蒂尔德的外貌是怎么样的？

生：一开始，她的外貌很年轻，很漂亮。

师：文中有更加具体的几句话吗？

生：有——"美丽动人的姑娘"。

师：还有吗？

生：因为在妇女，美丽、丰韵、娇媚，就是她们的出身；天生的聪明，优美的资质，温柔的性情，就是她们惟一的资格。

师：你所朗读的这些，玛蒂尔德她都具备吗？

生：有部分具备。

师：哦，有，绝大部分都有。〔示意〕很好，请坐。后来的玛蒂尔德，变成了什么模样？〔示意〕来，前面一位同学来说一说。文中是怎么描写她的，朗读一下好吗？

生：她成了一个穷苦人家粗壮耐劳的妇女……

师：稍微大声一点，这样大家才能够听得见。

生：她成了一个穷苦人家粗壮耐劳的妇女了。她胡乱地挽着头发，歪斜地系着裙子，露着一双通红的手，高声大气地说着话，用大桶的水刷洗地板。

师：〔示意〕非常好，请坐。用大桶的水刷洗地板，头发乱，裙子胡乱系，手是通红的——成了这么一个人。外貌发生了如此巨大的变化，那我要继续问，她的性格发生变化没有？有没有变？

众生：〔低声〕有。

师：变了没有，变了？

众生：〔低声〕没有。

师：没有？

众生：〔低声〕变了。〔笑〕

师：〔笑〕我们用一分钟时间，看书，从文中找出答案！独立思考，看一看，性格到底有没有变？

〔生阅读思考（4:15—4:45）〕

师：好，同桌两人，可以轻轻地交换一下意见。

〔同桌讨论（4:50—5:15）〕

翻到本书开头的讲义部分，
阅读《项链》，想一想：

"项链"前后，玛蒂尔德的性格
发生变化了吗？

- -

- -

- -

- -

- -

师：好，谁来说一下，她的性格上，是否发生了变化？刚才有很多同学说"是的"，有的人说"她没有变"——这次请举手回答吧，或者你想说话，想回答问题，就看我一眼。

〔生举手〕

师：哦，这位同学，你来说。

生：我觉得她没有变，因为最后文章说——"于是她带着天真的得意的神情笑了"——证明她觉得好像自己还这个项链（很了不起），她觉得还是一种虚荣吧，她觉得我当初能够还给她。

师：哦，一种得意，是因为虚荣而得意，是吗？

生：〔点头〕嗯。

师：她的虚荣没有变，是这位同学的看法。还有吗？〔示意〕你来说，你认为她变了没有？

生：我认为她没有变。

师：你也认为她没变?

生：她现在还是喜欢一个人坐在窗前,回想那个舞会呀。

师：傻傻地想。

生：哎,就是好像她年轻的时候一样,一天到晚想这种……跟妄想症一样。〔众生笑〕

师：白日梦。还是没有变,还是那么爱虚荣。同桌有没有什么不同的意见?

生：我觉得她是变了。然后她的回想呢,就是回忆一下当年,以前她是很向往那种富有生活的,而现在她已经安于这种生活了。

师：她现在已经面对贫困,安于这种生活了。还有谁要发表意见,〔示意〕你来说。

生：我认为她变了,习惯了那种粗笨活儿和厨房里的讨厌的杂事了。

师：她原来是一个非常娇嫩的人，是吗？她现在已经习惯了粗笨的活，不太爱惜自己了。请坐，〔示意〕后面那位女同学，你能继续发表一下你的意见吗？你认为她变了没有？

生：我觉得她没变。

师：什么都没有变？

生：性格没变，还是一样虚荣。

师：还是一样虚荣，难道她的性格中只有虚荣吗？

〔生沉默〕

师：请坐。〔示意〕你来说。

生：我觉得她性格已经变了。最开始的时候，她不敢去见佛来思节夫人，因为她觉得自己很贫穷，没有漂亮的衣服，可是后来当她把债还清了，她在公园里又看到了佛来思节夫人，依旧那样年轻，那样美丽动人；而她那样苍老，却有勇气上去见面。我觉得她是变了。

师：可见她有直面的这样一种态度。请坐。

那么，我们来思考一下，面对她这样的变化，如果是莫泊桑本人，他会更欣赏哪一个玛蒂尔德？他更欣赏变化之前的玛蒂尔德，还是变化之后的玛蒂尔德？他是喜欢玛蒂尔德A，还是玛蒂尔德B？

我觉得莫泊桑可能更喜欢

变化之＿＿＿＿的玛蒂尔德

师：我请一位男同学来回答一下。〔示意〕你来说，你猜一猜。

生：我觉得，应该是后面一个——前面一个很虚荣，后面一个比较真实。

师：很真实？请坐。我们同学把莫泊桑想成一个革命无产阶级作家，可惜情况恰恰相反。

〔众生惊讶，笑，低声议论〕

莫泊桑之女性观

不知您是否看过龚古尔兄弟写的《18世纪的妇女》这本书？它是我所知道的最令人赞赏的一部作品，其中论述了作为一个女性的艺术。我看到这样一段话：

"姿态、容貌、嗓音、目光的流盼、举止的优雅，矫揉造作、漫不经心，矫饰，她的美貌、她的身段，妇女从世间应该获得这一切和接受了这一切。"

伟大的小说家的这些话有多么真实！妇女依据她生活在其中的社会的形象塑造并改变自己。在哪个时代法国妇女达到了尽善尽美？正是在18世纪期间，在作家如此细腻地和我们谈论的这个杰出的女性世纪。

《莫泊桑随笔选〈论女性〉》，60页，
百花文艺出版社，2001年4月

年老的妇女已不再是一个单纯个别的女人，她似乎是妇女的全部历史……我们不应该对她的魅力抱有太多的期望，因为她已经经受过了一个女人所能忍受的最可怕、最折磨人的酷刑：她苍老了！

《莫泊桑随笔选〈老妪〉》，112—114页，
百花文艺出版社，2001年4月

师：这是莫泊桑的女性观。莫泊桑最欣赏的女性——18世纪法国女性，是怎么样的——姿态、容貌、嗓音、目光的流盼、举止的优雅，甚至是矫揉造作，甚至是漫不经心，他认为这构成了完美的女性。

而他认为，一个女人所能忍受的最可怕、最折磨人的酷刑就是：她苍老了！

所以，根据莫泊桑本人的女性观，他更应该欣赏哪一个？显然，是玛蒂尔德A，但是他在文中却没有丝毫的流露，为什么？因为他的创作原则——

莫泊桑创作谈

小说家不应辩解，也不应饶舌和说教。只有情节和人物才是应当着墨之处。另外，作家不要做结论，而要把它留给读者。

《莫泊桑随笔选〈小说〉》，88 页，
百花文艺出版社，2001 年 4 月

师：莫泊桑的创作观，继承他的老师福楼拜，很具有现代性，就是——作家不要做结论，而要把它留给读者——所以他在文中没有流露出来，对吧，隐藏得非常好。

第二幕

师：那么我们不管她变了没有，不管她是发生了变化还是没发生变化，也许我们可以读出更多的变化之外的东西来，也就是这篇小说的主题。莫泊桑要我们自己来做结论，我们同学做了预习以后，有这么多不同的观点，我把它们都放在上面了。〔示意看PPT〕

"我"的阅读：

这是一部关于 ＿＿＿＿＿＿ 的小说。

虚荣　　　　（王奇旻　高姗姗　胡佳斌……）
诚信　　　　（陈　璐　王　璟　蔡艳秋……）
贫穷、差距　（许乐乐　张　超……）
梦想、欲望　（陶洁婷……）
命运　　　　（王富强　凌　琪　俞建岚……）
……

师：五大类，我们看看同学的名字，每一类都请一位同学来大致地说一说，简要地说一说你的观点，以及你的理由。

来，首先，王奇旻，你来谈谈——虚荣。

〔众生笑〕

王奇旻：我认为她是一个很爱慕虚荣的人，因为她出身不是很好，很向往贵妇人的生活，崇拜有钱的同学，那有钱的同学是她的好朋友，但是她除了在借项链这件事情上去跟她见过以外，别的事情上，却没有去和她进行过交流。

师：为什么不敢去？

王奇旻：因为她感觉自己和她有身份的差距。

师：她自己也体会到了，从所有这一切中，都发现她的虚荣，所以这个小说的主题是虚荣。请坐。陈璐，你来谈一谈你的观点。

陈璐：我觉得还是诚信吧，因为她一开始是买了一条一模一样的项链，还给她，再去慢慢还这个债务，本来应该可以和夫人说一下，慢慢再还她钱的，但是她现在这样就表示——你把朋友的东西弄丢了以后，朋友总是不太舒服的——她觉得不应该让朋友担心，于是把这东西还给了她。

师：如果她不是一个诚信的人的话，她也许有别的方式来解决，是吗？

陈璐：就是。

师：有什么样的方式？

陈璐：她们是好朋友嘛，她说，那就算了。

师：〔笑〕哦，索性就算了。或者就索性逃跑，可能方式也很多。〔示意〕请坐。挺诚信的。

好，下面，许乐乐。

许乐乐：我写的是差异，差异就是真实和外表之间的差异。宝石是很漂亮的，但是它也可能把真实掩盖掉了，然后它会把背后的事实也掩盖掉，混淆了真假。

师：哦，是很现实的一种差异，项链的真和假的差异。

那么，〔示意PPT〕上面还有一个张超，张超是怎么看的？

张超：我觉得，玛蒂尔德丢了这个项链，她要努力地去还这个项链；如果是佛来思节丢了的话，她就可以很轻松地解决这件事情。

师：你的意思是说，如果这件事情发生在佛来思节夫人身上的话，也就——没有问题了？可能很轻松，一点都没问题，丢个几条都没关系，是吧？但是发生在玛蒂尔德身上——

张超：那就比较困难了。

师：她要付出什么样的代价？

张超：十年。

师：要付出十年的代价。这是为什么，为什么发生在两个人的身上就有这么大的差异呢？

张超：因为贫富的差距。

师：贫穷的问题，是吗？〔示意〕请坐。这里我们倒也可以看出，一个小人物，她对抗风险，生活中的偶然事件，她的抵抗力怎么样？

生：〔低声〕很弱。

师：好像比较弱。所以以后张超如果去开保险公司的话，可以拿《项链》这篇文章作为传单给大家看，对吗？

〔众生笑〕

师：需要买点保险哦，小人物对抗风险的能力比较弱。也有道理。

〔示意PPT〕继续看，陶洁婷。〔师在过道第二排处，审视全场，不见人〕在哪里？〔陶洁婷原来在第一排。众生笑：在你后面！〕

陶洁婷：我觉得她本身就是一个物质欲望比较强烈的人，一开始她为了参加晚会，去借了那挂项链，但结果项链丢了，她有一种万念俱灰的感觉。所以，我认为小说的主题和欲望有关。

师：那么她最后，十年之后，她还有欲望吗？

陶洁婷：我觉得……〔沉吟〕她，她，她起先是非常漂亮的，所以她追求漂亮，还是一种欲望吧。

师：哦，这是一篇关于欲望的小说，但是我们也可以用一个稍微带点褒义色彩的词来说，这是一篇关于梦想的小说，是吗？这两个词语在某种意义上，是等义的。

好，最后，王富强，谈谈命运。

王富强：本文写了玛蒂尔德一些比较悲惨的命运。

师：她为什么会这么悲惨？

王富强：就是因为掉了一根项链，她为了还债，要干许多的杂活，从原来一个比较美丽的妇女，变成了后来……

师：这么苍老的一个人，是吗？

王富强：苍老的人。

师：
你的观点呢？

我：
我认为这是一篇
关于_____
的小说。

我的理由是：

师：请坐。凌琪，关于这一点，还有补充吗？

凌琪：因为这篇文章，表露出玛蒂尔德的宿命问题。

师：表达一种宿命！这个词用得好。

凌琪：因为从整篇文章来看的话，作者流露出一种悲观的感情，他感觉，像玛蒂尔德这样，先借到项链，然后又把它丢掉，然后又赚钱来偿还这根项链，是一种必须经过的……

师：好像冥冥中都已经注定好了，是吗？命运的观点，有点像古希腊的悲剧。凌琪这个观点，说得非常好。

好，那我们回到王奇旻这里来。关于虚荣的问题，我想追问一下，就是玛蒂尔德如果处在十年之前，她要怎么样做，我们才说她不虚荣？高姗姗你来说。

高姗姗：就是她在做完那条裙子之后，她完全可以戴两朵鲜花，去参加那个舞会。

师：哦，插一朵鲜花，她就不虚荣了。〔众生笑〕继续，还有吗？

高姗姗：没有了。

师：请坐。鲜花代表不虚荣。可有的女孩子很爱花，我们也说她很虚荣啊，要九百九十九朵玫瑰，她难道不虚荣？这有点很难讲啊。

胡佳斌，你怎么看？要怎么样才不虚荣？

胡佳斌：她不做梦。

师：没有梦想，不做梦。拍拍她，好醒了，不要做白日梦了！〔众生笑〕
还有吗？

胡佳斌：没有了。

师：还有的同学说，要爱劳动。〔众生大笑〕

那就不虚荣啦？其实大家是否发现了，我们有个价值判断在里面，她既然这么贫穷，她应当怎么样？好像应当安于贫穷，我们才说她不虚荣——有个"安贫乐道"的观念在里面。安贫乐道是否是判断一切的标准？我们可以"安富乐道"吗？"安富"就不能"乐道"吗？也很难说，这个问题我觉得挺值得思考的。你不要一味地侧重"虚荣"。

那么我们再来看，在读小说的时候，你认为这个作家莫泊桑，在文章中有没有流露出小说主题？有没有表达他自己的观点？如果是在〔示意PPT〕这五点里面，他的看法接近哪一点？有发现吗？好，有同学说是"命运"，〔示意〕你来说，为什么？

生：小说一开头说，因为命运的差错，她嫁给了一个小书记，这就违背了玛蒂尔德的初衷，她最初是想嫁给一个有钱人的。但是因为她的命运——出身不太好嘛，只有违背自己的意愿，嫁给小书记了。

第二个是因为她的虚荣，问同学借了项链去参加舞会，最后项链却意外丢失了。这时候她的虚荣心就驱使她，觉得自己很高贵，又不能跟同学说，"我把你的项链弄丢了"——这是很耻辱的事情。她只能花十年的时间，去还这条项链。

最后，快结尾的时候，作者也写到了，一件极细小的事情，可以让人生改变很多，可以败坏她，或者是成全她。我觉得作者在这里就是在感慨，本来是一个这样的人，因为不同的形势，会变成完全两样的人。

师：完全是由于命运的捉弄，是吗？请坐。这位
同学回答得真好，但是我倒是有个疑问了，
莫泊桑他不是遵循那个原则的吗？他不是要
把一切都藏起来的吗？

他在讲他的老师福楼拜的时候，承认一个原
则，完全被他继承过来——他要小心翼翼地
掩藏自己的观点，一点都不能泄露，仿佛一
个木偶演员那样，掩藏自己手中的提线。他
怎么会在文中，一不小心就说了这么一段
"命运"的话呢？就是刚才那位同学所读的
这段话。我觉得，可能只有一个理由可以解
释，你联系上文看一看，〔示意〕这位同
学，你能回答吗？

〔生摇头〕

师：你来说，凌琪。

莫泊桑创作谈

作者的想象，即使让读者模模糊糊地猜测到，都是不允许的……一行一页，一字一句都不应当有一丁点作者的观点和意图的痕迹……他深深地藏匿自己，像木偶演员那样小心翼翼地遮掩着自己手中的提线，尽可能不让观众觉察他的声音。

《居斯塔夫·福楼拜〈包法利夫人·译本序〉》，2—3 页，莫泊桑著，外国文学出版社，1989 年 9 月

凌琪：是因为……具体我也不知道。〔众生笑〕他后来成了精神病，我怀疑他脑子有毛病。〔众生笑〕

师：这样解释，可能有点不太合理。回到上文，我觉得可能是，因为莫泊桑本人过于地为玛蒂尔德感到——

生：〔轻声〕惋惜。

师：感到惋惜了，是吗？你有没有找到那一段？第56页。看一看，就是刚才所读的"命运"那一节，找到了吗？"要是那时候没有丢掉那挂项链"，以及上面那一节，"路瓦栽夫人现在显得老了"——他就是感叹她的苍老之后，突然来了这么一段议论，你看看是不是这样？

所以说命运有时候会弄人啊，我们把这两节来读一读好不好，女同学读上面那一节，男同学读下面那一节。好，女生，"路瓦栽夫人现在显得老了"，读出一种命运的沧桑感。开始。

生（女）：〔齐读〕路瓦栽夫人现在显得老了。她成了一个穷苦人家的粗壮耐劳的妇女了。她胡乱地挽着头发，歪斜地系着裙子，露着一双通红的手，高声大气地说着话，用大桶的水刷洗地板。但是有时候，她丈夫办公去了，她一个人坐在窗前，就回想起当年那个舞会来，那个晚上，她多么美丽，多么使人倾倒啊！

生（男）：〔齐读〕要是那时候没有丢掉那挂项链，她现在是怎样一个境况呢？谁知道呢？谁知道呢？人生是多么奇怪，多么变幻无常啊，极细小的一件事可以败坏你，也可以成全你！

第三幕

师：你看，多么可悲。一串改变命运的项链，一场改变生活的舞会。我们静下来考虑，大家是否发现了——舞会、马车、丢了东西，然后逃跑——是不是让我们回忆起小时候一个非常经典的故事？什么故事？

生：灰姑娘！

师：太像了。

相同点	《灰姑娘》	《项链》
个人特质		
家庭生活		
不满的家人		
某次契机		
外力帮助		
舞会上		
舞会一结束		
马车		
失物		
寻找比照		
……		

师：思考三十秒，然后请同学来找出相似点。看
上面的表格。

[生思考（20:37—21:01）]

师：好，我请同学来说。〔示意〕你来说。相同
点，她们在个人特质上——

生：她们的个人特质，都是美丽动人的。

师：美丽动人，而且关键的一点，她们都——

生：都很贫穷。

师：非常好，请坐。贫穷而美丽。〔示意〕后面，"家庭生活"。

生：都是不美满的。

师：不美满，感到自己很不幸。请坐。〔示意〕后面，"不满的家人"。

生：不满的家人，对灰姑娘来说，是她的后妈，还有两个姐姐。

师：经常欺负她。

生：《项链》中不满的家人，是她的丈夫。

师：丈夫太没钱了。

生：让人不满。

师：请坐。〔示意〕后面。"某次契机"。

生：都是一次舞会。

师：请坐。〔示意〕后面。"外力帮助"。

生：灰姑娘是魔法师帮助。

师：魔法师，一个老婆婆点化了她。

生：项链是朋友借给她的。

师：谁借给她的？

生：佛来思节夫人借给她的。

师：都有外力的帮助。请坐。〔示意〕继续往后。"舞会上"。

生：舞会上，她们都显示出了自己从来没有过的美丽。

师：哇，说得真好！灰姑娘引起了谁的注意？

生：王子。

师：玛蒂尔德呢？

生：玛蒂尔德引起了……

师：文章中有一句，你注意到了吗？

生：玛蒂尔德引起了部长的注意。〔众生翻书〕

师：引起了部长的注意。请注意——都引起了大人物的注意。太相似了。〔示意〕同桌。"舞会一结束"。

生：她们都显得很悲惨。

师：她们都匆匆忙忙只做了一件事情，舞会一结束就出去要干吗？

生：逃跑。

师：跑。为什么，灰姑娘为什么要跑？

生：因为魔法。因为她们都不是很真实。

师：哦，都要现出原形？〔众生笑〕一个是魔法要失灵了，一个是通过什么现出原形？

生：外套。

师：她的一件丑陋不堪的外套。都要现出原形。〔示意〕继续往前。

生：马车，灰姑娘使用的是由南瓜和老鼠变成的马车；在《项链》中，那是很破的一辆马车。

师：晚上才会出来的马车。也很像。〔示意〕继续往前。

生：灰姑娘的失物是她的鞋子，而玛蒂尔德丢的是项链。

师：都丢了非常珍贵的东西：透明的水晶鞋，项链。请坐。〔示意〕最后。

生：寻找。灰姑娘她是……鞋子……挨家挨户去试穿。

师：有一个类似的情节。拿着一个东西来比。

生：噢，她拿着那个盒子，到处去店里寻找一模一样的项链。

师：请坐。

大家看，〔示意PPT表格〕一二三四五六七八九十，太可怕了——感觉就像玛蒂尔德知道那串项链是假的一样——目瞪口呆！

怎么会这么像？莫泊桑，他知不知道这个故事？

欧洲有一个著名的《灰姑娘》童话故事；十七世纪法国人培鲁（Perrault）的故事集里和十九世纪初德国格林兄弟（Grimm）的童话集都收进了这个民间传说。据过去考证，在欧洲和近东共有三百四十五种大同小异的这个传说。

《译余偶拾》，78 页，杨宪益著，三联书店，1983 年 6 月

（母亲）在文学上的造诣也很深，不但熟读古今名著，而且有精审的鉴赏力。她经常给小莫泊桑讲述古代希腊罗马的神话故事，娓娓动听；朗读莎士比亚话剧中的精彩片段，洋溢着炽烈的感情。

《莫泊桑传》，张英伦著，山西人民出版社，1985 年 8 月

师：他必然知道这个故事，因为这个故事在欧洲大陆非常流行。而且是一个法国人，你看噢，十七世纪的法国人就把它收集起来了，一共有三百四十五种大同小异的版本。

而且，莫泊桑从小，他的母亲就对他进行良好的文学教育。并且他的老师福楼拜也是具有极高的文学修养，所以他很可能知道这个故事。

那么，我们就要问了，这么相似，那不是盗版吗？它还是经典吗？

师：〔示意〕你说，是不是盗版？

生：不是。

师：为什么？

生：因为它们有区别。

师：有区别是吗？请坐。有区别。文章的第一句
话是什么？〔示意〕你给大家念一下好吗？
朗读小说的第一句话。

生：她也是一个美丽动人的姑娘。

师：唔，读得"真难听"，请坐。〔众生善意地
笑〕

她也是一个美丽动人的姑娘。"也"。来，
后面一位同学，如果就小说内部来看，"她
也是一个美丽动人的姑娘"，这个"也"是
针对另外一个人，是谁？

生：她朋友。

师：她朋友佛来思节。请坐，〔示意〕继续往后。

生：灰姑娘。

"她也是一个美丽动人的姑娘……"

1. 灰姑娘和玛蒂尔德的区别在哪里？

2. 《项链》如何创造性地改写、
   颠覆了《灰姑娘》的童话模式？

师：请坐，其实小说一开始，他就在告诉你们，
   我要写一个跟灰姑娘有关，但是又不一样的
   故事——"她也是一个美丽动人的姑娘"。
   请注意这个"也"字。

师：第一个问题：灰姑娘和玛蒂尔德的区别在哪
   里？第二，《项链》是如何创造性地改写、
   颠覆了《灰姑娘》的童话模式？思考一会
   儿，不讨论，独立思考。

[生思考（25:25—25:55）]

师： 好，我们四人小组讨论一下，前后四人小组。

[四人小组讨论（25:58—28:20）]

师： 好，我请同学来回答。"灰姑娘"其实是一个模式，我们来探讨，把灰姑娘模式里面的基本要素理清楚了，玛蒂尔德的不同点也就分明了。我们先想想，这个模式里面，有哪些要素？它包含了哪些东西？〔示意〕你来说。

生： 灰姑娘这个童话，主要是说她的青春……主要涉及的应该是爱情吧。

师： 噢，灰姑娘她追求一种爱情是吗？有着青春的绽放。就这样？好，请坐。〔示意〕后面同学，还有补充吗？

生： 而《项链》的女主人公她……

师： 哦，我们继续讲灰姑娘，不要急着讲项链。

生： 灰姑娘，最后她得到了幸福的生活。

师：从此过上了幸福的生活，结局非常好。很好，请坐。还有吗？还有补充吗？关于灰姑娘。〔示意往后〕

生：和他们差不多。

师：灰姑娘通过爱情，本来很贫穷，后来和王子结婚了。她的等级有没有发生变化？

生：等级发生了变化。

师：请坐。好，最后一位同学，你把前面三位同学的要点，总结一下。

生：也就是……她的身份……总的讲起来，这个故事比较有戏剧性的，一个大转折。

师：大转折。请坐。

其实我们会发现，灰姑娘的模式，有这么几点要素：

"灰姑娘"模式的核心

绽放的青春，
以爱情超越等级，
幸福的结局

师：第一，青春的绽放。舞会上，一下子被发现
　　这么美！然后，以爱情来超越等级。最后，
　　有一个极其幸福和完美的结局。

　　那么，你仔细考虑一下，会发现莫泊桑他这
　　几个要点上——青春、爱情、等级、结
　　局——每一点上，都不一样。

　　谁来说？随便请一个同学来说。〔示意〕你
　　来说，青春的问题，玛蒂尔德是否有绽放的
　　青春？

生：玛蒂尔德她有。

师：有？有过。最后呢？

生：最后，由于命运的差错……〔沉默〕

师：请坐。后面的同学，你可以补充一下吗？关于这个"青春"的问题。

生：她应该也是有青春的吧，只不过她觉得嫁给她丈夫以后，就浪费掉了。〔众生笑〕

师：嗯，舞会上，青春绽放；但是最后呢，十年之后呢，十年之后青春还在不在？

生：不在。

师：她已经怎么样？

生：已经老了。

师：已经苍老了，请注意——用"衰老"的主题，来替换掉"青春"这个主题。请坐。

好，关于这个爱情的问题，请后面这位男同学来谈一谈。

生：灰姑娘的爱情是美满的，她得到了王子。

师：玛蒂尔德是否追求爱情？

生：不完全是。

师：这是一个爱情故事吗？

生：不是爱情故事。

师：这是一个什么故事？

生：比较实际。

师：关于婚姻的故事是吗？在这个故事里面，没有爱情。所以她追求什么东西？

生：她追求物质的东西。

师：她追求物质生活，这就导致我们对于虚荣的批判，是吗？请坐。这一点很重要，〔示意〕继续往后。"等级"。

生：玛蒂尔德生活在社会中下层。

师：灰姑娘起先也是这样，对吗？后来……

生：但是灰姑娘变成了上层，而玛蒂尔德还是保持在原来的阶层。

师：〔惊问〕还是保持？

生：更下层了。

师：降格了对吧，继续往下降，她最后变得像文章里面的那个谁呀？

生：勃雷大涅省的小女仆。

师：请坐。她降格了，灰姑娘是往上升的，是吗？〔示意〕最后，"结局"。

生：结局……虽然她把钱全部还清了，但是她跟以前变得不一样了。变得更加衰老、贫穷。

师：衰老，贫穷。请坐。

如果我们把整篇小说看作一场足球赛的话，莫泊桑真正射门的时候是在哪里？〔示意〕你来说。

生：是在结局的时候。

师：结局怎么样，哪句话？

生：是最后一句话。

师：最后一句话，你给我们念一下好吗？

生：唉！我可怜的玛蒂尔德！可是我那一挂是假的，至多值五百法郎！……

师：啊，读得真好，请坐。〔示意〕同桌，为什么这句话这么有杀伤力？

生：因为在前面，为了这串项链，她付出了她所有的东西——金钱、劳动、青春……还有很多。

师：她把一切都付出了。

生：后来感觉就……当她听到这句话的时候，感觉她所有的东西都不值了。

师：取消了她十年艰辛劳动的所有的意义，对吗？所以说她最后是目瞪口呆。

啊，所以有人读莫泊桑的小说，读出这种感觉，读到后来你会发现——

只有一个字——"冷"！莫泊桑太冷酷了，太冷静了，太冷了。

我们有一位同学读得跟翻译家郭宏安、北大教授金克木一样，这是一部冷得让人"悲伤"的小说。张含彬站起来！张含彬，你为谁而悲伤？你在这篇小说里，为谁而悲伤？

张含彬：玛蒂尔德。

莫泊桑读后感

莫泊桑的小说世界是一个痛苦多，欢乐少，笼罩着一片悲观主义的凉雾的世界，"其境过清，不可久居"，久居则有"凄神伤骨"之虞。

《同剖诗心〈莫泊桑的眼睛〉》，117 页，郭宏安著，中央编译出版社，1996 年 3 月

（莫泊桑）的许多短篇小说我连续看下去，只觉得越来越冷，如同到了寒带……短篇中的《项链》一再被人选读……冷酷无情的面貌下面藏着一颗热心。这和我们的习惯只怕有点相反。在法国也不合时宜，他只能最后神经错乱了。

《关于十九世纪法国小说的对话》，金克木著，《读书》1988 年第 6 期，48 页

这是一部 **悲伤** 的小说。

本班同学张含彬

师：玛蒂尔德真可怜。请坐。这是一个让人悲伤的故事。

好了，我们暂时走出悲伤，我们继续来进行我们的探讨，继续回到我们刚才那个问题上。大家看一看，有关于这个模式，其实发展下来——

师：《窈窕淑女》看过吗？

生：没有。

师：《流星花园》看过吧？

众生：〔笑答〕看过。

师：《曼哈顿女佣》看过吧？

生：〔部分〕看过。

师：好，我请一位同学来讲讲《曼哈顿女佣》，这里面是不是一个……怎么一种模式？灰姑娘的模式有吗？

顺承， 颠覆，
于是通俗 然后经典

《窈窕淑女》

1796 简·奥斯丁《傲慢与偏见》
伊丽莎白：拒绝没有爱情的求婚

《流星花园》

1846 夏洛蒂·勃朗特《简爱》
简·爱：女性主见，不愿妻以夫贵

《曼哈顿女佣》

1857 福楼拜《包法利夫人》
爱玛：追寻浪漫，服毒身亡

……

1884 莫泊桑《项链》
玛蒂尔德：……

生：有的。她原来是在一个酒店里打工，做女佣，然后因为巧合，认识了一个议员，结果她就和那个议员相爱了。而且她是借钱买礼服，还有最好看的项链，是她儿子帮她借的。

师：哦，也有一串项链！有舞会吗？

生：有。

师：天哪，也有舞会。

生：参加舞会，最后是舞会结束后的那天，揭穿她了……

师：等会儿。她舞会上大放光彩吗？

生：有。

师：也大放光彩！

生：舞会结束后的第二天，她就被揭穿了。最后是因为她的智慧，和她儿子的勇气，最后他们得到了爱情。

师：从此过上了——

生：〔笑〕幸福的生活。

师：〔示意〕请坐。大家看，通俗的大片里面，灰姑娘的模式，百试不爽，对吧？奥黛丽·赫本《窈窕淑女》，一九六四年，奥斯卡七项大奖，同样一个卖花姑娘；其实她来自一个小说《卖花女》，萧伯纳的，都是非常通俗的。《流星花园》里面那个谁啊？〔示意〕你来说。

生：杉菜。

师：杉菜是吗，这个算不算？

生：算的！

师：好像也算得上的噢。

但是这里面，你看看〔示意PPT〕——右边这一路下来，从《傲慢与偏见》到《简爱》，到莫泊桑的老师福楼拜的《包法利夫人》，一直到《项链》，你可以看出一条什么样的传统？

我认为

从《傲慢与偏见》到《简爱》，到莫泊桑
老师福楼拜的《包法利夫人》，一直到
《项链》，可以看出一条 _ _ _ _ _ _ _ _
的传统。

〔生沉默〕

师：一二三四，凌琪，你来说！什么传统？看出
什么东西来？

凌琪：悲剧！

师：悲剧？〔示意〕请坐，同桌两人商量一下，
我们从右面的一排里面看出一种什么传统？

〔生讨论（36:07—37:07）〕

师：好。谁来谈？我们抓紧时间，时间不多了。
谁来说，你看出了一些什么东西？〔示意〕
你来说。

生：右边那一排都是，爱情高于物质。

师：都是爱情高于物质生活。请坐。〔示意〕你可以发表一下意见吗？

生：这里都写的是，她们都有很美丽的外表，但是她们一开始都没有很好的外部条件来支持她们。整个故事的发展，就是围绕她们如何通过一系列的事情，把美的外表表现出来让别人得知而展开的。这就是故事主要要告诉我们的事情。

师：〔示意〕请坐。伊丽莎白拒绝了达西，因为她觉得达西向她求爱不真诚；简·爱知道阁楼上有个疯女人，所以她不愿意嫁给罗切斯特；爱玛，追求浪漫，服毒身亡；那么，玛蒂尔德呢？

这些女子，你是否发现，她们都很有自己的主见，对吗？玛蒂尔德有没有表现出自己的主见？文章里面有没有？

生：有。

师：真的有吗？〔示意〕你来找一段，从哪里可以看出玛蒂尔德的主见？她真的有主见吗？

生：有有有！刚开始发现项链丢失以后，她就辞退了女佣，搬迁了住所，自己开始干家务。

师：文章里面有很好的一句话，你给我们念一下，好吗？

生：路瓦栽夫人懂得穷人的艰难生活了。她一下子现出了英雄气概，毅然决然打定了主意。

师：太好了，请坐。"她一下子现出了英雄气概，毅然决然打定了主意"——所以你从中可以看出这是一个多么有主见的女人啊！

大家看一看，我想说的就是，这一排下来，我们其实可以发现，在十九世纪的欧洲小说里面，它蕴含的一个主题就是——"女性的自我发现"。所以在这个意义上，我非常佩服我们班的三位同学。

"我"的阅读：

根据我个人的阅读和理解，这是一篇关于 **女性** 的小说。

（程璐 莫剑俊 俞晨浩）

师：程璐，莫剑俊，俞晨浩。他们说，这是一部关于"女性"的小说。〔众生笑〕

三位同学各讲一句话吧，来谈谈女性。

来，程璐，你谈谈女性。

程璐：女性天生是爱美的……但是女人善变。

师：善变，爱美。对玛蒂尔德而言，她的美丽的容颜的凋零，太可悲了噢。〔示意〕请坐。莫剑俊，谈谈女性。

莫剑俊：〔沉默〕

师：随便谈谈，轻松一点。

莫剑俊：女性比较在乎自己的外表。

师：所以说外表改变了，她会比较难过，外貌对她来说，太重要了。〔示意〕请坐。最后，俞晨浩，你也来说一句吧。

俞晨浩：因为这篇小说中的主人公就是玛蒂尔德，她是一位女性，然后……〔沉默〕

师：非常好！〔示意请坐〕这部小说的主角，是女性。

从 "**女性**" 的视角，
　　你在这部小说里看出了：

师：中国很著名的一个文学家，鲁迅的弟弟周作人，他在他的《书房一角》里说过这样一句话，他说："我们看一个社会是否宽容，有一个很简单的办法，就看这个社会对于女性的评价。"就这么简单。

所以有时候，我们映照一下，读了《项链》以后，我们对于玛蒂尔德，到底是如何评价的——如果你对她的评价过于严厉的话，也许可以看出你还不够宽容。〔众生笑〕

好了，那么课后如果大家还有兴趣的话，我建议大家顺着两个思路，继续去思考两个问题：

第一个问题就是，中国古典小说中，有个著名的模式，什么模式，大家有印象吗？才子——

生：〔齐声〕佳人。

师：才子佳人模式，和欧洲大陆的灰姑娘故事的模式，到底有什么异同？这是第一个思考题。

第二个思考题，有关于作家——盲作家，从古希腊的荷马，到英国的弥尔顿，到莫泊桑。莫泊桑他几近失明，当他开始创作《项链》的时候，已经看不清东西了，一直到最后。现代的博尔赫斯也是一个失明的作家，这些作家和他的创作之间，究竟是怎样一种关系？这个也可以去思考一下。

莫泊桑说："我具有一种第二视力，我具有精神的目光。"——他用精神的目光，看到了玛蒂尔德。

其实我们去读一读、想一想，也许可以看得更深一点，今天就上到这里，谢谢大家，下课！

（文字整理：郭初阳）

附：**教学简案**

一、教学设想

都道《项链》说不尽，但作为一篇从不落选的常青教材，其情节、人物、象征物（道具）、题旨、空白、伏笔、草蛇灰线……在从不间断的开掘与几无止境的冶炼下，似无剩义。正如鲁迅所言：老调子已经唱完。如何翻唱杨柳枝？本课时由人物论、主题辩、原型溯源三板块构成。

（一）人物论——将单一作品置放于作家著作的整体背景，引入莫泊桑本人的创作谈、十八世纪的妇女观，作为超越时代的新鲜刺激，激发学生对于玛蒂尔德"变"之意义的探讨，思考文学作为人学的恒久意义。

(二) 主题辩 ——将学生主张的小说主题（第一时间阅读所得），与名家经典的论断一起呈现，在多元、平等的语境里，众声喧哗，形成交叉共识。

(三) 原型溯源 ——将《项链》故事叠影于"灰姑娘"模式，以情节中相似与不同的比照，通过更深的层面，再次回归到人物与主题。

三个不同层面的解读，贯穿文学史中历时性的女主人公——以玛蒂尔德始，以玛蒂尔德终。以期打开学生的视野，于山穷水尽处，别开生面。

二、教学目的

(一) 比较"两个玛蒂尔德"，体味人物形象不同的面相、丰富的内心。

(二) 通过不同主题的抉择、探究，懂得小说解读的多重性。

(三) 以《项链》的个案分析，初步了解"原型批评"的基本方法。

三、教学过程

(一)情节梳理（围绕"项链"的四部分，简要概括）

(二)人物分析

1.玛蒂尔德的外貌，发生了怎样的变化？

2.玛蒂尔德的性格，是否发生了变化？（阅读、思考，小组讨论）

(三)主题探究

争鸣：根据我的阅读，这是一部关于_____的小说。

(四)原型批评

1.灰姑娘模式（表格比较）

2.莫泊桑的创造性转化（班级交流）

图书在版编目（CIP）数据

郭初阳的语文课 . 第七堂课 . 小说阅读课 : 项链
/ 郭初阳著 ; 黄月绘 . —— 北京 : 北京联合出版公司 , 2020.9
（2025.1重印）

ISBN 978-7-5596-4349-0

Ⅰ . ①郭… Ⅱ . ①郭… ②黄… Ⅲ . ①阅读课 – 中学
– 课外读物 Ⅳ . ①G634.303

中国版本图书馆CIP数据核字（2020）第113246号

本书部分文字作品稿酬已委托中国文字著作权协会转付，敬请相关著作权人
联系。电话：010-65978917，传真：010-65978926，E-mail: wenzhuxie@126.com 。

郭初阳的语文课

（第七堂课 小说阅读课 : 项链）

作　　者：郭初阳
绘　　者：黄　月
出 品 人：赵红仕
责任编辑：李　伟　　李艳芬
特约编辑：吴嫦霞
书籍设计：陆红强

北京联合出版公司出版
（北京市西城区德外大街83号楼9层 100088）
北京联合天畅文化传播公司发行
北京美图印务有限公司印制 新华书店经销
字数30千　787mm×1092mm 1/32 3.25印张
2020年9月第1版 2025年1月第9次印刷
ISBN 978-7-5596-4349-0
定价：168.00元（全十一册）

樂 府

·

心里满了，就从口中溢出

郭初阳 的语文课

第八堂课

散文阅读课

珍珠鸟

郭初阳／著

黄月／绘

北京联合出版公司

目 录

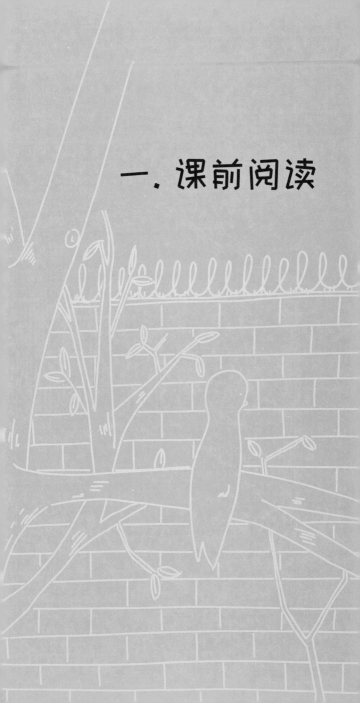

一. 课前阅读

珍珠鸟

冯骥才

真好！朋友送我一对珍珠鸟。放在一个简易的竹条编成的笼子里，笼内还有一卷干草，那是小鸟儿舒适又温暖的巢。

有人说，这是一种怕人的鸟。

我把它挂在窗前。那儿还有一大盆异常茂盛的法国吊兰。我便用吊兰长长的、串生着小绿叶的垂蔓蒙盖在鸟笼上，它们就像躲进深幽的丛林一样安全；从中传出的笛儿般又细又亮的叫声，也就格外轻松自在了。

阳光从窗外射入，透过这里，吊兰那些无数指甲状的小叶，一半成了黑影，一半被照透，如同碧玉；斑斑驳驳，生意葱茏。小鸟的影子就在这中间隐约闪动，看不完整，有时连笼子也看不出，却见它们可爱的鲜红小嘴儿从绿叶中伸出来。

我很少扒开叶蔓瞧它们，它们便渐渐敢伸出小脑袋瞅瞅我。我们就这样一点点熟悉了。

三个月后，那一团越发繁茂的绿蔓里边，发

出一种尖细又娇嫩的鸣叫。我猜到，是它们有了雏儿。我呢？决不掀开叶片往里看，连添食加水时也不眸大好奇的眼去惊动它们。过不多久，忽然有一个更小的脑袋从叶间探出来。哟，雏儿！正是这小家伙！

它小，就能轻易地由疏格的笼子钻出身。瞧，多么像它的父母：红嘴红脚，灰蓝色的毛，只是后背还没生出珍珠似的圆圆的白点；它好肥，整个身子好像一个蓬松的球儿。

起先，这小家伙只在笼子四周活动，随后就在屋里飞来飞去，一会儿落在柜顶上，一会儿神气十足地站在书架上，啄着书背上那些大文豪的名字，一会儿把灯绳撞得来回摇动，跟着逃到画框上去了。只要大鸟儿在笼里生气地叫一声，它立即飞回笼里去。

我不管它。这样久了，打开窗子，它最多只在窗框上站一会儿，决不飞出去。

渐渐地它胆子大了，就落在我的书桌上。

它先是离我较远，见我不去伤害它，便一点点挨近，然后蹦到我的杯子上，俯下头来喝茶，再偏过脸瞧瞧我的反应。我只是微微一笑，依旧写东西，它就放开胆子跑到稿纸上，绕着我的笔尖蹦来蹦去；跳动的小红爪子在纸上发出嚓嚓响。

我不动声色地写，默默享受着这小家伙亲近的情意。这样，它完全放心了，索性用那涂了蜡似的、角质的小红嘴，"嗒嗒"啄着我颤动的笔尖。我用手抚一抚它细腻的绒毛，它也不怕，反而友好地啄两下我的手指。

白天，它这样淘气地陪伴我；天色入暮，它就在父母再三的呼唤声中，飞向笼子，扭动滚圆的身子，挤开那些绿叶钻进去。

有一天，我伏案写作时，它居然落到我的肩上。我手中的笔不觉停了，生怕惊跑它。呆一会儿，扭头看，这小家伙竟趴在我的肩头睡着了，银灰色的眼睑盖住眸子，小红脚刚好给胸脯上长长的绒毛盖住。我轻轻抬一抬肩，它没醒，睡得好熟！还呷呷嘴，难道在做梦？

我笔尖一动，流泻下一时的感受：

信赖，往往创造出美好的境界。

1984年1月 天津

古典文学中的鸟

山气日夕佳，飞鸟相与还。
此中有真意，欲辨已忘言。
晋·陶渊明《饮酒》

两个黄鹂鸣翠柳，一行白鹭上青天。
唐·杜甫《绝句四首》

远鸥浮水静，轻燕受风斜。
唐·杜甫《春归》

西塞山前白鹭飞，桃花流水鳜鱼肥。
唐·张志和《渔歌子》

未闻笼中鸟，飞出肯飞还。
唐·白居易《看嵩洛有叹》

野性思归久，笼樊今始开。

虽知主恩重，何日肯重来。

宋·司马光《放鹦鹉》

百啭千声随意移，山花红紫树高低。

始知锁向金笼听，不及林间自在啼。

宋·欧阳修《画眉鸟》

去年燕子天涯，今年燕子谁家？

宋·张炎《清平乐》

啼鸟还知如许恨，料不啼清泪长啼血！

宋·辛弃疾《贺新郎·别茂嘉十二弟》

啄露而歌

鲍尔吉·原野

我在一篇文章中说过："雨后，桑园在许久的寂静之后，传来一句怯怯的鸟啼。"

早上，我又在雨后的桑园听到这样的啼唱。这只鸟的喉间仿佛有丰盈的水珠，或者它在练气功，津液满颊吧。我担忧的是，这样歌唱，不会呛水吗？我童年的朋友三相，曾向我炫耀含水歌唱，抿一口花茶根，唱颤音"美丽的哈瓦……"还没等"那"，呛了。一阵咳嗽，我把他脊背噼啪一通锤打。

雨后，树叶上流漾水珠，小鸟感到树上挂满水滴的钻石，惊喜自语。也许，它有意啄一滴水漱口再唱。像我唱蒙古歌之前须饮烈酒润喉一样。

行家说，这自是鸟的唱法，叫"水音儿"。

画眉、红子都会此腔，尤其邢台以南产的红子。腔名"衣滴水儿"。

我宁愿相信这样的情景：初晴，鸟儿啄头顶的一滴水，凉啊！它不禁喊出声来。如果没有污染和人类捕杀，鸟儿实在过着神的生活。

《思想起》，85页，作家出版社，1998年1月

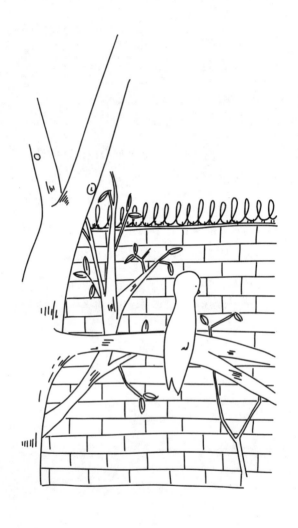

飞来与我们喝早茶的金丝雀

黄永玉

……

有一天喝早茶的时候，窗外飞进一只金丝雀。我们都以为它很快就会飞走的，它却在我们座位之间来回招呼，甚至啄食起饼屑来。

它一进来，我马上想的是："关窗！"但没有说出口。幸好没有说出口。它对人类的信任，颇使我惭愧。这已经不是第一次，毛病形成是很难一下改变的。

在纽约、华盛顿、哈佛校园内看到草地上的松鼠，在墨尔本看到地上散步的鹦鹉，在意大利、巴黎看到满地的鸽子，第一次，我都是不习惯的。"为什么不捉起来呢？""捉起来"才合乎常规。

在地上看到一方木头，马上就想到："拿回家去！"拿回去干什么，以后再打算不迟。

旧金山的鸽子和狗前几年忽然少了许多，后来发现是越南难民在吃这些东西，警察讯问他们，得到的回答却出乎意外：

"它们很'补'呀！"

我听了这个传说当年曾经觉得好笑，而且转播别人听。唉！作为一个不幸的东方大陆人，什么时候才会打心里宽容起来呢？

那只金丝雀玩了两个多钟头，后来就飞走了。我们都以为它改天会再来，一天，两天过去了，一直没有看见它。到别人家的家里去了，也许是回自己的家。

为了这只金丝雀，我心里有着隐秘的、忏悔的感觉，甚至还不只是对这只具体的小鸟。

它好像一座小小的会飞翔的忏悔台。

《沿着塞纳河到翡冷翠》，19—20页，三联书店，1999年5月

二、课堂实录

时间：2004 年 4 月 29 日

班级：浙江桐乡初一某班

第一幕

师：上课。

生：起立。

师：同学们好。

生：老师好。

师：请坐。课文预习过了吧，我们再花一分钟时间，重新看一下这篇课文《珍珠鸟》；然后，请从文中找出你最喜欢的一句话，请注意，前面的同学讲过的句子，你最好不要重复。现在开始。

〔生阅读课文，找句子〕

师：好，请同学来发言。我们这样好了，按照顺序把话筒一直往后传，好不好？

你最喜欢哪一句话，请说一说。

生：我最喜欢的句子是在第八段："起先，这小家伙只在笼子四周活动，随后就在屋里飞来飞去，一会儿落在柜顶上，一会儿神气十足地站在书架上，啄着书背上那些大文豪的名字，一会儿把灯绳撞得来回摇动，跟着逃到画框上去了。"我喜欢这一句，因为它形象生动地写出了鸟的可爱。

师：非常好，请坐。讲了这句话，并讲了喜欢这句话的缘由。好，后面一位同学。

生：嗯，我喜欢的句子是这篇文章的最后一句话，"信赖，往往创造出美好的境界"。起初，我看这篇文章时，以为作者主要是在描写他和珍珠鸟的生活情况；但是我看到最后一句才明白，他主要的意图是通过珍珠鸟和自己的关系，显示出一个人生的道理——正因为这种信赖，才能创造出美好的境界。

师：非常好，人与鸟的关系中，引发出一个哲理。好，后面一位同学。

生：我喜欢倒数第三节中这句："呆一会儿，扭头看，这小家伙竟趴在我的肩头睡着了，银灰色的眼睑盖住眸子，小红脚刚好给胸脯上长长的绒毛盖住。"我觉得这句话把它在我肩头睡着的姿态，描写得非常可爱。

师：小鸟睡得非常安详。这里有一个字要注意，目字旁的读"móu"，眸子；还有一个是"眼睑"。〔话筒继续往后传〕第四位。

生：我选择的一句话是在第七自然段："红嘴红脚，灰蓝色的毛，只是后背还没生出珍珠似的圆圆的白点；它好肥，整个身子好像一个蓬松的球儿。"

师：太可爱了，恨不得捏它一下是吗？〔示意〕往后传。

生：我选的是第十三自然段："白天，它这样淘气地陪伴我；天色入暮，它就在父母再三的呼唤声中，飞向笼子，扭动滚圆的身子，挤开那些绿叶钻进去。"

师：很好，请坐。好，最后一位同学。

生："我轻轻抬一抬肩，它没醒，睡得好熟，还呷呷嘴。难道在做梦？"这句话，小鸟安详的姿态，被描写了出来，写得非常的好。

师：这位同学，你的声音非常好，你可以把课文最后面，写得很美的三段，朗读一遍，让我们来体会一下，可以吗？

生：可以。

有一天，我伏案写作时，它居然落到我的肩上。我手中的笔不觉停了，生怕惊跑它。呆一会儿，扭头看，这小家伙竟趴在我的肩头睡着了，银灰色的眼睑盖住眸子，小红脚刚好给胸脯上长长的绒毛盖住。我轻轻抬一抬肩，它没醒，睡得好熟，还呷呷嘴。难道在做梦？

我笔尖一动，流泻下一时的感受：

信赖，往往创造出美好的境界。

师：啊，非常好，请坐。"信赖，往往创造出美好的境界"，那么小鸟是不是最初就敢在人肩上睡觉？好像不是噢，〔示意〕旁边那位同学，对，就是你。人和鸟之间的这种信赖好像是一个……似乎应该是一个……请你说出一个词语。它不会一开始就到"我"肩上去对吧，它最后才落到"我"肩上。这中间需要一个比较长的什么？需要一个……

生：时间。

师：时间。很好，请坐。〔示意〕旁边的同学。小鸟在落到"我"肩上之前，它在哪里活动？

生：它一开始在笼子周围飞动；然后是慢慢地飞到书架上，渐渐扩大范围；最后飞到了我的身边。

师：哇，说得太好了，请坐。这里我们发现，鸟，它离人越来越近的时候，它离一样东西越来越远。来，旁边的男同学。它离什么东西越来越远？

生：嗯，就是"不信任"。

师：哦，它离"不信任"越来越远！说得太好了，请坐。它离"不信任"越来越远，这是比较抽象的，有没有比较具体的东西？〔示意〕再往旁边。

生：笼子。

师：小鸟居住在哪里？

生：笼子。

师：请坐，非常好。小鸟离人越来越近的时候，它离笼子越来越远。想起一首歌，不知道大家有没有听过。

囚 鸟

彭羚

我是被你囚禁的鸟，
早已忘了天有多高。
如果离开你给我的小小城堡，
不知还有谁能依靠？

师：再听一遍——我是被你囚禁的鸟，早已忘了天有多高。如果离开你给我的小小城堡，不知还有谁能依靠？

"笼子"问题，"我"是被囚禁的鸟。这节课就来探讨一下笼子问题。

两个问题：第一，珍珠鸟的笼子，到底具有怎么样的特点？第二，小鸟是否真的离开了笼子？带着两个问题，重读课文，一分钟以后，我请同学来回答。

[学生一分钟阅读与思考]

用一分钟的时间，想一想：

珍珠鸟的笼子，具有怎么样的特点？

小鸟是否真的离开了笼子？

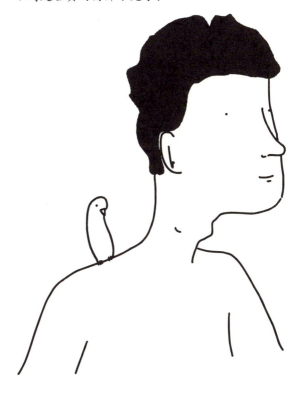

师：好，开始吧，轮到谁了？轮到你了，请你站起来吧。第一个问题，珍珠鸟的笼子具有什么特点？

生：嗯……据我了解，应该是……环境方面来说的话，有吊兰的衬托。还有，其中还有它的父母。

师：它的父母跟它在一起。

生：嗯。就是……好像……很安详。

师：很"安——"，换一个词语，换一个字。很"安——"？

生：很"安全"。

师："安全"。"安详"是形容神态的。还有吗？没有了，请坐。这位同学讲出了两点意义。第一，笼子上有吊兰盖着；第二，它和父母在一起。所以感觉：住在笼子里面非常安全。〔示意〕来，话筒往前。请你补充，有什么特点？

生： 我认为这个笼子，就像它的家一样。所以……一开始，它跟人不是很亲近，它只是躲在笼子里面。

师： 这位同学开头说了几个字，很有意思——"像家一样"，你为什么这么说？

生： 因为它离开了大自然，现在，只能在这个笼子里。

师： 那你能不能把意思说得清楚点，珍珠鸟的家，在哪里？

生：〔犹豫〕大自然。

师： 哦，"像家一样"，那么，也就是说，笼子只是一个……一个什么？

生： 一个暂时的家。

师："一个暂时的家"……这一点（意见）和我们作者很像，作者说——"它们就像躲进了深幽的丛林一样"——用了一个"像"。我们这位同学也说了，"像家一样"。……关于这个笼子，还有话要讲吗？〔示意〕前面这位男同学。

生：这个笼子是用竹条编成的，而且这个笼内还有一卷干草。

师：这个笼子的竹条之间是非常细密的吗？是不是编得很密，一条紧挨着一条？

生：不是。

师：为什么？你从哪里看出来？

生："那是小鸟舒适又温暖的巢"。

师：所以它编得不是很密？好，请坐。〔示意〕前面那位女同学好像有话要说。其实后面文章中应该有线索。

生：我觉得后面那个鸟，能从笼子里伸出头来，那么，表示笼子的竹条编得不是很密。

师：非常好。小鸟不仅仅是伸出头来，它甚至……它怎么样？

生：它那个，能，从，笼子里伸出头来。

〔众生笑〕

生：〔突然明白〕哦，对，可以飞出去。

师：它整个儿都可以钻出来，是吧？

生：嗯。

师：好，请坐，非常好。这个笼子，它的条与条之间的间隔，应该是挺大的，小鸟可以钻出来，大鸟可以出来吗？

〔生摇头〕

师：那么这个间隔，应该在什么与什么之间？〔示意〕继续请你来讲。

生：我觉得是在小鸟能钻出来，而大鸟不能钻出来的之间。

师：哦……好，我们来看第二个问题：小鸟是否真的离开了笼子？〔示意〕来，你来说。

生：我认为，它离开了大自然，来到这个笼子里。前面说这是一种"怕人"的鸟，所以"我"为它创造了一个非常安静的氛围，希望它能够活得自由自在。后来它渐渐地离我们人近了。所以，我认为它离开了笼子。

师：你认为它离开了笼子，因为它离人越来越近了，是吧？好，请坐。〔示意前面一位男生〕你来谈谈你的看法，它有没有离开笼子？

生：我觉得它没有离开笼子。

师：为什么你这么说？

生：因为毕竟它的父母，还在笼子里生活着。

师：哦——它是一个很孝顺的小鸟。〔众生笑〕你接着讲。

生：它出来是为了——活动，不是为了出来到外面生活。

师：活动好了以后……

生：还是会回到笼子里面。

师：关于这个它有没有离开笼子，还有没有同学想说话？还有吗？〔一生举手〕哦，那边有一位同学，把话筒递给那位同学。非常勇敢。

生：我认为它并没有真正地离开笼子。

师：怎么讲？

生：书上写了，"只要大鸟在笼里生气地叫一声，它立即就飞回去"；还有一句，"天色入暮，它就在父母再三的呼唤声中，飞向笼子，扭动滚圆的身子，挤开那些绿叶钻进去"。从这两句话来看，它并没有真正地离开笼子。它只是偶尔的时候钻出笼子来陪伴"我"，了解一下它自己身边、周围的环境。

师：非常好，找到书里的话来印证自己的观点。

珍珠鸟

冯骥才

……

一个简易的竹条编成的笼子里，笼内还有一卷干草，那是小鸟儿舒适又温暖的巢。

……

我便用吊兰长长的、串生着小绿叶的垂蔓蒙盖在鸟笼上，它们就像躲进深幽的丛林一样安全……

只要大鸟在笼里生气地叫一声，它立即飞回笼里去。

师：这位同学引用的，正是上面的句子，"只要
　　大鸟在笼里生气地叫一声，它立即飞回笼里
　　去"，请注意，这里有一个形容词，用来修
　　饰大鸟的叫声，是怎么样的？

众生：生气。

师："生气"。大鸟"生气"地叫一声，大鸟为什
　　么要生气？或者我们说，大鸟叫的是什么内
　　容？我们请人扮演鸟爸爸和鸟妈妈，用我们
　　人类的语言来阐释一下，大鸟叫的内容。

　　〔示意〕鸟爸爸，请你来说一下，你叫的是
　　什么内容？

生：我在说："孩子你快点回来，不要在外面游
　　荡了……"

师："我在外面很好啊，人类对我很好啊！"

生："说不定人类很危险。"

大鸟生气地叫了一声，

它在说：_____

师："我没有觉得人类很危险啊，他对我很信赖。你怎么知道，你凭什么说人类很危险？"

生："因为我，我就是被人类关在笼子里的呀！"

〔众生大笑，听众鼓掌〕

师：请坐。这是鸟爸爸的发言。〔示意〕来，前面，鸟妈妈怎么说？也许这叫声是妈妈的叫声。

女生：我想它，应该是……

师：不要用"它"。

女生：我会说："孩子，快点回来，外面很危险的！人类都是非常凶狠的，是知人知面不知心的。"

〔听众鼓掌〕

师：好。刚才的两位同学，达成了一个共识——在大鸟的眼里，人，是怎样一种动物？

众生：危险。

师：危险的动物，可怕的动物，是吧？小鸟有没有感觉到？

众生：没有。

师：小鸟毫无感觉。大鸟和小鸟，好像，有点区别噢。那么，能不能把问题再说得明确些，〔示意〕继续往前，为什么大鸟和小鸟的感觉不一样呢？

生：因为大鸟，它的生活经历要多一点。而小鸟刚出生，没有真正地接触过各种人。所以它们的观念会产生差异。

师：那么大鸟的生活经历里，包含了哪些内容呢？

生：包含了，可能是……受到……受到人类的……迫害。

师：迫害！人为什么要迫害鸟？

生：我们人类，被那些鸟视为比较可怕的动物。

师：哦，所以大鸟很怕人。小鸟不一样，小鸟生在哪里？小鸟生在什么地方？

生：笼子里。

师：它生在笼子里面。小鸟一睁开眼睛，看到两样东西：第一，看到父母；第二，看到笼子。它天生就在笼子里面。大鸟不是，所以大鸟和小鸟对人的态度不一样，所以小鸟敢停在人的肩上。

第二幕

师：是不是所有的人对待鸟儿，都是和作者冯骥才一样的态度？可能会不一样。下面我们比较一下筱敏《鸟儿中的理想主义》和冯骥才的《珍珠鸟》。继续探讨，第一，根据筱敏《鸟儿中的理想主义》中的分类，在笼中的鸟，可以分哪三类？珍珠鸟属于哪一类？第二，对于鸟儿的情感态度和看法，冯骥才和筱敏有什么不同？两个人的看法好像不一样。两分钟比较阅读，比一比，想一想。拿起你的笔。关键的地方，圈画一下。

[生比较阅读、思考（19:20—22:50）]

鸟儿中的理想主义

筱敏

我对笼中继续扑翼的鸟一直怀有敬意。

几乎每一只不幸被捕获的鸟，刚囚入笼中都是拼命扑翼的，它们不能接受突然转换了的现实场景，它们对天空的记忆太深，它们的扑翼是惊恐的，焦灼不安的，企图逃离厄运的，拒绝承认现实的。然而一些时日以后，它们大都安静下来，对伸进笼里来的小碗小碟中的水米，渐渐能取一种怡然的姿态享用。它们接受了残酷的现实，并学会把这看成生存的常态。它们的适应能力是强的。适应能力强，这对人，对鸟，对任何生物，都是一个褒奖的词组。它们无师自通，就懂得了站在主人为它们架在笼中的假树杈上，站在笼子的中心位置，而不是在笼壁上徒劳地乱撞。就像主人所期待的那样，优雅地偏头梳理它们的羽毛，如果有同伴，就优雅地交颈而眠。更重要的是，当太阳升起的时候，或者主人逗弄的时候，就适时适度地婉转歌唱，让人感觉到生活是如此的自由、祥和、闲适。而天空和扑翼这种与生俱来的事情，也就是多余的了。

但是一些鸟的适应能力是坏的，这大抵是鸟类中的古典主义者或理想主义者。它们对生命的看法很狭隘，根本不会随现实场景的转换而改变。在最初的惊恐和狂躁之后，它们明白了厄运，它们用最荏弱的姿态抗拒厄运。它们是安静的，眼睛里是极度的冷漠，对小碗小碟里伸过来的水米漠然置之，那种神态，甚至让恩赐者感到尴尬，感到有失自尊。鸟儿的眼睛里一旦现出这样的冷漠，就不可能再期待它们的态度出现转机，无论从小笼子换到大笼子，还是把粗瓷碗换成金边瓷碗，甚至是不是再赏给它们一个快乐的伙伴，都没有用了。这一切与它们对生命的认定全不沾边儿。事实上，这时候它们连有关天空的梦也不做了，古典主义者总是悲观的绝望的，它们只求速死。命运很快就遂了它们的心愿。

而我一直怀有敬意的，是鸟儿中的另一种理想主义，这种鸟儿太少，但我侥幸见过一只，因为总是无端记起，次数多了，竟觉得这鸟儿的数目似乎也多了。

我见到这只鸟儿的时候，它在笼子中已关了很久了，我无从得见它当初的惊恐和焦灼，不知它是不是现出过极度的冷漠，或者徒劳地撞击笼壁，日夜不停地用喙啄笼壁的铁枝。我见到它的时候，它正在笼子里练飞。它站在笼子底部，扑翼，以几乎垂直的路线，升到笼子顶部，撞到那里，跌下来，然后仰首，再扑翼……这样的飞，我从来没见过。它在笼中划满风暴的线条，虽然这些线条太短，不能延伸，但的确饱涨着风暴的激情。它还绕着笼壁飞，姿态笨拙的，屈曲着，很不洒脱，很不悦目，但毕竟它是在飞。它知道怎么样利用笼内有限的气流，怎样训练自己的翅子，让它们尽可能地张开，尽可能地保持飞翔的能力。

在这样一只鸟的面前，我感觉惭愧。

一般我们很难看见鸟是怎样学飞的，那些幼鸟，那些被风暴击伤了的鸟，那些在岩隙里熬过隆冬的鸟，还有那些被囚的鸟。这是一件隐秘的事。我们只看见它们在天空中划过，自由地扑翼，桀骜地滑翔，我们只羡慕上帝为它们造就了辽阔的天空。

但在看到那只囚笼中以残酷的方式练飞的鸟之后，我明白，天空的辽阔与否，是由你自己造就的，这种事情上帝根本无能为力。上帝只是说，天空和飞翔是鸟类的生命形式，而灾难和厄运也是世界存在的另一种形式。至于在灾难和厄运中你是否放弃，那完全是你自己的事情。

《成年礼》，太白文艺出版社，2001年2月

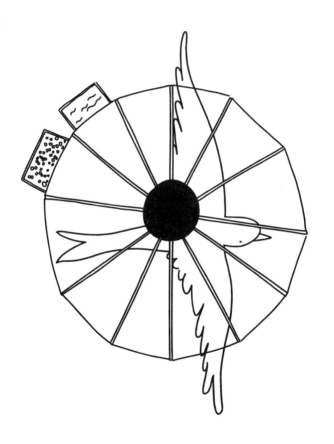

师：好，我们这样吧，都是三个人一排，我们就三人小组，同一排三位同学，交换一下意见，探讨一下。

〔小组讨论约两分钟〕

师：笼中鸟分成哪几类？谁来说，举一下手好吗？好，请后面那位同学，你来说一下好吗？我把话筒给你。〔递话筒〕

生：我觉得可以分为三类。

师：嗯，哪三类？

生：现实主义、古典主义和理想主义。

师：分为三个主义。你可以区别一下这三个主义吗？

生："现实主义"就是《鸟儿中的理想主义》这篇文章的第二自然段所描述的。这种鸟它很会适应现在的环境。"古典主义"的话……

师：请等一下，你说它很会适应现在的环境，什么意思？也就是说，这个鸟被捕获以后待在笼子里会怎么样？

生：它在笼子里就是，会接受主人给它的食物之类的。

师：哦，活下来了是吧？

生：嗯。

师：活得还不错噢。

生：嗯。

师：请继续讲。

生："古典主义"的话，就是主人把它关进笼子之后，它想挣脱笼子的束缚，而且不接受主人给予它的食物，最后是会死亡的。

师：还有一类呢？

生："理想主义"的话，它就是在笼子里不断地练习飞行，一直认为它总有一天会飞出笼子，回到大自然当中去。

师：哇，说得太好了。请坐。〔示意〕同桌，那么，课文的珍珠鸟，在这三类里面，现实主义、古典主义和理想主义，它是属于哪一类呢？

生：我认为是现实主义的。

师：你从哪里可以看出来？

生：我认为课文当中……〔沉默〕

师：好，请坐。信赖——不仅是现实主义，而且是温和的现实主义者。

那我们来看，两篇文章的作者对于鸟的态度是大不相同的。筱敏对于鸟是什么态度？〔示意〕后面那一位男同学。

生：含有敬意和感到惭愧。

师：为什么她会这样呢？她会对笼中鸟尊敬，还会感到惭愧？

生：因为她对鸟的一些遭遇感到十分怜悯。

师：那么如果这个鸟是属于她的，你猜她会怎么做？

生：也许她会把它放回大自然。

师：好，〔示意〕往前。冯骥才呢？看一下，上面的句子可能包含着他的情感。

生：〔抬头看〕看不清。

师：看不见？好，请坐。〔示意〕旁边的同学。

生：我认为冯骥才的话，他对鸟应该是抱有信任的态度，他认为他自己的鸟不会是那种"古典主义"的、会自己去送死的。但是他对自己的鸟抱有的是"理想主义"和"现实主义"。

师：这么多"主义"，说得我们都晕掉了哦。请坐。我们再来读一遍这句话好不好？"真好"，一二，开始。

生：〔齐读〕真好！朋友送我一对珍珠鸟。

师：再读一遍好吗？刚才那一遍好像不是很有情感。一二，开始。

生：〔再次齐读〕真好！朋友送我一对珍珠鸟。

师：〔递话筒给某生〕我送你一对珍珠鸟，你作何感想？

生：就是，他心里头非常——有一种喜悦之情。这里的"真好"，把这种情感表达得淋漓尽致。

师：哇，太开心了，是吧？那么他在养这个小鸟期间，包括小鸟落在他的肩上，他的整个儿的情感是怎么样的？

生：他用自己的这种心，去培养人与鸟之间的这种信任。然后当鸟逐渐信任他，最后落在他肩膀上的时候，他感觉到那种回报，心情非常……非常开心、舒适。

师：他有没有对鸟有敬意，或者说感到惭愧？

生：没有。

师：好像一点也没有。小鸟在笼子里面，多可爱，毛茸茸的像个小球。让人欣赏，是吧？〔示意〕请坐。关于这一点还有补充吗？关于这两位作者的不同，还有没有同学要发言的？

〔一生举手〕哦，后面那位同学。

生：我认为"真好"这两个字，还为全文立下了轻松、欢快的一种基调。

师：非常好，这篇文章是非常轻松欢快的。

生：嗯。

师：觉得很轻松。而筱敏那篇文章则显得怎么样？

生：比较沉重。

师：非常好，请坐。冯骥才这篇文章的风格就很轻松。欣赏这个小鸟。为什么会欣赏？为什么同样关在笼子里的鸟，两个人会有这样完全不同的态度？

生：〔举手〕我觉得那是两个人的出发点不同。第一个，冯骥才喜欢培养人与动物之间的情感。然后，筱敏对在笼中继续扑翅的鸟有一种敬意，她的意思就是——坦然地面对现实，向命运妥协的这种鸟——她不喜欢这种鸟。然后，她就喜欢这种，敢于追求自己的命运，与命运做抗争，追求自然的鸟，对这种鸟非常有敬意。《鸟儿中的理想主义》表现的是对人生的一种态度。

师：对鸟儿的态度，也就是对人生的态度，是吗？但是大家不要忘记了一点，无论是筱敏文章中的鸟，还是冯骥才文章中的鸟，都是很小的鸟，对吧？很小，可以被我们关在笼子里面，可以被我们欣赏把玩，但是鸟儿真的都是那么温顺可爱的吗？可能不见得。

第三幕

师：我们来看一个片段，希区柯克1963年拍摄的一个片子，叫作《群鸟》，他是一个悬念大师。在看的时候，不要忘记思考两个概念：第一，力量问题，谁更有力量？第二，笼子问题，在这个影片里面，有没有笼子？

〔观看《群鸟》片段（29:38—33:08）〕

〔看完后，十几秒沉默〕

师：〔递话筒〕谁更有力量？

生：我觉得是，鸟更有力量。

师：我们再次朗读《珍珠鸟》开头那句话，一二，开始。

生：〔齐读〕真好！朋友送我一对珍珠鸟。

师：他一定没有见过这景象——真可怕！

〔众生笑〕

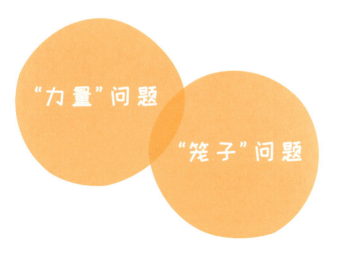

"力量"问题

"笼子"问题

信赖…… 美好…… 境界……

你在笼中……

师：鸟儿会这么凶狠，鸟儿会这么有力量。〔示意〕好，后面一位同学，这里面有没有笼子？影片中有笼子吗？

生：没有。

师：好，没有笼子，请坐。呵呵，有一位同学高高地举起了他的手，你来说。

生：我认为这影片中是有笼子的。

师：在哪里？

生：当我们看到那个汽车、电话亭和房子的时候，我忽然脑子里萌生了这样一种想法——鸟被放出来，人被关在笼子里了！

〔众生大笑，鼓掌。〕

师：我们就顺着这位同学的思路继续探讨。

假设鸟儿接下来控制了整个地球，而我们成了珍稀动物，你被关在了笼子里面，你会怎么想？会不会想到课文里那句话——"信赖，往往创造出美好的境界"——如果有一只鸟，它心情很愉快，笔尖流泻下一时的感受。〔生笑〕笼子里关着的，假设我们是"珍珠人"。〔生笑〕好，我请同学来谈一谈感受，你在笼子里面，你如何看待信赖？你如何看待美好？你追求怎么样的境界？

或者我们讨论一下好不好？同桌再商量一下，把你的思路再完善一下——你在笼子里面！

〔生讨论（35:20—35:50）〕

如果我在笼子里，我会觉得……

师：有谁没发过言？我希望每个同学都能来谈一谈。〔示意〕最后面那位同学，请你来说。

生：我认为如果人被关在笼子里的话……

师：不是"人被关在笼子里"，是"我被关在笼子里"。

生：如果我被关在笼子里的话，我肯定会……我肯定会感觉没有自由。

师：哦，还有呢？

生：还有，不能和别人一起生活。

师：但是笼子里还有爸爸妈妈呀。

〔众生笑〕

〔生沉默〕

师：好，请坐。〔示意〕这位女同学，请你来讲一讲。刚才那位同学说了，不仅是你，连你爸爸妈妈都在笼子里，这生活幸福吗？

生：不幸福。因为，毕竟在笼子里是有限制的。在大自然里的话，是无忧无虑的。

师：咦，但是那个笼子的竹条间隔不是很宽吗？你又那么小，随时可以钻出去。

生：外面都是鸟，我还是会被捕。被捕回来，不在这个地方，可能会在另外一个地方。

师：但是后面那个大鸟它对你很好啊。你可以跳到它肩上去。

〔生呵呵〕

师：它还会写文章。

〔众生大笑〕

生：但是，毕竟那个——有些大鸟会来伤害我们。我们对它们并没有产生完全的信赖。

师：那么你认为怎么样的境界才是美好的境界呢，对笼子中的你而言。

生：外面的大鸟可以放我们出去，然后让我们像它们一样自由自在地生活。

师：你不要把我关在笼子里面，你让我过自己的生活吧，你不要来理我。请坐。〔示意〕前面那位同学，请你补充一下好吗？

生：我觉得，如果我被关在笼子里的话，我不敢出去。因为那个，我担心外面的那些鸟儿会来伤害我。无时无刻不在担心这一点。

师：哦，可能还是待在笼子里面比较……

生：安全一点。

师：那索性待在笼子里吧。不要出去，爸爸妈妈也是这么想，是吧？外面太危险。〔示意〕请坐。

我们顺着这位同学的思路继续往下走，让人想起文学史上几篇非常经典的东西。

一篇是著名的小说，伏契克《绞刑架下的报告》：

"从门口到窗户七步，从窗户到门口七步。

"这我知道。

"在庞克拉茨监狱的这段松木地板上，我来回踱过不知多少次了……在人类走向进步的路上已经经历了几千座牢房呢？还要再经历几千座牢房呢？啊，聂鲁达的耶稣圣婴。'人类得救的道路茫茫。'但是人类已不再沉睡了，不再沉睡了。

"走过去是七步，走回来也是七步……"

象棋的故事

[奥] 斯蒂芬·茨威格

他突然猛地一下子站起身来，开始在吸烟室里踱来踱去，起先走得很慢，渐渐快起来，越走越快。我们大家有些惊讶地望着他，但是谁也没有像我这样焦急不安。因为我注意到，他的步子尽管很急，可总是在一定的范围内来回；就仿佛他在这个空荡荡的房间里每次都碰到一堵看不见的栏杆，迫使他转身往回走。

我汗毛直竖地发现，他这样走来走去不知不觉中划出了也是这样两只手一个劲地抽筋，缩着肩膀，像个关在笼子里的动物似的，奔过去奔过来；他在那儿僵直而又发烧的眼光里闪烁着疯狂的红色的火焰。但是他的思维能力似乎还没有受到伤害，因为他不时地把脸转向桌子，看琴多维奇在这段时间里作出决定没有。

绞刑架下的报告·二六七号牢房

[捷克] 伏契克

从门口到窗户七步，从窗口到门口七步。

这我知道。

在庞克拉茨监狱的这段松木地板上，我来回踱过不知多少次了……在人类走向进步的路上已经历了几千座牢房呢？还要再经历几千座牢房呢？啊，最鲁达的耶稣圣婴。"人类得救的道路茫茫。"但是人类已不再沉睡了，不再沉睡了。

走过去是七步，走回来也是七步……

师：好，这是一个；第二个《象棋的故事》，这篇小说我强烈推荐，大家有空可以去看一看，茨威格的小说。里面写到一个天才，他被纳粹抓到牢里面去了，很无聊，很空虚，然后他得到了一本象棋棋谱，每天自己看。后来左手和右手下棋，就像周伯通一样，左右互搏。出来以后和一个象棋冠军下棋，但下着下着，这个被囚禁过的象棋天才，他突然出现了这样的动作，茨威格进行了这样的描写：

"谁也没有像我这样焦急不安。因为我注意到，他的步子尽管很急，可总是在一定的范围内来回；就仿佛他在这个空荡荡的房间里每次都碰到一堵看不见的栏杆，迫使他转身往回走。

"我汗毛直竖地发现，他这样走来走去不知不觉中划出了他从前囚室的大小：在他囚禁的那几个月里，他一定恰好也是这样……"

这又是一个，再看——

珍珠鸟

我不管它。

这样久了，打开窗子，它最多
只在窗框上站一会儿，**决不
飞出去**。

肖申克的救赎（电影）

被假释的老布已经在监狱里生活得
长久了，完全习惯了监狱的秩序。

离开监狱后，他自杀了。

狱友说：

"老布没疯，他只是体制化了。起
先你恨它，后来你习惯，到后来你不能
没有它……"

师：电影《肖申克的救赎》，也叫《刺激1995》，非常精彩，是根据斯蒂芬·金的小说改编的。里面有个人物，叫老布，老布被关了一辈子，后来年纪大了，被放出去了；放出去以后，他不想离开监狱，他就自杀了。然后，监狱里面的朋友评价他，说了这么一句话："老布没疯，他只是体制化了。起先你恨它，后来你习惯，到后来你不能没有它……"

看文中这句话，"我不管它。这样久了，打开窗子，它最多只在窗框上站一会儿，决不飞出去。"我们把这段话再读一遍！

生：〔齐读〕我不管它。这样久了，打开窗子，它最多只在窗框上站一会儿，决不飞出去。

师：决不飞出去。刚才那位同学说，如果我是小鸟，我决不出去，外面太危险。决不飞出去。那我们就探讨这个问题：它到底飞不飞得出去？它飞出去会怎么样？想一想。

　　随便谈谈，这纯粹是你个人的看法。

生：我认为是飞不出去的。刚才上面那段话中，体现出还是笼子里面比外面要安全。再说，假如它飞出去的话，笼子里还有它的父母。它不会撇开父母，一个人在外面生活的。

师：这还是一只孝顺的小鸟的想法，飞不出去的。有同学有别的观点吗？好，请你来谈一谈。

生：我觉得，首先就是它在这个笼子里面生活了很长时间。它逐渐对这个笼子产生了一种依赖性。很强。然后就是它飞出去以后，它仍是受着束缚，它无法过自己想过的那种自由自在的生活。所以我觉得，即使它飞出去，它也不能好好生活，它时时地对这个笼子有一种……似乎已经产生了感情，有一种落地生根的情感。

师：好，实在说得太好了。那么我们再回到文中，刚才说的都是小鸟；那么，如果是大鸟。〔示意〕同桌，你来说。打开笼子，大鸟飞不飞得出去？

生：我觉得大鸟是飞得出去的。

师：为什么？

生：因为它根本就不会对笼子产生依赖性，还是想得到自由，并不像小鸟那样。

师：哦，大鸟和小鸟有这样大的区别。那么，我们再来想想，假如这个小鸟我送给了你，"真好，我送你一只小鸟"，你会怎么对待它？〔示意〕旁边那位同学。

生：我会把它养起来。

师：你把它养起来？为什么？

生：因为，我比较喜欢小动物！

〔众生笑〕

师：小宠物，养起来，是吗？

生：对。我觉得，养在笼子里面，我每天可以看它，非常可爱的！

师：那你是和冯骥才一样，欣赏它，是吗？

生：嗯。

师：好的，请坐。〔示意〕我请这位同学来发言。〔递话筒〕你来说。

生：我不是这么认为的。如果我得到这个小鸟，肯定是会把它给放走的……

师：但是它决不飞出去。怎么办？

〔众生笑〕

生：决不飞出去的话，我可以轻轻地把它安置在一座森林中，让它在森林里的笼子中生活，再慢慢地让它一步步踏入森林。这样，将它放归自然。

师：这位同学讲出了一个极其重要的道理。〔示意〕请坐。我们说，它起先在笼子里面觉得安全，但它失去的是什么？

生：自由。

师：这自由先天失去之后，它不了解这自由，所以这自由需要后天一步一步的……

生：培养。

师：培养！这位同学很聪明，先把它放在森林里面的笼子里，慢慢地，终有一天，它会飞走的，是吗？其实我们的古人早就懂得这个道理了。

我们一起来朗读一下这首诗，好吗？司马光《放鹦鹉》，第二句不要读错，"笼樊"。

生：〔齐读〕野性思归久，笼樊今始开。虽知主恩重，何日肯重来。

师：再也不回来了，我才不要回来呢。我宁可飞到我的天空中去……请注意这个字——"主"，主人，文章中把小鸟当成小小的宠物。

放鹦鹉

宋·司马光

野性思归久，
笼樊今始开。
虽知主恩重，
何日肯重来。

画眉鸟

宋·欧阳修

百啭千声随意移，
山花红紫树高低。
始知锁向金笼听，
不及林间自在啼。

师：那么，冯骥才他怎么会写这篇文章的？他难道不知道这样做不好吗？他反而觉得这样很好。冯骥才其实是很好的一个作家，做了很多事情。

他写过敦煌，然后最近在保护文物，在写《珍珠鸟》的相同的年代，他写了一本书叫作《一百个人的十年》。

大家可以课外再去读一下，来思考，冯骥才他为什么会写这么一篇文章？他为什么会欣赏这个笼子？他为什么会欣赏这笼子里的小鸟？非常怪。也许你可以在这本书里面找到答案——《一百个人的十年》。下课！

（文字整理：郭初阳）

图书在版编目（CIP）数据

郭初阳的语文课 . 第八堂课，散文阅读课：珍珠鸟
/ 郭初阳著；黄月绘 . —— 北京：北京联合出版公司，2020.9
（2025.1重印）

ISBN 978-7-5596-4349-0

Ⅰ.①郭… Ⅱ.①郭… ②黄… Ⅲ.①阅读课 – 中学
– 课外读物 Ⅳ.①G634.303

中国版本图书馆CIP数据核字（2020）第113245号

郭初阳的语文课

（第八堂课 散文阅读课：珍珠鸟）

作　　者：郭初阳
绘　　者：黄　月
出 品 人：赵红仕
责任编辑：李　伟　李艳芬
特约编辑：吴嫦霞
书籍设计：陆红强

北京联合出版公司出版
（北京市西城区德外大街83号楼9层 100088）
北京联合天畅文化传播公司发行
北京美图印务有限公司印制 新华书店经销
字数30千　787mm×1092mm 1/32 2.5印张
2020年9月第1版 2025年1月第9次印刷
ISBN 978-7-5596-4349-0
定价：168.00元（全十一册）

樂 府

·

心里滿了，就从口中溢出

郭初阳 的语文课

第九堂课

文言阅读课

愚公移山

郭初阳／著

黄月／绘

北京联合出版公司

目录

一. 课前阅读

愚公移山

太行、王屋二山，方七百里，高万仞。本在冀州之南，河阳之北。

北山愚公者，年且九十，面山而居。惩山北之塞，出入之迂也。聚室而谋曰："吾与汝毕力平险，指通豫南，达于汉阴，可乎？"杂然相许。其妻献疑曰："以君之力，曾不能损魁父之丘，如太行、王屋何？且焉置土石？"杂曰："投诸渤海之尾，隐土之北。"遂率子孙荷担者三夫，叩石垦壤，箕畚运于渤海之尾。邻人京城氏之孀妻有遗男，始龀，跳往助之。寒暑易节，始一反焉。

河曲智叟笑而止之曰："甚矣，汝之不惠！以残年余力，曾不能毁山之一毛，其如土石何？"北山愚公长息曰："汝心之固，固不可彻，曾不若孀妻弱子。虽我之死，有子存焉；子又生孙，孙又生子；子又有子，子又有孙；子子孙孙无穷匮也，而山不加增，何苦而不平？"河曲智叟亡以应。

操蛇之神闻之，惧其不已也，告之于帝。帝感其诚，命夸娥氏二子负二山，一厝朔东，一厝雍南。自此，冀之南，汉之阴，无陇断焉。

太行　　王屋

体力还是脑力

曾雄生

　　农民投入农业中的力，在时间上有长短，工夫上有大小。时间长、工夫大称为"勤"。"勤而不惰，是为良农"。中国人以勤劳著称于世。曾在中国乡村生活过多年的美国人明恩溥就对此深有感触，他认为中国农夫的"勤垦勤种"怕很不容易找到一国对手。中国农民的勤劳主要表现在：劳作时间长，起早贪黑，早出晚归，男女老少齐上阵，就连非常小的孩子也不能闲着。

　　与勤劳有关的就是耐性。没有耐性的人干起活来总是虎头蛇尾，三天打鱼两天晒网，这对于农业生产来说是不行的，因为作物必须经过春生、夏长的规律，这对于没有耐性的人是不成的……这种经验，使中国人养成了吃苦耐劳的精神。

愚公及其子孙们就极具耐性，当他们开始移山时，"寒暑易节，始一反焉"。愚公是一年到头才回过一次家，相比之下，大禹的耐性更好，他在外治水十三年，三过家门而不入。铁杵磨成绣花针更是家喻户晓的典型。耐性之好也成为中国人的一大特性，这也是中国人勤劳的一个表现。

传统社会对于每个农业生产者的一个基本要求，也就是唯勤力而已……强调的是体力而不是脑力。愚公就是一个"重体轻智"的典型，他从来就没有像他的妻子和河曲智叟一样去考虑移山的可行性。其妻献疑曰："以君之力，曾不能损魁父之丘，如太行、王屋何？且焉置土石？"而智叟也笑而止之曰："以残年余力，曾不能毁山之一毛，其如土石何？"而在愚公看来，这些都是不用考虑的问题，只要自己每天挖山不止就行了。

总以成败论英雄

傅伯宁《〈愚公移山〉歌颂什么？》

如果愚公想凭自己的力量移山，他是愚蠢；如果愚公想靠感动上帝来移山，那就是软弱。总而言之，"愚公移山"并不是一个歌颂努力的故事，而是一个歌颂成功的故事。

失败的英雄

鲁迅《最先与最后》

所以中国一向就少有失败的英雄，少有韧性的反抗，少有敢单身鏖战的武人，少有敢抚哭叛徒的吊客；见胜兆则纷纷聚集，见败兆则纷纷逃亡。

老人崇拜

子曰："……三十而立，四十而不惑，五十而知天命，六十而耳顺，七十而从心所欲，不踰矩。"这正是中国"老人崇拜"的理论基础。就连武侠小说中，大凡顶尖高手，都是老年人。

家长制度，家长权威

什么是家长制度？它是一种组织手段，以等级与服从为基础，以家长或领导人为权威，要求成员完全放弃个人权利，以集体为本位。家长制社会与契约制社会有着根本区别。

"诚"

《孟子·离娄上》

诚者，天之道也；思诚者，人之道也。至诚而不动者，未之有也；不诚，未有能动者也。

【译文】

诚是自然的规律；追求诚是做人的规律。极端诚心而不能使别人感动的，是天下不曾有过的事；不诚心没有能感动别人的。

子孙绵延

《孟子·离娄上》

孟子曰："不孝有三，无后为大。舜不告而娶，为无后也，君子以为犹告也。"

【译文】

孟子说："不孝顺父母的事有三种，其中以没有子孙为最大。舜不先禀告父母就娶妻，为的是怕没有子孙（因为先禀告，妻就会娶不成），因此君子认为他虽没有禀告，实际上同禀告了一样。"

二．课堂实录

时间：2004 年 10 月 26 日

班级：杭州市第十三中学初三某班

第一幕

师：同学们好。

生：老师好。

师：请坐，很高兴我们今天一起来学一篇课文，《愚公移山》，请大家看这个题目，其实就其中的"大"和"小"而言，这样四个字的排列似乎不是很合理，合理的应该是这样一种排列。

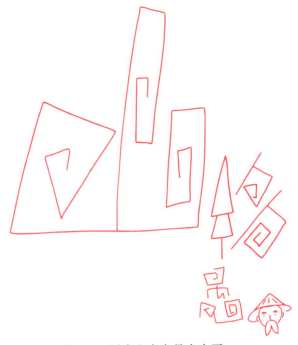

师：愚公，移，山。因为山实在是太大了。

我们接下来思考这样四个问题：第一，山是怎么样的？第二，愚公是怎么样的？第三，"移山"，"移"的过程是怎么样的？第四，最后的结局又是怎么样的？我们一边听录音，一边来思考这四个"怎么样"。

[听录音（0:52—3:44）]

师：这段朗读里面，有一个非常明显的读错了的字，"惩山北之——"

生：塞（sè）。

师：好。那这四个问题，我就请同学直接用文中的语句来回答，好不好？这位同学，你来说好吗？山是怎么样的？

生：方七百里，高万仞。

师：很好，请坐。把话筒往后传，后面的同学，那么，愚公是怎么样的？

生：年且九十。

师：愚公年且九十，这是他的一个特点。不过对愚公的特点更加明确的概括，是在智叟对他所说的话里面，哪四个字？

生：残年余力。

师：残年余力。请坐，非常好。〔话筒〕再往后。

师：移山的过程，有八个字，最能体现出这中间的艰辛——

生：〔犹豫〕寒暑易节，始一反焉。

师：非常好。移山是这样漫长，冬去夏来，才能够往返一次，太累了。后面一位同学，最后结局怎么样？

生：冀之南，汉之阴，无陇断焉。

师：非常好，请坐。"无陇断焉"，再也没有阻断了，一马平川。其实，山、人、过程、结局，这可能是我们每个人都有过的体验。

四大元素

方七百里，高万仞 … 艰巨的 _____

残年余力 … 微弱的 _____

寒暑易节，始一反焉 … 长期的 _____

无陇断焉 … 最后的 _____

师：这是一个隐喻。PPT右边有几个空格，我请同学来把空格里的词语补充完整。后面这位男同学，你来说。"方七百里，高万仞"，这是一个艰巨的——

生：艰巨的"任务"。

师：非常好，请坐。〔话筒〕往前。"残年余力"——

生：微弱的"力量"。

师：请坐。面对一项几乎是不可能完成的任务，无论是一个老头还是一个年轻人，年龄显得不重要了。〔示意〕继续。

生：长期的"努力"。

师：不错，请坐。〔话筒〕继续往前。

生："无陇断焉"，是最后的"胜利"。

师：所以我说这是一个人生寓言，我们每个人都可能有过这样的体验。来，前面这位男同学，有没有过这样的体验？

生：〔停顿〕没有。〔众生笑〕

你有没有过"愚公移山"的经历？

艰巨的任务
微弱的力量
长期的努力
最后的胜利

师：〔笑〕有时候，放假了有这么多作业，就像一座大山一样，怎么做得完呢？但是在开学前几天疯狂地赶，好不容易才完成；上学了，把所有作业都带去了，也稍微有点移山的感觉……这个故事，它的这样一种说法，其实和我们传统的一种精神是一脉相承的——儒家的一种非常朗健的、非常积极的精神。

知其不可而为之！
——《论语·宪问》

子曰："三军可夺帅也，匹夫不可夺志也。"
——《论语·子罕》

天行健，君子以自强不息。
——《易经·乾卦》

师：这里选了三句话，我们一起来念一下好吗？第一句，"知其不可"，一二，开始。

生：知其不可而为之！

师：第二句，"子曰——"

生：子曰："三军可夺帅也，匹夫不可夺志也。"

师：一个男子汉，是不能强迫他放弃他的主张的。最后一句，开始——

生：天行健，君子以自强不息。

师："愚公移山"这个故事，经常和另外两个故事一起出现。一个是"夸父逐日"，这个我们非常熟悉，夸父在那里追赶太阳，最后道渴而死；还有一个就是"精卫填海"，精卫本来的名字叫女娃，炎帝的小女儿，后来在游泳的时候淹死了，魂魄化成一只精卫鸟，经常衔一些微小的土、石、木头，要把大海给填平。

三处差异　人数，外援，结局

夸父逐日

夸父与日逐走，入日。渴欲得饮，饮于河渭，河渭不足，北饮大泽，未至，道渴而死。弃其杖，化为邓林。

精卫填海

炎帝之少女，名曰女娃。女娃游于东海，溺而不返，故为精卫。常衔西山之木石，以堙（yīn，填塞）于东海。

师：这三个故事中，显然有共同的东西，对吗？〔话筒往后传〕有什么共同点？

生：都经过不懈的努力，完成自己的梦想。

师：请坐。前面最好加一个词语——"试图"——试图完成自己的梦想，对不对？最后能不能完成可能还不知道，而且他们努力的目标，好像过于艰巨——都是艰巨的任务。

那么，有没有不同的地方？〔停顿〕愚公移山的故事和夸父、精卫的故事，至少有三处不同。想一想。〔停顿二十秒〕我给一点提示好吗？

三个故事的不同之处

	人数	外援	结局
愚公移山			
夸父逐日			
精卫填海			

师：〔示意〕请你来谈一谈。

生：夸父逐日和精卫填海，都只有一个人。

师：都只有一个人，而愚公移山呢？

生：很多人。

师：到底几个人？

生：四个。

师：四个？愚公以及子孙荷担者三夫，还有一个小孩不要忘记，一共有——

生：五个人。

师：请坐。一家子人。〔示意往后〕还没完，请你继续就刚才那位同学的话题讲下去。这一家子真的只有五个人吗？

生：不是。因为后面还是"子子孙孙"无穷无尽的。

师：噢，其实有无穷多的人，N个人。好，〔话筒〕往后。

〔示意 PPT 投影〕"外援"呢？

生：愚公移山的话，最后是有夸娥氏二子帮他们把两座山背走。

师：夸娥氏二子看愚公很辛苦，主动来说，愚公啊，我们来帮你搬掉吧，是这样吗？

生：没有，是天帝命令他们去把这两座山搬掉的。

师：〔点头〕是天帝派来的。继续讲。

生：但是夸父逐日和精卫填海，他们两个都是靠自己的力量，没有其他人来帮忙。

师：非常好，请坐。没有外援。"愚公移山"里面，有外援。

〔示意话筒往后传〕区别三，结局呢？

生：愚公移山是最后成功了，夸父逐日和精卫填海应该是没成功的吧。

师：很好，请坐。夸父和精卫，都是失败的故事；而愚公移山，这是一个成功的结局。那我们继续思考下去——愚公移山，他最后的成功，究竟是因为他"子子孙孙无穷匮"——究竟是因为"人数"呢，还是"外援"？

众生：〔轻声〕外援。

师：好，我们还是这位同学来回答好吗，轮到谁就是谁。你认为——

生：愚公移山的成功是因为外援。

师：是因为天帝的帮助，是吗？

〔生点头〕

师：好，请坐。

第二幕

师：〔示意话筒〕继续往前。愚公是怎么认为的？
愚公认为他成功的保障，是不是因为有天帝
的帮助？

生：不是。他认为是（因为）子子孙孙无穷无尽
而山不加增。

师：愚公显然更相信自己的能力，是吗？

〔生点头〕

师：你把愚公那段话给大家朗读一下好吗？我们听。

生：汝心之固，固不可彻（误读为"chì"），曾不若孀妻弱子。虽我之死，有子存焉；子又生孙，孙又生子；子又有子，子又有孙；子子孙孙无穷匮也，而山不加增，何苦而不平？

师：非常好，请坐。"汝心之固，固不可彻（chè）"，翘舌音，义为"通"。你的心太顽固了。愚公他非常深切地坚信自己会子子孙孙无穷无尽的，是吧？他的话是在和另外一个人的争辩中说出来的，是和谁？

众生：智叟。

师：智叟，对吧，智叟起先是怎么说的？

生：他说，愚公是"以残年余力，不能毁山之一毛"。

师：你年纪这么大了，力气都没有了……你连山上的一根草都拔不掉，还怎么去移这么两座大山呀？

但是，经过愚公这么一番话说下来以后，智叟却……什么以应啊？念什么？

生：亡（音"无"）以应。

师：通假字哦，"亡以应"。河曲智叟却什么话都说不上来了。

因为愚公说，我儿子又有儿子，儿子又有孙子；孙子又有儿子，孙子又有孙子……子孙会无穷无尽；山不会变，终有一天会移平。非常理直气壮，所以这幅画〔示意PPT〕，我觉得表现得很好——愚公很凶的样子，智叟吓死了，智叟吓得说不出话来。

河曲智叟亡以应

师：但是我们要知道，有一个成语，叫作"后息为胜"，意思是说，两个人在争辩，最后停下来的那个人，最后发言的那个人，其实就是隐含着的胜利者。

师：那么在我们的课文里面，谁最后停下来，最后留下的是谁的声音？

众生：愚公。

师：是愚公的声音呀，对吧——"何苦而不平"！然后就在那边回荡，何苦而不平，何苦而不平，何苦而不平……然后智叟就呆掉了。

那么假如，我们再给智叟一个发言的机会，假如让智叟最后一个来发言。其实智叟有两个地方可以发言，文中有两处。

师：一处就是，愚公反问他："何苦而不平？"这个时候，智叟可以说一番话；还有一处，在文章的结尾，等到"冀之南，汉之阴，无陇断焉"的这个时候，智叟还是可以站出来，再来说一番话，是不是？

好，那分一下工好不好？我们这样吧，一、二两组，探讨一下，上面这处智叟如果他应一应，他应该怎么说，他可以怎么说？三、四两组，探讨最后山搬掉了，智叟如果再跳出来，再叽里呱啦叽里呱啦，永远做一个反对者，他会怎么说？想一想，独立思考。

〔生思考（14：20—15：00）〕

师：〔插句〕不要忘记，智叟智叟，他智商很高噢，他说的话很有水平的。

好，我们讨论一下，四人小组讨论一下。

〔小组讨论（15：02—17：15）〕

想一想：

如果你是智叟，你会对愚公说些什么？

(1) _____

_____

_____

(2) _____

_____

_____

师：好，请转过来。首先请这边两组的同学，"河曲智叟曰"，你来应对一下，怎么说比较好，怎样才能说得有针对性，有说服力？谁想发言，举一下手。好，请那位同学，〔递话筒〕简单谈一谈，请你来"应"一下。

生：我觉得，首先智叟可能会说，你能保证你的子子孙孙全部都是男的吗？

〔众生笑〕

师：万一不小心生了个……

生：生了个女儿，然后就断子绝孙了。

〔众生大笑〕

师：生了女儿嫁人了，怎么办？非常好！这是一个基本前提——不但每一代都要有小孩，而且必须保证是男的——这太难了吧？〔示意〕请继续讲，好像还有话要讲。

生：还有，智叟可以认为，移山这是愚公他本人的行为，而他的子孙可能会有自己的理想抱负，比如说读书、当朝廷大臣之类的。可能有些人不愿意去参加搬山这么傻的活动。

师：〔点头〕说得太好了。说不定他的哪一代想移民到美国去了呢，你还一定要叫他在这里搬山？好像有点困难。所以说，这里他有着双重的要求：第一，血缘的不断；第二，思想的不变。对吧？只有符合这两个前提，这个工作才可能继续下去，愚公的观点才得以成立。这边还有同学要补充吗？哦，这边有位同学要补充（属于三、四组的一位同学），你是补充他们的观点？

生：是的。

师：太好了。〔递话筒〕

生：我还认为，他完全可以这么说，"实践是检验真理的唯一标准"，如果你能完全靠你们家族的力量，搬掉这座山，如果我还能看见，我就会相信。

师：说得非常好，但是让我想起两句话，就是"一失足成千古恨，再回首已百年身"啊，你们移山事业的成功要等到很多年以后，在这个时候，这两个人恐怕老早就已经作古了，对吧？

旁边有一位同学，还有什么要补充的？

生：河曲智叟会说，不要忘记地球还在不断地进行造山运动。

〔众生笑〕

师：喜马拉雅每年都还在增高，说得也有道理。

最后，我们继续刚才这位同学的话题，"实践是检验真理的唯一标准"，结局出来了，山被搬走了，他们在有生之年就看到了山被搬走，就看到了这样的坦途。那么这个时候，如果智叟继续站出来，他还要再说一番话，他还要坚持自己的观点，他可以批判什么，怎样才能讲得又合情又合理呢？谁来？

怎么老是这么几位同学举手呢？我请一个不太爱说话的。〔递话筒〕你来！

生：因为当初愚公说"子子孙孙无穷匮也，而山不加增，何苦而不平"，可见他是想依靠自己的能力和他的子孙来搬掉这两座山，结果是他的行为感动了天帝，天帝来帮助他完成了这样的愿望。最后实际根本不是由他自己来完成的，所以说……那个……〔沉默，笑〕

师：没事，请坐。意思已经表达清楚了，归结为一句话——没错，山是移走了，但是，是靠你自己的力气吗？靠别人帮忙的呀，有什么了不起的！是这个意思吧？

〔生点头〕

师：还有没有？喔，那么遥远的地方，有一位同学。那就不把话筒递给你了，请你站起来，大声地说，好不好？

生：我觉得智叟会说，俗话说，"靠山吃山"，你现在把山移走了，我们靠什么吃饭呀？

〔众生笑〕

师：这位同学是从现代旅游开发的观点来看的，也有道理。〔递话筒〕继续来，还有什么话可以说？

生：这是不可持续发展的典型代表。

师：怎么讲？

生：因为自然界都有自己一定的自净能力，像他这样的掠夺性的开发，已经超过了自然自净能力的限度，必将遭到自然界更加残酷的报复。

师：好高深啊。

〔众生笑〕

一个环保主义者。我倒想起了杭州灵隐著名的一个景点。

众生：〔轻声〕飞来峰。

师：峰自何处飞来？哦，我们终于明白了，这个峰原来是夸娥氏二子背来的。后来这两座山到哪里去了？咦，怎么没有人回答我，话筒在那里的那位女同学，请你来告诉我们，两座山到哪里去了？

生：朔东。

师：朔东，还有呢？

生：雍南。

师：雍南！那边有没有人？

众生：有人。

师：那边有没有像愚公这样年纪很大的人？

众生：有。

师：从天而降两座山！

〔众生一惊，继而笑〕

师：我想问，山阻碍人的出路，这个问题，有没有得到根本上的解决？

众生：没有。

师：刚才这么多同学，怎么没有一个人说呢？所以说，智叟还可以从这个角度来讲。

那么怎么评价愚公这个人，好像比较困难。有人这么说，有一位学者叫张远山，他说过一段有点偏激的言论。

请一位同学来读一读，〔示意〕你来朗读，好不好？

两个假如·之一

假如智叟来做总结报告 张远山

　　愚公虽然说出了可圈可点的豪言壮语，但最后还是没有靠自己的力量完成壮举。

　　也就是说，智叟当初认为愚公不自量力，口气比力气大，并没有大错。按照这个结局，羞愧的不应该是智叟，而应该是愚公。

　　如果愚公要想不羞愧，当时应该这样回答智叟："我自己是挖不平两座大山，但是我这样一直挖下去，迟早会感动上帝。一旦感动了上帝，事情就好办了。你等着瞧吧！"那样才是老实话。

生：愚公虽然说出了可圈可点的豪言壮语，但最后还是没有靠自己的力量完成壮举。

也就是说，智叟当初认为愚公不自量力，口气比力气大，并没有大错。按照这个结局，羞愧的不应该是智叟，而应该是愚公。

如果愚公要想不羞愧，当时应该这样回答智叟："我自己是挖不平两座大山，但是我这样一直挖下去，迟早会感动上帝。一旦感动了上帝，事情就好办了。你等着瞧吧！"那样才是老实话。

师：请坐。这是某一种意见。再来看，另一个"假如"，假如这个结尾变一变。那位女生，请你把这个结尾读一下好吗?

……寒暑易节，始一反焉。

河曲智叟笑而止之曰："甚矣，汝之不惠！以残年余力，曾不能毁山之一毛，其如土石何？"北山愚公长息曰："汝心之固，固不可彻，曾不若孀妻弱子。虽我之死，有子存焉；子又生孙，孙又生子；子又有子，子又有孙；子子孙孙无穷匮也，而山不加增，何苦而不平？"河曲智叟亡以应。

后三年，愚公死，子孙承其志，世代挖山。时至今日，尚未休矣……

生：后三年，愚公死，子孙承其志，世代挖山。时至今日，尚未休矣……

〔众生笑〕

师：那么我们就从这两个"假如"来探讨问题。

师：第一，张远山的思路，假如愚公早就料到帝会"感其诚"；或者呢，他老早就和帝达成了某种协议，或者契约，那我们如何来重新评价愚公？这是一个"假如"。第二，假如结尾是刚才同学念的，那么你又如何来重新评价愚公？想一想。

[学生思考（25:30—26:00）]

师：同桌要商量一下也可以，同桌可以交换意见。

[同桌讨论（26:00—26:30）]

如果

愚公老早就料到了天帝会被他打动，
或者愚公到现在也没有成功，
你会如何重新评价愚公？

师：好，我们时间有限。太好了，我看到有同学举手，真高兴啊。话筒呢？〔递话筒〕请你来说。

生：如果这样的话，愚公是很聪明的。因为《孙子兵法》里有，"不战而屈人之兵，善之善者也"，愚公挖山就像一场战斗，他没有用力气就能获得胜利，这种是最聪明的。

师：请坐。愚公在这里，如果按照这种说法的话，他用的是"头脑"，是吗？〔示意〕好，请你来继续讲好吗？有什么补充？

生：我觉得如果这样的话，愚公还是很傻。

师：〔惊讶〕还是很傻？为什么？

生：他既然知道天帝会"感其诚"，或者说他早与天帝达成了协议，那他何必自己去挖呢？直接跟天帝说一声，"你帮我搬走"好了。还有一点，他如果真的和天帝达成了协议，如果是我的话，我一定会和智叟打个赌，下点赌注。

〔众生笑〕

师：你赢智叟一把，是吧？我倒是想到三国里面的一个故事，周瑜和黄盖的故事，后来引申出一个词语叫作……什么计啊？

生：苦肉计。

师：苦肉计。那也许他们（天帝和愚公）有更大的阴谋呢？也许这更加能够帮助建立帝的秩序呢？可能他们有着更多不可告人的东西，所以他们要上演一出戏。

但是不管怎么样，如果是这样的话，我们会发现：愚公，他给我们的形象，感觉有点……

生：〔轻声〕狡猾。

师：有点狡猾，是吧？甚至有点阴险。甚至还有点……

生：毒辣。

师：毒辣，可怕。怎么这个蠢老头，竟然是一个阴谋家？〔众生笑〕成了个谋略家，太厉害了。

〔示意 PPT〕那么第二种评价呢？请你来说。

生：第二个"假如"，我有两个看法。先是关于"愚公"这个名词，一开始作者给他取名叫"愚公"，这个"愚"的意思大概是指他一根筋到底，然后想到什么就去做什么，直到成功为止。

师：说得真好，"一根筋到底"。

〔众生笑〕

生：但是现在我觉得这个"愚"，真的有点"笨蛋"的意思了。

还有一个看法，我觉得，愚公也是一个很自私的人。

师：怎么讲？

生：在这里，之后三年，愚公死了，世世代代，都是因为他的缘故而挖山，不能去实现自己的想法。直到今天，这么长时间下来，还在世世代代挖山，他死之前这么三年，影响了他的整个世代。

师：请坐，说得太好了。刚才这位同学说了两个观点。

第一个观点，说了"愚"的两重含义，前面一个"愚"，是大智若愚的愚；而后面这个"愚"，则真的成了愚不可及的愚。

还有一点她提到的就是——他把个人的意志，强加给了他子孙，剥夺了他子孙生活的自由。〔递话筒〕你还有什么要补充的？

生：愚公是害群之马。

师：害群之马？愚公成了一匹马？

〔众生笑〕

生：他不但耽误了自己，也耽误了子孙后代。因为他的错误，造成了所有人的错误，给所有人造成了重大损失。

师：就这样？请坐。

第三幕

师：那么，我们继续顺着这位同学的思路讲下去。

假如你很"幸运"，你生出来就是愚公的子孙，上面那个就是你。

生：啊？〔笑〕

师：从换牙那天开始，你就去跟他们一起移山了。"换牙齿"大概几岁？

众生：六七岁。

师：文章中怎么表达的？

生："始龀"。

师："龀"，不要写错，齿字旁一个"匕"。一直挖到现在，六十岁了。这个时候，你来发言，你跟亲属愚公说一句话。我请后排的同学，最后几位同学被人遗忘了。

师：〔递话筒〕你说一句话，你变成了这般模样！

〔众生大笑〕

生：我会跟他说，因为你这么一句话，就害了我们，你的后代非常痛苦。

师：哦，"你害得我好苦啊"。

〔示意〕你也来说一句吧！

生：你一个人想着这样，就要我们跟着你一块儿干，好像是不是有点不大公平？

师：请坐。这涉及一个公平和自由的问题。

从某种意义上来讲，中国人，可能并非黄帝和炎帝的子孙；换个角度来想，也许我们都是愚公的子孙。

至于智叟的子孙呢？没有。智叟这样的人，他没有留下子孙。我们总是在这个圈子里绕来绕去。

师：我后来去采访了两个人。我们学校的两个外
　　教，年轻老师，一个英国人，二十三岁；一
　　个加拿大人，也很年轻。

　　这个故事，我请英语老师翻译成英文，让他
　　们读了读，然后请他们评价。我们来看看对
　　他们采访的DV。采访的文字，就印在讲义
　　的反面。大家对照着看一看。

　　〔播放DV采访〕

（扫码即可观看视频）

采访中英文对照

对象：Andrew（英国，23岁）；

　　　　Ryan（加拿大，25岁）

时间：2004-10-19　12:30—12:45

Andrew: But he starts the job which he knows he can't finish. And for me, that's very strange, he expects … what does he say … " My sons produce my grandsons…" So the work will go on, he expects his family will continue what he wants to do. In the west, at least if my father starts the job , he wouldn't expect me to finish it, he will finish the job.

但是他开始了一项他自己知道不能完成的工作，这令我觉得很奇怪。他的说法是："子又生孙，孙又生子。子又有子，子又有孙，子子孙孙无穷匮也。"他指望这项工作能够持续下去，他指望他的家人继续他想做的事。在西方，至少如果是我的父亲开始了这项工作，他不会指望我去完成，他会自己完成它。

Andrew: (The gods are helping him), But it's a very physical task. It's not using the brain power, it's using muscle power. Physical power, yes. And of course, there is no mention of daughters. There are no daughters in the story, no girls, except for the widow who is important, because she has no man. I think that's a very important point. If this was written in Britain, we would have probably more women in the story. Maybe a heroine, also. There are all heroes.

（神灵们帮助着他），这是一项机械的工作。它运用的是体力，而不是脑力。很显然，故事里没有提到他的女儿，没有涉及女性，除了那个寡妇。而她之所以重要，是因为她失去了丈夫。我认为这是很重要的一点。如果这个故事发生在英国，故事里会出现更多的女性，可能会有一个女主角，而不像这里，主角都是男性。

Andrew: It is a story about an old foolish man, a foolish old man, who has a foolish idea to move a mountain. And the first thing I would say is in the West, we will not move the mountains, we'll go around.

这是一个关于一个愚蠢的老头的故事，他有一个荒谬愚蠢的想法——移山。首先我想说的是，如果在西方，我们不会想到移山，我们会绕道而行。

Ryan: You know, Yu Gong, if you put down characters, I can know something about what the name means. What does his name mean? Yu means foolish, oh really? Gong means an old man. A foolish old man. But is he foolish? That's a question. Because he did it, succeeded, in the end.

愚公，如果你说明一下中文，我就可以了解
一点他的名字的含义。他的名字是什么意
思？——"愚"是愚蠢的意思，哦，是吗？
"公"的意思是老人—— 一个愚蠢的老头。
但他愚蠢吗？这是个问题，因为在最后，他
确实做到了。

Ryan：Maybe I think he's a crazy old man, he
has a dream, and he will convince his family to
follow the same dream. I have to ask, why didn't
he do this when he was young? When he had
youth and strength?

也许我可以认为他是一个疯狂的老头，他有
一个梦想，而且他会去说服他的家人追随他
的梦想。我很想问的是，为什么他不在年轻
力壮的时候做这件事呢？

师：提供了一点新的视角。采访里面可以注意到，他们在强调："愚"相当于"foolish"。最后Ryan还说了句："Crazy！"那么我们，是不是可以顺着他们的思路追问？

中国人都这么聪明，为什么会对这样一个疯狂的愚老人如此津津乐道呢？以至会对他的故事千年传诵呢？思考一分钟，好不好？把你的观点酝酿得成熟一点。你也许可以结合我们发下的讲义上的材料。它背后肯定隐藏着中国人非常喜欢的，或者我们非常熟悉的一种密码，文化的密码。你可不可以跳出来阐释一下，到底有哪些理由？

[生思考（36:18—37:18）]

师：要不要讨论一下？好，那就直接请同学来说吧。谁想发言，请举起你的手。

边上那位同学，请你来谈一谈，为什么？

阅读讲义上的材料，想一想：

我们为什么会对"愚公"津津乐道呢？

生： 首先，大家之所以会关注，是因为移山这种事情是非常非常少见的，可能中国历史上也只听说过这么一个事例；第二点，移山虽然的确是非常傻，但是它具有一定可取的地方。就是坚持不懈，积极去完成，靠自己的力量。

我记得以前有篇文言文叫《秉烛》，说年轻人读书就像初升的太阳，老年人读书就像夜晚的月亮，虽然说不是很亮，但是总比不亮的好。所以愚公虽然老了，但还是能够这样努力地去移山，这是他可取的地方。

鲁迅也曾经写过："所以中国一向就少有失败的英雄，少有韧性的反抗，少有敢单身鏖战的武人，少有敢抚哭叛徒的吊客；见胜兆则纷纷聚集，见败兆则纷纷逃亡。"大多数人会认为，这两座山在我们面前，而愚公却有自己的勇气，胆敢去挑战这座山，所以我觉得这点十分可取。

师：说得太好了。有一点像堂吉诃德战风车，孤独英雄，对吧？知其不可而为之，非常好，回到了我们这节课的开头。"Just do it"，就是去做。〔示意〕好，你继续讲。

生：我想可以打一个比方，写这篇文章的作者就可以是一个愚公，然后我们就可以成为他的子孙，一直推崇他，对这个疯狂的愚老人津津乐道，所以说这样也是蛮有道理的，我觉得。

师：哦，因为我们是他的后代，所以我们就喜欢他所讲的故事，我们就服从他。是这样吗？

生：嗯。

师：〔示意〕请你继续来讲。

生：我认为，愚公的精神，就是坚持不懈地努力，还有是为了创造更美好的生活；然后他以他的真诚感动了上天，追求真诚也是做人的原则，他以他的原则去实现自己的梦想，追求自己的理想。

师：这其实契合了中国人的一个观念，好人有好报。是吧，所以我们都喜欢。〔示意〕请你再来讲，把话筒递给她。

生：我觉得这篇文章有一点和中国的传统是分不开的。

师：怎么讲？

生：中国相对来说比较人性化，国外相对来说比较理性化，所以外国人很多想法，都和中国人不一样。它是写在战国时期，现代的中国人对传统的思想都是很敏感的，不是有句话叫"孝字当先"吗？他会有子子孙孙，子子孙孙也会努力地帮他开垦这样一种想法……也不是开垦……

师：完成他的事业。

生：完成他的想法。或者说，他死了，（子孙）也会完成他的遗愿，这种想法感觉是很符合常理的。

师：很符合中国人的常理，请坐。

其实从文章写作的角度，特别有趣的，这篇文章其他地方都写得非常简洁，唯独在某个地方，它反复强调，其实那段话，缩减成一句话就够了，怎么说？

〔众生沉默〕

师："而山不加增"，前面怎么说？一句话就够了。

生：子孙无穷匮。

师："子孙无穷匮，而山不加增"，一句话就够了，但是它要绕、绕、绕，它在强调。强调什么？我们都喜欢儿孙满堂。中国人注重血缘，这个很重要。〔递话筒〕你还有什么话要讲？

生：我补充一下，这则故事告诉我们要团结。一个人的力量是渺小的，只有大家一起才能完成伟大的事业。愚公的成功始于他的团结，中国人十分推崇团结。

师：非常好，我们一直到现在还在强调集体主义，对吧？团队精神。

最后那位同学，你还有什么意见要发表？

生：我觉得这篇文章里，愚公是个老人，是最重要的。

师：这怎么讲？为什么说他是老人就最重要？

生：因为他"年且九十"，比较老呀，中国有道德的人，都是老人。老子、孔子……

〔众生笑〕

师：胡子一大把。

生：所以他的语言，说出来的话，比较有权威性。

师：他一说话，下面子孙有没有人表示反对意见的？都同意了。

生：在材料四里面还提到，中国是"老人崇拜"的，连武侠小说的顶尖高手，都是老年人。老人都去移这两座山，更有教育意义，因为大家都知道，人老了，力气也没有了，连小孩都不如的。所以他在人（一生中）最弱的时期去移山的话，可以显出他志向的远大。

师：请坐。根据这位同学的说法，愚公移山下面可以加个破折号，一个副标题，"愚公移山——一个老人的梦想"。这也正是刚才那个外教所提出的一点疑问——为什么他不在年轻的时候就开始这项事业呢？〔示意〕好像那位女生还有意见要发表，是吗？

生：我认为，愚公移山给我最大的感想，就是某种精神，在内心里面的依托。

就像鲁迅在《希望》里面曾有这么一段话，大意是，"在我老的时候，回忆起以前的往事，那苍白的颜色，就像内心里把生活孤立起来……"那个时候，大家也都知道，鲁迅的主张并不是得到很多人的赞同。

或许这里愚公是得到他的非常多的子孙的赞同，因此才会有后面把上帝感动（的情节），这同样也是心灵的一种寄托，因为他相信上帝在帮助着他。所以这种心灵寄托，就让他的梦想会实现。

这更让我想到，三毛在她丈夫刚刚去世的时候，她心里是非常孤寂的，但她始终有一个美好愿望：有一天，在天空里会看到她丈夫的影子。所以说，她始终选择活下去。

〔众生鼓掌〕

师：说得太好了。好，我们就以这位女同学的发言，作为我们这节课的一个结束，不要忘记鲁迅说的那句话，希望之为虚妄，正与绝望相同。

愚公这个话题，还可以继续引发我们的思考和讨论，大家课后，再花点时间去想一想，好吗？下课！

（文字整理：郭初阳）

图书在版编目（CIP）数据

郭初阳的语文课 . 第九堂课 , 文言阅读课 : 愚公移山
/ 郭初阳著 ; 黄月绘 . —— 北京 : 北京联合出版公司 , 2020.9
（2025.1重印）

ISBN 978-7-5596-4349-0

Ⅰ . ①郭… Ⅱ . ①郭… ②黄… Ⅲ . ①文言文 – 阅读
教学 – 中学 – 课外读物 Ⅳ . ①G634.303

中国版本图书馆CIP数据核字（2020）第113244号

郭初阳的语文课

（第九堂课 文言阅读课：愚公移山）

作　　者：郭初阳

绘　　者：黄　月

出 品 人：赵红仕

责任编辑：李　伟　李艳芬

特约编辑：吴嫦霞

书籍设计：陆红强

北京联合出版公司出版

（北京市西城区德外大街83号楼9层 100088）

北京联合天畅文化传播公司发行

北京美图印务有限公司印制 新华书店经销

字数30千 787mm×1092mm 1/32 2.5印张

2020年9月第1版 2025年1月第9次印刷

ISBN 978-7-5596-4349-0

定价：168.00元（全十一册）

樂 府

·

心里滿了，就从口中溢出

郭初阳 的语文课

第十堂课

小说阅读课

父母的心

郭初阳／著

黄月／绘

北京联合出版公司

目 录

一、课前阅读

父母的心（节选）[1]

……

那天傍晚，当轮船航行在相模滩的海面上的时候，那男人和他的妻子一起，带着他们的长子来到那位妇人的舱房。他们说："那就请您把这小家伙收下吧！"

结果自然是按口头约定，对方付了一百元钱。该是父母和儿子分手的时候了，这对父母眼含热泪，难割难舍地走出了舱房。

但是到了第二天早晨，船在绕着房总半岛转的时候，不知什么缘故，那位父亲牵着五岁的二儿子的手，无精打采地走进那位财主夫人的舱房。他说："昨晚上仔细地想了又想，大儿子嘛，不论怎么穷吧，也是我们家的接班人哪。况且，把老大给别人按次序也不对，如果可能，我

[1] 节选自《义务教育课程标准实验教科书：语文（八年级上册）》，江苏教育出版社，2004年6月。

们想用老二换下老大。"

"当然行！"财主夫人高高兴兴地同意了。

可是，当天傍晚，孩子母亲又带着三岁的女儿来了，她很不好意思地说："简直没法跟您说，今天早晨给您送来的二儿子，从眉眼长相到说话的嗓门，都和我那去世的婆婆一模一样。我就实话跟您说吧，我这心里呀，就像把婆婆扔了一样不好受，再说也对不起我们当家的。况且，他已经五岁了，我觉得他一定会永远地记着我们，想到这儿觉得他可怜得不得了。能不能答应我用这个女孩子把他换下来？"

财主夫人一听是女孩，有些不高兴，但是看见那位妈妈失魂落魄的样子，除了答应也没别的办法了。

事情到这儿还没完，第二天上午，船快要到北海道了，这回是两口子一齐来到财主夫人的舱房。他们一见财主夫人什么也说不出来，竟然痛哭失声。

......

小孩的委屈

小孩的委屈与女人的委屈，——这实在是人类文明上的大缺陷，大污点。从上古直到现在，还没有补偿的机缘，但是多谢学术思想的进步，理论上总算已经明白了。人类只有一个，里面却分作男女及小孩三种；他们各是人种之一，但男人是男人，女人是女人，小孩是小孩，他们身心上仍各有差别，不能强为统一。

以前人们只承认男人是人，（连女人们都是这样想！）用他的标准来统治人类，于是女人与小孩的委屈，当然是不能免了。女人还有多少力量，有时略可反抗，使敌人受点损害，至于小孩受那野蛮的大人的处治，正如小鸟在顽童的手里，除了哀鸣还有什么法子？

……我们虽不打小孩的嘴巴，但是日常无理

的诃斥，无理的命令，以至无理的爱抚，不知无形中怎样的损伤了他们柔嫩的感情，破坏了他们甜美的梦，在将来的性格上发生怎样的影响！

摘自周作人《谈虎集》

先知 · 论孩子

于是一个怀中抱着孩子的妇人说，请给我们谈孩子。

他说：

你们的孩子，都不是你们的孩子，
乃是生命为自己所渴望的儿女。
他们是凭借你们而来，却不是从你们而来，
他们虽和你们同在，却不属于你们。

你们可以给他们以爱，却不可给他们以思想，
因为他们有自己的思想。
你们可以荫庇他们的身体，却不能荫庇他们的灵魂。

因为他们的灵魂，是住在明日的宅中，那是你们在梦中也不能想见的。

你们可以努力去模仿他们，却不能使他们来像你们。

因为生命是不倒行的，也不与昨日一同停留。

你们是弓，你们的孩子是从弦上发出的生命的箭矢。

那射者在无穷之中看定了目标，也用神力将你们引满，使他的箭矢迅疾而遥远地射了出去。

让你们在射者手中的弯曲成为喜乐吧；

因为他爱那飞出的箭，也爱了那静止的弓。

[黎巴嫩] 纪伯伦《先知》，第10页，冰心译于1930-1931年，译林出版社，1998年。

真假母亲

一日，有两个女子来，站在（所罗门）王面前。

一个说："我主啊，我和这妇人同住一房。她在房中的时候，我生了一个男孩。我生孩子后第三日，这妇人也生了孩子。我们是同住的，除了我们二人之外，房中再没有别人。夜间，这妇人睡着的时候，压死了她的孩子。她半夜起来，趁我睡着，从我旁边把我的孩子抱去，放在她怀里，将她的死孩子放在我怀里。天要亮的时候，我起来要给我的孩子吃奶，不料，孩子死了。及至天亮，我细细地察看，不是我所生的孩子。"

那妇人说："不然，活孩子是我的，死孩子是你的。"这妇人说："不然，死孩子是你的，活孩子是我的。"她们在王面前如此争论。

王说："这妇人说'活孩子是我的，死孩子是你的'，那妇人说'不然，死孩子是你的，活孩子是我的'。"

王就吩咐："拿刀来！"人就拿刀来。

王说："将活孩子劈成两半！一半给那妇人，一半给这妇人。"

活孩子的母亲为自己的孩子心里急痛，就说："求我主！将活孩子给那妇人吧！万不可杀他！"那妇人说："这孩子也不归我，也不归你，把他劈了吧。"

王说："将活孩子给这妇人，万不可杀他。这妇人实在是他的母亲。"

以色列众人听见王这样判断，就都敬畏他。因为见他心里有神的智慧，能以断案。

《圣经·列王记上·第三章》

寒风吹在脸上像刀割

刘以鬯

……

（卧病在床的父亲）用抖巍巍的手一挥，叹息似的说了一句"走吧"。我站起，一边控制自己不让泪水流出；一边说："爹，你要保重。"他点点头，用手掌掩盖眼睛。我在母亲的帮助下，提着皮箱下楼，走出家门。

天色阴暗，寒风吹在脸上像刀割。黄包车很少，等了十几分钟才雇到。跟车夫讲定车价后，我上车，母亲将皮箱放在车上，我用两腿夹住。黄包车夫抬起车杠，迈开脚步。母亲先将一卷钞票塞入我的衣袋；然后紧握我手，跟着黄包车在人行道上奔跑。

"阿妈，"我说，"回去吧！"

车夫逐渐加快脚步，母亲不得不松手。车夫将车子沿着胶州路朝爱义路拉去。拉了一段路，我回过头去观看，母亲依旧站在人行道上，向我挥手。

车夫继续跑了几十步，我回头观看，母亲依旧站在人行道上，向我挥手。

车夫继续跑了几十步，我回头观看，母亲依旧站在人行道上，向我挥手。

车夫继续跑了几十步，我回头观看，母亲依旧站在人行道上，向我挥手。

车夫继续跑了几十步，我回头观看，母亲依旧站在人行道上，向我挥手。

车夫将车子拉到爱义路口，转弯。我乘此侧过脸去眺望，母亲依旧站在人行道上，向我挥手。

离情别绪涌上心头，泪水夺眶而出。我低声自言自语："再见，阿妈！"

车子转入爱义路，我见不到母亲了。北风猎猎，刺入肤肌，我却一点也不觉得冷。父母的慈爱像火炉发出的温暖，使我有能力抵御寒冷的侵袭。

1995年10月2日

二、课堂实录

授课班级：杭州外国语学校初三（1）班

授课时间：2005 年 6 月 10 日

第一幕

师：今天一起来看川端康成的一篇非常短的小小说吧。题目叫作《父母的心》，这么一个标题有什么特别的意思？我就直接请同学来回答吧。按照顺序，来，最那边的那位同学。

〔学生起立〕

师：看到这个标题，其实你马上就可以推断出，它中间还隐藏着一半。

〔学生迟疑〕

师：题目是《父母的心》，那另外一半呢？

生：还有一半是孩子。

师：非常好，请坐。这是一个关于父母和孩子的故事，对吗？好，那么，后面那位同学。早上你看了一下这个故事，是怎么一回事情啊？

〔学生起立〕

师：这里，你一句话来说一下好吗？这个故事的情节。

生：嗯，就是一个富人在甲板上看到一个贫穷的家庭，他们的那些孩子，他自己没有……

〔众生笑〕

师：一句话就够了，这是一个关于父母……

生：就是，一对贫穷的父母，舍不得他们的孩子。

师：噢，请坐，可能要说，不得不把小孩子送走，但是又觉得非常难受，而舍不得，是吧？来，后面那位男生，送来送去，大概送了几次啊？

生：好像是三次左右。

师：三次左右？

〔哄堂大笑〕

师：到底几次啊？

生：我没有看过。

师：没有好好看，请坐。就是三次。那么，具体的情况是什么样的？送的情况好像还有点复杂，来来去去的，每次送的人不一样，理由不一样，结局也不一样。那么，接下来我们还是这样，先来听一下录音，首先把这篇课文梳理一下。

师：在听的时候，大家思考：什么时候送的？送的到底是谁？送出去，要回来，这中间的理由到底是怎么样的？这里有张表格，很清楚，你看一看，一边听，然后最好一边再拿支笔在上面做下记号，好不好？要点：时间，决定，理由。

（录音略，文本见"课前阅读"材料一）

时间	决定	理由

师：很简单的故事，那我想先请一位同学来把一二三四这四个时间给我们说一下。轮到谁了？

生：第一个是第一天傍晚。

师：第一天傍晚。

生：然后是第二天早晨。

师：次日早晨。

生：然后是次日傍晚。

师：次日的傍晚。

生：然后是第三天上午。

师：非常好，请坐，很清楚啊。这样四个时刻。

师：好，那么分别请一二三四，四位同学把那个时刻所发生的事情，他所做的决定，以及当时的理由来说一说好吗？好，来，第一位，当天傍晚，他送的是谁啊？

在这四个时刻里，父母都做了什么决定，

理由是什么？

时 间	决 定	理 由
当天傍晚		
次日早晨		
次日傍晚		
第三日上午		

生：是他们的长子。

师：有没有理由？

生：没。

师：好像没找到理由，就把他给送掉了。好，请坐。来，同桌。

生：然后次日早晨，是把长子拿回来，把二儿子送过去。

师：这个"拿"字用得很有意思噢。

〔哄堂大笑〕

师：好——把长子拿回来，把二儿子送过去，是吧？理由是——他怎么解释的？

生：理由是，把大儿子送给人家的话就有点不妥，按次序上讲，大儿子应该是自己的接班人。

师：噢，未来的当家人。不能够送掉，这个次序不太对。来，继续往前。

生：次日傍晚，是母亲拿那个三岁的女儿换了二儿子，因为二儿子长得很像她的婆婆。

师：长得很像她的婆婆，所以说要把他给——

生：所以说觉得把二儿子送掉，就感觉跟把她婆婆扔了一样。

师：噢，很难受，是吧？先别急着坐下去，站起来，还有一个理由，好像还说了一点。

生：还有她觉得二儿子已经五岁了，他对自己的亲生父母已经有印象了，以后会记起来被扔掉过。

师：噢，最好趁他自己还不知道的时候，把他送掉比较好。这么一个理由，好的。来，往前。第三天上午呢？

生：第三天上午，把女儿也要回来了。

师：把女儿也要回来了。那么这里，父母又怎么解释了一番呢？

生：他后来想想，与其舍掉一个孩子，还不如全家都饿死的好。

师：是这个理由吗？

生：他们想通了。〔笑〕

师：他给那个财主夫人的解释是什么？

生：解释啊？

师：哎，他把那个小孩子要回来，他要给一个解释是吗？

生：他说什么他女儿太小，总担心她会这样子那样子……

师：请坐。太小，太小！太无知了。这么小的孩子我怎么舍得把她送掉呢？

他给出了三次解释啊。来，前面的那位女同学。请你来分析一下这对父母向财主夫人所陈述的理由。你觉得合理吗？或者说，是不是非常充分？你怎么看？

生：其实我觉得都不是很充分。

师：为什么这么讲？

生：假如说你要送的话，这些理由都是……

师：都是什么？

生：假如你下了决心的话，这些理由都是没有什么关系的。

师：都没什么关系的。噢，请坐，也有可能只是随便找的一些借口。其实，在他说的三处里面，有一处特别明显，一眼就可以看出来是一个借口。

〔示意〕你来说！

生：就是说她这个二儿子，和她婆婆长得一模一样。

师：为什么你觉得这句话是一个比较明显的借口呢？

生：看上去她就是在乱造一样的，因为不仅仅只有二儿子长得很像，长得像的话，那家庭的其他人也长得很像。

师：家族的一贯性，是吧？而且，日本属于东方民族，在东方文化的传统里面，婆媳关系通常都是——很糟糕的。因为像婆婆而要回来，有这么深厚的感情吗？而且，这三个理由里面，有两条其实是前后有点矛盾的，发现了吗？

生：先说她的二儿子会有记忆，所以说送的孩子应该小一点。

师：嗯嗯，有记忆。然后呢？

生：后来又把女儿要回来的原因，是（因为她）太小。

师：非常好，请坐。其实你看，这里说来说去，无非都只是借口而已，归根结底可能还是因为舍不得他们的孩子，对吧？所以想想这个标题——"父母的心"，看来是百感交集啊，对吗？

师：我们继续来探讨一下这个标题的问题，就来看一看这个"父母的心"，是不是可以把它具体化一点，用"心"太抽象了，"心"是包罗万象的。那么我们是不是可以用一个比较……根据你对课文的理解，你找出一个最为恰当的词语，来重新替换这个标题。你会找哪一个词语，并且，你有什么样的解释呢？思考一下。

［生思考（11:20—11:40）］

父母的 □ □

师：我们这样吧，小组内交换一下意见，等会儿我请同学，ABCD这样，每个小组的A同学，上来书写"父母的什么"，你要写一个词语。然后我要请C同学来解释。所以你们要充分发挥你们团体的力量。

找一个最恰当的词语，而且不要重复噢，要有水平。

[生讨论（12:00—13:00）]

师：好，转过来！大家太聪明了，不用多讨论的。好，我们就这样吧。就是这一排，四个小组的A同学请上来书写一下，各填一个词语好不好？来，上来。

[四位同学上台书写：儿女，包袱，本能，责任。（13:15—14:03）]

儿女　　　责任　　本能

包袱

师：我觉得我们班的思路，是有点不一样。阐释要能够自圆其说。这个标题看你怎么解释呢？来，首先，父母的"儿女"。C同学。

生：我觉得这个不需要解释的，他这个题目已经写得很明显了，就是讲儿女是父母所生的，所以说，就写的是父母对儿女的那种情。

师：噢，"父母的心"，刚才所说的另外半个空白，其实就是儿女，对吧？"儿女"在文中所占的分量，比"父母"的分量要重得多，对吗？在文中，一切都是为了儿女，这是一个关于儿女的故事，没有错。正是因为有儿女，才情长啊。我们从这个意义上来理解"儿女情长"这个词语。

然后，父母的"包袱"。怎么讲？

生：就是说孩子是父母的包袱，因为如果他们六个人一起的话，很有可能会饿死。但是，这个包袱是他们永远不能放下的。就好像他们最后所说，宁愿一起饿死也不愿送掉一个。

师：噢，这是父母最心爱的包袱，而不是毛主席所说的，我们要"放下包袱，开动机器"那个包袱，是吧？这个词语乍一看，还以为是要把它丢掉轻装上阵。不过这样讲，还是说得通的。

那么，这个"本能"的问题，再来谈一谈。

生：有句俗话，叫作"瘌痢头的孩子还是自家的好"，天下没有不爱孩子的父母，孩子生下来是父母的血肉，是爱情的结晶。〔众生大笑〕舍不得自己的孩子的，最关心自己的孩子的，就是天下的父母。

师：噢，这简直就成了一种本能，不需要学习，先天就拥有。父母爱儿女，很好。最后，"责任"呢？

生：父母其实是有给自己儿女父爱、母爱的责任的。

师：这位同学很温柔。

〔众生笑〕

生：这样的责任不是别人强加给他的，在他子女
出生的时候，就应当有这样的责任。让自己
的儿女拥有父爱和母爱。

师：非常好。请坐。要做父母，就要承担先天的
责任。

第二幕

师：我觉得阐述下来，我们四人小组还有点意思噢，围绕"儿女"这个中心词往三个不同的方向作出了解释。

但是很可惜，我认为我们班同学忽略了一个重大的方面，"父母的心"中的"心"，心——情感方面也许没有涉及。其实这中间，整个情感体验是非常丰富的。但是在我们小组讨论的时候没有涉及，为什么呢，是不是我们缺乏一点情感？等会儿再来谈，这个话题先放一放。

师：这么一个故事，很自然引发出我们的联想。大家是否记得，一个唐朝的诗人，他所写的两句诗就是："诚知此恨人人有，贫贱夫妻百事哀。"

诚知此恨人人有，
贫贱夫妻百事哀。

——[唐]元稹《遣悲怀》

对吧，所以我们刚才讲的这四点，无非就是因为这对父母他们过于贫穷了，这是一个基本的前提。如果他们很有钱呢？如果他们很富裕呢？存不存在这种煎熬？完全没有了。因为贫穷，他们不得不把他们最心爱的小孩子一个一个一个地送掉，这是多么巨大的折磨啊。

师：所以这一点很像一部电影，崔健主演的，《我的兄弟姐妹》，也是四个小孩，但是他们的父母是因为事故双亡了，剩下四个孩子：忆苦，思甜，齐田，齐妙。这么四个孩子，然后他们老大，一一地把他的三个小弟妹，送给别人。好，我们来看其中的一个片段。看的时候，请大家思考：你印象最深的是哪一个片段？简单谈一谈。第二个，刚才我们都在讲儿女，讲孩子，那我们就来看一看孩子，孩子的心，又是怎么样的。

［播放《我的兄弟姐妹》电影片段（18:20—23:00）］

师：轮到谁了？谈谈你印象最深的一个片段。

〔学生起立，看得流泪，哽咽难言〕

好，请坐，看了有点伤心噢。刚才我们说分析的时候没有谈到情感，而在这里，情感太多了噢，所以让人有点伤心。我很害怕看到别人伤心的样子。好，那么还是请男同学吧，男同学理智一点。你来谈谈。

生：我印象最深的片段是第二个男孩被送到那户人家的时候，那户人家想叫他展示一下才智，然后他背了两首诗。虽然背诗的时候，我觉得他好像没有意识到他将要离开他的兄弟姐妹了，但是从他的眼神中我看出他非常非常地伤心。

师：这位同学说得太好了。我以为同学们站起来都会说"我喜欢的是最后一个片段"，哥哥在那边绝望地奔跑，但其实，这里面整个拍摄也跟写文章差不多，它有不同的表现方法，对吧？那小孩在背唐诗的时候，看起来很搞笑对吧，进行一个才艺表演，"花非花，雾非雾"的，很可爱。这里隐藏在背后的是分离，是不能再见面，可以说是永别。中间有一点不一样对吧，增添了一种伤感。这种情感是内在的，所以我觉得刚才的那位同学分析得非常好。

好，那么我们来看看孩子的心是怎么样的，当他面对分离的时候。来，后面的那位同学，你来谈一谈好吗？

生：我啊？

师：你怎么看孩子的心？

生：孩子的心，那个……希望和亲人在一起，当
他面对即将离去的亲人的时候，他就感到十
分地伤心。

师：十分伤心？请坐。我想"伤心"可能还不太
够噢。我们请一位女孩子来谈一谈，孩子的
心是怎么样的。

生：就是说，在这些兄弟姐妹当中，不管是最小
的孩子还是最大的孩子，他们之间的感情应
该都是很深的，这不仅因为他们都是从一个
母亲的身体里面出来的，还可能是因为之前
的那些……待在一起的时候。

师：请坐。两位同学其实说得非常好——两个不同的侧面。一个是孩子与父母的感情，还有就是兄弟姐妹之间的深厚的情谊。这是我们要注意的两个不同的方面。

那么我们再回到课文里面。在这篇课文里面，丝毫没有提及孩子的感情。刚才说这里存在着一处巨大的空白。那么，是否可以按照我们的阅读和理解，把这处空白给填满呢？

时间	孩子	心情
当天傍晚		
次日早晨		
次日傍晚		
第三日上午		

师：所以这张表格，我想请同学们来讲，老大，老二，第三个女孩子和最小那个小孩。最小那个小孩是吃奶的。很小，他还不会说话，假设他也能说话，他会怎么说，他们的心情是怎么样的？

所以我想——这次分配任务更加艰巨了哦——四人小组，每人选一个角色，在这个时候，你分别站出来讲一讲：老大、老二、第三个和最小的那一个，他／她的心情会怎么样？他／她是怎么想的？他／她会有一系列怎么样的活动？他／她纠集在内心的这些言语究竟是怎样的？你能把它表达出来吗？讨论一下。

师：再说一次噢，用第一人称，第一人称。抓紧抓紧抓紧！差不多准备好了，就看我一眼。

［生讨论（26:55—29:30）］

孩子的心

如果我是孩子，
我的心情是怎样的？

老大：——————————————————

老二：——————————————————

老三：——————————————————

小四：——————————————————

师：好，转过来。我们就请一组来谈一谈，好吗？哪一组？理论上讲应该请三个男生和一个女生的，但是，我还是想请这一小组的同学，这一组。首先请——第一天晚上被送走的老大来谈一谈，谁是老大？

生：老大最大嘛，应该最懂事。他应该，可能会……

师：第一人称。

生：那么我想，我最大就应该体谅一下父母，然后像别的孩子都这么小，那就应该送我了，把我送过去，虽然有些难过，但我没有办法。

师：虽然很难过但是没有办法，因为我最大，我有一种责任感，是吗？因为已经七八岁了，已经很懂事了。穷人的孩子早当家，这是可以理解的。嗯，很好。

老二，先不要急，这里其实发生了一些事情，对吧？第二天早上这个故事的情节不要忽略掉。好，你来讲。

生：我已经五岁了，我还是懂一些事情的。早上的时候，爸爸跟我讲因为那个……昨天的事我还是很伤心的。他今天回来说要换我过去，一开始的时候我是不愿意的，因为要离开这么一个家庭，把我一个人送出去跟那些陌生人在一起。但再想想看，爸爸没错，应该我去的，因为我是老二，在家里面无关紧要的那种，我去好了。

师：好，请坐。跟第一次有所不同。那到了这一天的晚上呢？第三个孩子。

生：我也不知道，为什么爸爸妈妈要领我到一个陌生的阿姨面前，我只是一个三岁的小孩子，或者说，其他三岁有钱的小孩子在吃棒棒糖，但我只能张着个手在旁边玩水。昨天我看到大哥哥出去了一会儿，大家很伤心，都哭了，但他今天又高兴地回来了。二哥哥也出去过但很快又回来。我不知道我将来会怎样，或许我去了就不会回来了；不管怎么说我是一个女孩子，或许爸爸妈妈真的就要丢掉我了。

师：请坐。这位同学的发言特别有意思，前半部分用了一种完全陌生化的手法。看到的景象，客观地呈现，而很少有主观的评价。这个特别成功。

好，假设最后那个小娃娃也能说几句的话，他怎么谈呢？

生：我第一次看到大哥哥走了，很伤心地哭。但第二天我又看到他，就很高兴。没想到第二个哥哥又走了。就这样我一直在哭和笑之间。

师：噢，他不知道，最后噩运是否会降临到自己的头上来，很可怕……还好没有，还好没有。那么我觉得我们四位同学都比较温和，对吧？其实，我们没有看到其中惨烈的一面，就像刚才影片里面所体现出来的，这样一种撕心裂肺的感觉。其中体验——这是完全不同的，是很不一样的。这样的孩子的心，不管怎样总是非常难受的。这对父母出于无奈，而小孩子是很痛苦的，对吧？

第三幕

师：我们来看一看材料。材料上面的几则，也跟
"父母与孩子"有关，像周作人讲到小孩子
的委屈："我们大人经常损伤他们柔嫩的感
情，破坏他们甜美的梦，会对他们将来的性
格发生怎么样的影响？"这是周作人的观
点。

另外，纪伯伦的《先知·论孩子》里面他说
了一句话，他说："你们的孩子，都不是你
们的孩子，他们是凭借你们而来，却不是从
你们而来。"这个说得很有意思。

师：然后翻过来，在《圣经》里面有一个很著名的所罗门王，它是用来表现所罗门王智慧的故事。但这里面我们从母亲与小孩的角度来看一看，那又特别有意味了。所罗门王说，怎么样，一人一半吧，最后真母亲怎么说？"求我主！将活孩子给那妇人吧！万不可杀他！"给她吧，给她吧。

最后我们看一看刘以鬯，这是香港最优秀的一个作家。他的很短的一篇文章叫作《寒风吹在脸上像刀割》，这里有无数的重复，这些重复，你在没有人的时候读几遍，我觉得可能比那个影片还要感人。"车夫继续跑了几十步，我回头观看，母亲依旧站在人行道上，向我挥手。"不断不断不断地重复……这是我在现代文学当中看到的，最有力量的重复。这个重复是非常有意味的。

师：你看，孩子要离开，在放飞与留下之间，父母的抉择，究竟根据怎么样的标准呢？或者说，我们其他的材料，和川端康成的这对"父母"，同样都是父母之心，但他们的态度和方式有何区别？

你认同怎么样的父母之心？你觉得那对父母怎么样？你觉得我们这里谈到的父母怎么样？你怎么看？想一想，暂时不讨论，独立思考。然后我请同学来谈。

［生思考（35:05—35:35）］

你认同怎样的父母之心？

师： 谁来谈？谈谈这里的这对父母，他们有一颗怎样的心？刚才轮到哪里了？轮来轮去都是这个地方，不行，来，你来说，谈一谈。

生： 我觉得，他们真的爱孩子的话，一开始就不应该送。

师： 如果真的爱孩子，一开始就不应该送，是吗？好，请坐。一开始就不应该做出这样的决定。来，继续。你看呢？你如何评价川端康成写的这对父母？

生： 我觉得他们一直是很矛盾的。然后，他们其实是在（进行）感情和理智的一种较量。因为他们从一开始都明白，如果把儿女送出去的话，这对儿女是会比较好的。因而前面其实是用理智尽量地压制父母的本能，但是到后来，等于说理智溃败了，然后感情涌出来，然后就一定要把子女拿回来，就是这样。

师：噢，那么当时出于理智，他们为什么要把孩子送走呢？肯定有合理性。

生：一个是他自己家比较穷，第二个是送出的人家是个好人家。然后，看起来那个妇人还是比较爱孩子的，因为她可以理解后来父母来换孩子的时候那种心情。

师：有没有更加功利一点的解释呢？

生：为了拿那一百块钱。

师：噢，还有那一百块钱，对吧？而且小孩子到一个富裕的人家，他肯定会有一个更好的发展，是吗？这是完全可以理解的。

但是这对父母在有一件事情的处理上，不是最好。就像刚才第一位同学的说法，如果父母真的爱孩子，他们一个都不能送走。当时就不应该下这错误的决定，因为他们最后还是都要回来了。你怎么看？

生：我觉得他们完全就是为生活所困，因为没有父母会愿意和自己的孩子分离的，而且在读这篇文章的时候，我就知道最后就算是送出去也会是很难舍的。但是他们会下这个决定，我觉得是他们太缺钱了，可能。

师：已经被贫穷逼昏了头脑，是吗？太确切了，请坐。贫穷有的时候真的是一种罪恶啊。贫穷对人的摧残是很可怕的，穷人有的时候是很可悲的，所以我们要创造财富。这一点很要紧。

但是这篇小说里面最动人的地方其实并不在于父母送孩子，而在于父母把孩子送出去以后再要回来，而且一个孩子要回来以后，又送出去另一个，在于这个——你来说，把我的话说完。

生：他们送孩子是由于客观条件，因为送孩子既有钱拿，又可以让自己的孩子得到更好的发展。这是……他们刚开始也是出于一种爱孩子的心。但是，到后来送出去以后，他们难以忍受这样感情的煎熬，对于哪一个孩子都舍不得，所以说……

师：这句话说得太好了，难以忍受感情的煎熬。难以忍受感情的煎熬，这个感情是谁的感情？

生：父母——和孩子——之间的感情。

师：父母和孩子之间的感情，能否把它劈开来呢？我要问：是父母的感情，还是孩子的感情？

生：父母的感情。

师：好像是他们自己的感情，是吗？好，请坐。
又有点不一样了。所以我们说，把三个小孩
子送出去又要回来，其实，分离是多么可怕
呀。小孩子离开父母，觉得整个世界都崩塌
掉了。但是，很不幸，这对穷人夫妇的每一
个小孩，几乎都——来，往后〔示意下一位
同学〕——都怎么样？

生：都被那对父母要回来了。

〔众生笑〕

师：都被父母要回来了，没错，这是最后的结
局。但是过程中呢，都怎么样？

生：过程中……都被父母送出去了。

〔众生笑〕

师：都被父母送出去了，他们都会有怎么样的体
验？

生：都会有离开父母这种……

师：用个形容词。

生：就是，离别之苦。

师：离别的这样一种痛苦。也许这对父母的感情太粗糙了，他们应该想到保护小孩——不应该让每个孩子都来遭受一遍这种普通孩子都难以承受的巨大的心理折磨，对吗？这可能不是做得很妥当。

第四幕

　　诸位，把眼睛闭上五分钟，然后平心静气地想想父亲或者母亲，试试看。

　　你们的父母是如何深深地爱着你们，怀念子女的父母之心是多么温暖、多么广阔，直到现在不是依然使大家感慨万千、激动不已的吗？啊，用不着闭上眼睛，你们大家无论早晚不是深深地感到双亲之恩吗？

　　这个故事，肯定也是让你们知道父母之心是多么伟大的故事之一。

　　故事发生在从神户海港开往遥远的北海道函馆的船上。

师：好，我们继续看。但是作者的观点不一样。这是一篇节选，在节选之前还有原文。

原文川端康成是这样写的，他直接跳出来了。他说："诸位，把眼睛闭上五分钟，然后平心静气地想想父亲或者母亲，试试看。"

"你们的父母是如何深深地爱着你们，怀念子女的父母之心是多么温暖、多么宽广，直到现在不是依然使大家感慨万千、激动不已的吗？啊，用不着闭上眼睛，你们大家无论早晚不是深深地感到双亲之恩吗？这个故事，肯定也是让你们知道父母之心是多么伟大的故事之一。"

"故事发生在……"

师：请问，川端康成他认为"这个故事是让你们知道父母之心是多么伟大的故事"，为什么川端康成认为这样的父母是伟大的父母？这对父母这么贫穷，有时候也不太体会得到小孩的感情，感情可能也有点粗糙，也犯了些错误，但是川端康成却认为他们是伟大的父母。为什么？

我们是不是可以从作者本人的成长，或者他的创作谈中来找到一些合理的答案呢？研究一下《川端康成年谱》，我想请同学给我一个合理的答案。

［生阅读思考（41:32— 42:30）］

川端康成 · 简要年谱

1899年

6月14日早产，在母胎不足七个月。生于大阪市北区此花町，出身医家。

1901年（2岁）

父亲荣吉病逝。迁至母亲娘家。

1902年 （3岁）

母亲阿玄病逝，与盲祖父迁居原籍大阪府三岛郡丰川村。

两位老人担心他出门惹事，让他整天待在阴湿的农舍里，寸步不许离开自己的身边。这位年幼的孤儿与外界几乎没有发生任何接触，变成一个固执的扭曲了的人，把自己胆怯的心闭锁在小小的躯壳里，为此而感到忧郁和苦恼。

1906年 （7岁）

体弱多病。祖母辞世，与盲祖父相依为命。

"祖母为了抚养我备尝艰辛，我只是在她去世这天才侍候过她一次……大概是祖母看着我上了小学，感到莫大的安慰，才撒手人寰的吧。"

1909年（10岁）

寄养在姨夫家的姐姐芳子病逝。母亲死后，与姐姐只见过一面。

"祖父对于姐姐的死十分哀伤，也硬逼着我哀伤。我搜索枯肠，也不知该以什么样的感情，寄托在什么东西上才能表达我的悲痛。只是老祖父的悲恸欲绝，他的形象刺透了我的心。"从此培育出一种"孤儿的感情"，影响了一生的文学创作。

1914年（15岁）

祖父辞世，成为彻底的孤儿，独影自怜。

《十六岁的日记》："我自己太不幸，天地将剩下我孤零零一个人了！"

孤儿体验，因失去祖父而达到了极点。童年没有幸福，没有欢乐，没有人间的温暖。父母的爱，亲人的爱，对他来说都是非常空泛、非常抽象的。或者说，那只是他幼稚的朦胧的愿望。

1915年 （16岁）

开始中学寄宿生活并广泛阅读。

1922年 （23岁）

从东京大学英文科转读国文科，开始文学评论与创作。

《参加葬礼的名人》以第一人称的手法，叙述了"我"从童年起就参加了亲朋的数不清的葬礼，给自己留下了寂寞的心绪。这篇小说是作者孤儿生活经历的一个侧面记录。

《致父母的信》："祖父病逝，我当然感到悲伤，我在世上越发孤单和寂寞了！"

《孤儿的感情》《祖母》《致父母的信》等作品，主要描写孤儿的生活，表现对已故亲人的怀念。

"这种孤儿的悲哀成为我的处女作的潜流，说不定还是我全部作品、全部生涯的潜流吧。"

1968年（69岁）

获诺贝尔文学奖，在瑞典作《我在美丽的日本》的讲演。

1972年（73岁）

4月16日含煤气管自杀。

《川端康成传》，叶渭渠著，新世界出版社，2003年10月

研讨

研读年谱，了解川端康成的个人成长经历。

想一想：

为什么川端康成会认为这样的父母是伟大的父母？

因为 ‑‑‑‑‑‑‑‑‑‑‑‑‑‑‑‑‑‑‑‑‑‑‑‑‑‑‑‑‑‑

‑‑‑‑‑‑‑‑‑‑‑‑‑‑‑‑‑‑‑‑‑‑‑‑‑‑‑‑‑‑‑‑‑‑‑‑

‑‑‑‑‑‑‑‑‑‑‑‑‑‑‑‑‑‑‑‑‑‑‑‑‑‑‑‑‑‑‑‑‑‑‑‑

‑‑‑‑‑‑‑‑‑‑‑‑‑‑‑‑‑‑‑‑‑‑‑‑‑‑‑‑‑‑‑‑‑‑‑‑

‑‑‑‑‑‑‑‑‑‑‑‑‑‑‑‑‑‑‑‑‑‑‑‑

师：谁有所发现？谁来说？好，你来说好吗？

生：刚才说这对父母犯过很多错误，错误并不代表不是伟大的。从他的年谱上看，他是在很小的时候就丧失了自己的双亲，所以他对父爱和母爱，可以说是想象，或是从别人身上体会出来的。

然后他说，"这个故事，肯定也是让你们知道父母之心是多么伟大的故事之一"，那么可以说所有的父母都是伟大的。比如说要我写我父母的伟大，我是写不出来的，因为没有这种事情，我父母不会——还不至于贫穷到把我送出去，然后又很难割舍我，把我拿回来。这只是一个故事……就是如果说大家的父母都是如此贫穷，那么都可能会经历这种事情。所以说父母是伟大的，无非他们没有做出这种事情来表现他们的伟大。

师：说得太好了，请坐。有什么补充？没补充了？后面那位男同学，你有没有什么补充？

生：我觉得他前面……从文章本身来看，他写这篇故事是为了说明父母所做的一切都是为了孩子，父母把孩子送出去，只是为了剩下的几个孩子更好地成长，也包括那个孩子将来的发展。把孩子要回来也是出于自己对孩子的爱。那么他这里父母宁可……他们觉得与孩子将来的成长比，现在的一点煎熬应该算不了什么，而他们自己也忍受住了这种煎熬，那么这里也可以看出父母所做的一切都是为了孩子，所以可以说明父母的伟大。

师：请坐。虽然父母的方式可能不是最妥当的，但是父母这种情感依旧还是伟大的。从作者的成长轨迹也可以看出，川端康成之所以这样讴歌父母，渴望父母的爱，是因为他从小这样一种不幸的经历，他很小就失去了他的父母，没有这样一种父母之爱，所以说他才来讴歌和赞颂。那么我们顺着刚才这位男生的思路，假设你是这对不幸的父母——

〔下课铃响〕

假如你是这对不幸的父母，遇到这样的困境，你会采取什么样的方式？

如果你是作者，你会通过什么样的方式来表现"伟大的父母之心"？

师：你会采取什么样的态度？或者，我们继续深化，如果你是作者，这是一个虚构的故事，你又会如何，通过怎么样的方式来表现所谓的"伟大的父母之心"？

这些问题，由于时间关系，无法一一探讨了，课后有空大家可以想一想，好吗？好，今天上到这里，下课。同学们再见，谢谢大家。

〔全体起立〕

众生：老师再见。

（文字整理：方祎劢）

图书在版编目（CIP）数据

郭初阳的语文课. 第十堂课，小说阅读课：父母的心
/ 郭初阳著；黄月绘 . —— 北京：北京联合出版公司，2020.9
（2025.1重印）

ISBN 978-7-5596-4349-0

Ⅰ.①郭… Ⅱ.①郭…②黄… Ⅲ.①阅读课 - 中学
- 课外读物 Ⅳ.①G634.303

中国版本图书馆CIP数据核字（2020）第113243号

郭初阳的语文课

（第十堂课 小说阅读课：父母的心）

作　　者：郭初阳
绘　　者：黄　月
出品人：赵红仕
责任编辑：李　伟　李艳芬
特约编辑：吴嫦霞
书籍设计：陆红强

北京联合出版公司出版
（北京市西城区德外大街83号楼9层 100088）
北京联合天畅文化传播公司发行
北京美图印务有限公司印制　新华书店经销
字数30千　787mm×1092mm 1/32 2.5印张
2020年9月第1版 2025年1月第9次印刷
ISBN 978-7-5596-4349-0
定价：168.00元（全十一册）

樂 府

·

心里满了，就从口中溢出

我的读书笔记

第N堂课

郭老师私藏书单推荐

绿野仙踪

作　　者：[美] 莱曼·弗兰克·鲍姆
出 版 社：中国少年儿童出版社
译　　者：马爱农
出版日期：2012年7月

郭老师说：

　　"这是美式《西游记》呀：四人团队，跋山涉水，降巫伏怪，得其所求，返回故土……不读《西游记》，就无从得知中国的江湖与市井，中国人的幽默与童心；不读《绿野仙踪》，你怎能了解美国的风暴与璀璨，美国人的勇气与天真呢？"

扫码了解本书更多信息

安徒生童话故事集

作　　者：[丹麦] 安徒生

出 版 社：人民文学出版社

译　　者：叶君健

出版日期：1997年8月

郭老师说：

　　"这是叶君健直接从丹麦原文译出的《安徒生童话》，1989年，丹麦女王玛格丽特二世授予叶君健丹麦国旗勋章，感谢他把安徒生童话介绍给中国。"

扫码了解本书更多信息

电话里的童话

作　　者：[意] 贾尼·罗大里
出 版 社：新蕾出版社
译　　者：张密　张守靖
出版日期：2011年4月

郭老师说：

　　"推销药品的爸爸常常要出差，所以他只能在电话里给女儿讲睡前故事，书里足足收录了六十三个故事：冰激凌宫、数喷嚏的女人、逃跑的鼻子、蓝色的红绿灯、吃猫的老鼠……听听名字就很吸引人吧。"

扫码了解本书更多信息

闪亮的莎士比亚（全六册）

改　　编：[英]安德鲁·马修斯
插　　图：[英]托尼·罗斯
出 版 社：译林出版社
译　　者：徐朴 任溶溶 司南
出版日期：2011年7月

郭老师说：

　　"谁说小孩子不需要莎士比亚，谁说小孩子读不懂莎士比亚？这套书是一件珍贵的礼物，也是一个小小的挑战，中国的孩子，能爱上世界文学的经典吗？《李尔王》《凯撒大帝》《第十二夜》《罗密欧与朱丽叶》……十二个故事，配上世界一流的插画，熠熠生辉。"

扫码了解本书更多信息

永远讲不完的童话

作　　者：[德] 米切尔·恩德
出 版 社：二十一世纪出版社
译　　者：何珊
出版日期：2010年1月

郭老师说：

　　"对赫尔曼来说，最讨厌星期一的理由是，从这天开始的整整一个星期，他又不得不把宝贵的少年时光浪费在写字、算术和一些别的挺无聊的事情上。而在早晨这个时候，又遇上这种天气，再也没有比温暖的被窝更好的地方了……赫尔曼的故事，只是这本书十四个好玩故事里的一个。"

扫码了解本书更多信息

胡萝卜须

作　　者：[法] 儒勒·列纳尔
出版社：人民文学出版社
译　　者：王振孙
出版日期：2005年10月

郭老师说：

　　"胡萝卜须是一个笨拙憨厚的小男孩，他的让人心碎的童年故事，值得每个孩子去读，从中可以获得成长的力量。毛姆在《作家笔记》的前言里极力推荐，赞其'文笔朴实，既没有华丽的辞藻，也没有刻意的强调，这样的笔法倒让那悲惨的故事显得愈发哀婉凄楚'。"

扫码了解本书更多信息

自由与不自由

作　　者：[法] 布莉姬·拉贝
出 版 社：台湾米奇巴克有限公司
译　　者：刘德馨
出版日期：2013年5月

郭老师说：

　　"为什么小孩所拥有的自由比大人少呢？为什么我不能想干什么就干什么呢？为什么大人总要限制我的自由呢？等我长大以后就能真正拥有自由了吗？……关于这些问题的解答，就在《自由与不自由》这本书里。这是哲学种子系列里的一册，是畅销法国的儿童哲学书。"

扫码了解本书更多信息

阁楼上的光

作　　者：[美] 谢尔·希尔弗斯坦
出 版 社：南海出版公司
译　　者：叶硕
出版日期：2009年8月

郭老师说：

　　"作业机，哦，作业机，世界上最完美的机器。只要把作业放进去，再投进一角硬币，按下按钮，等上十秒，你的作业就会出来，又干净，又整齐……这本诗集里收录了一百多首诗，《作业机》是其中最不起眼的一首，谢尔·希尔弗斯坦的诗，小孩子都喜欢。"

扫码了解本书更多信息

小狗钱钱

作　　者：[美]博多·舍费尔
出 版 社：四川少年儿童出版社
译　　者：王钟欣　于茜
出版日期：2014年3月

郭老师说：

　　"这本书会告诉你，安贫乐道的传统观念并不正确。钱钱是一只会说话的狗，它教会了十二岁的小女孩吉娅与钱打交道的方法，吉娅还帮助父母走出了财务危机，改变了一家人的命运。"

扫码了解本书更多信息

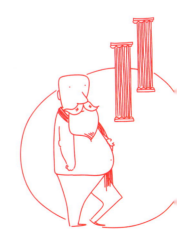

Athena

樂 府

·

心里满了，就从口中溢出

郭初阳/著　黄月/绘

郭初阳的语文课

评述集

静默有时言语有时

北京联合出版公司

目录

我完成我以完成你

郭初阳

成为语文老师纯属偶然。

小学的时候我拔尖的是数学，那会儿有珠算课，上学放学除了书包还要带一个算盘，用一根带子穿起两头，斜挎在肩上颇为威风，仿佛一杆冲锋枪——我的算盘打得飞快，从一开始，加二加三加四……一直加到一百，我常常第一个完成，颇得数学老师的赏识。小学同学后来听说我当了老师，想当然地以为我在教数学。怎么会成为语文老师的？因为读了杭州师范学院①中文系。怎么会去读师范的？因为高考后估计自己的分数不高，而填报师范可以加10分，于是就填了杭州师范学院。高考分数出来了一看：450分！加上10分，刚好到了1992年的本科线，于是世上就多了一个语文老师。

如今我教语文已经超过二十年了，想想自己从事的职业，依然觉得生命奇妙，不久前读罗杰·伊伯特《在黑暗中醒来》里的一段导语，很有感触，来来回

① 注：现更名为"杭州师范大学"。

回默念了好几遍：

如今的学生们，几乎从小学开始就踏上了一条职业发展之路，但我必须诚恳地坦白，我之所以读大学，唯一目的就是去上文学课，因为文学课实在很有意思。我阅读书籍，谈论书籍，评论书籍，获得学分进入下一个年级，然后继续做这些事；如果能一直在大学里念下去，我也乐意。我申请的是《每日新闻报》的职位，结果却进了《太阳时报》，这只是人生数次意外——或者说数次好运——中的头一回，它们奠定了我的未来。当年轻人向我征求职业发展上的建议时，我告诉他们根本就不存在这样的东西，真想知道的话就去看看对方的自传，你会发现偶然和计划所发挥的作用其实是一样大的。

罗杰·伊伯特所说的意思，就是汉语里常说的"人算不如天算"。在杭州师范学院读了四年中文专业，在教育学方面并没有受到很好的训练。课程计划、教材选择、文本的教育学转化、文本细读、教案写作、教学环节设计、课后评估、师生共处、与家长沟通的种种原则与方法，在我的印象里，四年的师范专业课里并没有提供以上充足的知识，只是学了一堆语言文学类的知识。当年中文系的师资匮乏，能触动学生心灵、为师范生提供教学示范的教授少之又少，对我帮助很大的有成立教授和黄岳杰老师。大学四年最大的收获是结识了蔡朝阳、周霖超、李驰东等几位好学友，还有就是养成了每周都去三联书店的好习惯；了解最新的出版资讯，《读书》《收获》一期不落地读，自自然然地把自己培养成了一名文学爱好者，远未成为一名合格的教师，然而当时凭着几本书和一点点知识的自负，想当然地自以为是一名好教师。

1996年从杭州师范学院毕业后，我在杭州翠苑中学任教，一所普通的小区配套中学，校名也就是小区的名字。如今的翠苑新村是极热闹的所在，而在二十年前，上个世纪90年代的翠苑处于杭州城的边缘，出了小区再往西，就是大片的田野、长着柿子树的湿地了。学校生源一般，那一届共招了五个班级，开学考试后分出两个重点班、三个平行班，我执教两个平行班的语文，孩子们的课堂状况可想而知。当时用的是浙江教育出版社的试用教材，看着《为中华崛起而读书》《春笋》《黄河颂》《长江之歌》《要说普通话》《打扫房子和洗脸》一篇篇课文，直让人觉得教师职业了无生趣，然而又没有办法，授课班级、授课时间都是固定的，只能按着课程表把自己和孩子们填进去就算完成了任务。

初中的小孩挺难教，一个班乱哄哄的四十多人，维持纪律，让课堂顺利进行下去，不是每个教师都做得到的。记得有一位老教师，每次进教室都执一根长教鞭，下缀红缨，一旦有小孩在下面吵闹，就以鞭击讲台，可是完全没有用，上面愈是鞭击下面愈是吵闹，噼噼啪啪的惊堂之声遥遥传入办公室，同事们就知道：又是某老师在上课了。

我与孩子们斗智斗勇，勉强管住了纪律，勉强地按着教材上语文课，但觉得心有不甘，总想要上一节自己心目中理想的语文课。几个月后，终于等到了一个机会，是一节空出来的班会课，我左手抱书，右手提着录音机，略带悲壮地踏进三班的教室，示意孩子们安静之后开始宣布："上那些课的时候，我只是一名教育工作者；上今天这节课，我才算是一个老师！"——现在看来，完全没有必要做这样的区分，两个名词之间也并无太大的差别，为什么当时觉得很有必要？无非是一个能力有限者的自视甚高而已，屡屡想着布道，无奈只能说书，其实呢连书也说不好——孩子们吃惊地看着讲台上的演说者，不知道他到底想要做什么，于是就静下来观望。只见他打开《诗经》，读起了一首诗："考槃在涧，硕人之宽。独寐寤言，永矢弗谖……"读完之后解释了一遍，好像是在说做隐士很不错；然后又打开另一本书，读了一篇文章，从头到尾没怎么听懂；接着把录音机横在讲台上，说了一通瞎子阿炳之后，按下了播放键，二胡的声音咿咿呀呀地响起来了。一个孩子终于忍不住了，叫了起来："郭老师你在教些什么呀？听都听不懂的。"后面究竟发生了一些什么，以及这节课是如何收场的，如今我已经想不起来了，只记得满怀的颓丧，那时的情景也许颇近都德《最后一课》里的描写吧：

> 韩麦尔先生站起来，脸色惨白……"我的朋友们啊，"他说，"我——我——"但是他哽住了，他说不下去了。他转身朝着黑板，拿起一支粉笔，使出全身的力量，写了几个大字："法兰西万岁！"然后他呆在那儿，头靠着墙壁，话也不说，只向我们做了一个手势："放学了，——你们走吧。"

这节课的挫败感是如此强烈，以至于二十年后我依然记得。从这节失败的课里可以引发出一系列思考，比如：学生优先还是内容优先？什么是有价值的教学内容？教师如何来自选教材？怎样搭建支架帮助孩子们走进高深经典……对这些问题的思考一直贯穿在我后续的教学中。后来我在布鲁纳的书里读到"三任何"理论，激动得汗毛根根直竖，慨然引为知己，这个译成中文仅有二十七字的句子，成了我最爱的一句教育名言："任何学科的基本原理都可以用某种形式教给任何年龄的任何人。"①

如今我在平静中回忆，当年那节课应该否定的

---

① 《教育过程》页32，[美]布鲁纳著，邵瑞珍译，文化教育出版社，1982年11月。

绝不是教学内容，无论是《考槃》《原君》《二泉映月》都是绝佳的教材，应该否定的是当时的教学方式，至少犯了三个大错误：

第一，不应该把这三个优秀作品毫无理由地叠放在一起，试图在一节课里完成。同质或异质的优秀作品放在一起的前提是作品间有相通之处，能构成互文关系，相得益彰或相映成趣，否则就是毫无章法的堆砌。

第二，没有考虑教学里的时间因素。时间是教学中的关键变量，教师需要至少考虑三个时间段（一学期、一周、一节课），资深的教师甚至能发现学校生活潜藏的规律，比如从周一到周五每天的特性是不一样的，逢周四学生的表现最糟糕——这些当然都是后话了，在二十年前，一只刚刚从师范出来的教学菜鸟哪里懂得这些经验之谈呀，所以注定把课上得一塌糊涂。

第三，并不了解孩子们的诉求和他们的认知水平。布鲁纳的"用某种形式教"这六个字，如一枚千斤重的橄榄，大有回味：孩子们喜欢什么样的形式？这种形式能激发孩子们的兴趣吗？这种形式合乎孩子们的认知水平，并能促使孩子认知力的提升吗？教师是否认真设计了教学形式的每一个环节？

如今，我早已与当年那位"愤怒的青年教师"达成了和解，若不是因为"他"的愤怒，我不可能走到今天。写到这里，我停了好一会儿，检视自己对这件往事的情绪体验——那种颓丧挫败已经缩成了一个很小的内核，而包裹其外是丰厚的感激，这也许是叶芝所说的"随时间而来的智慧"：虽然枝条很多，根却只有一条/穿过我青春的所有说谎的日子/我在阳光下抖掉我的枝叶和花朵/现在我可以枯萎而进入真理。

在我看来，人生仿佛一个繁复的公式，每一个节骨眼上都会生出新的变量，而童年时期的影响则是人生公式里重要的初始参数，我之所以成为现在这个样子，倘若追溯到更久远的从前，也许和我的小学有着丝丝缕缕的关联。

我的母亲曾是一位乡村小学教师，她任教的班级是复式的，两个年级的孩子按照各自的组，同坐在一个教室里，老师得安顿好这个年级的孩子，再来教授另一个。这样分身有术的课堂，令人赞叹。她在上课时，无暇顾及比她的学生更年幼的我，就任凭我在教室外面的沙坑里爬来爬去，掌握着一辆坦克——用沙子填满她的粉笔盒，插上一条树枝而成。

后来我一年级了，她是我的语文老师与班主任，教会我拼音与造句，现在我还保留着一本当年的作业本，封面上的名字，是她替我写的。很多次我怀疑，自己仅有的一些"课感"，是不是来自从小在母亲课堂中的耳濡目染。三岁看到老，江浙一带自古就有这样的说法。

至于那个小小的学堂，本是祠堂，北面是一个戏台，南面两间是办公室，一间音乐办公室里有一架木风琴，我很小的时候，不知怎的曾被翻倒的木风琴压住，几致窒息。东西两面各有两间教室，墙壁是容易破的，记得母亲曾叫她的学生端来黄泥，糊补墙的漏缺。四周一圈房子，围出一个四五十个平方的天井，地面铺着青石板。一下雨，边角上的积水一时退不去，有一次下课，一个同学将黄帆布书包戴在头上，模仿做戏文中的武将般的庄严，不幸方步踱来踱去乱了分寸，书包调了个儿，翻盖的一面朝前盖住了脸，一脚踏空，落到了下面的水坑里。

冬天则喜欢玩一种"啊呜走"的游戏，简单得很，小萝卜头们在墙壁前，左右两队，一齐朝中间用力挤，中间被挤出去的，添回到队伍的尾部，几次下来，手足大热，故而乐此不疲。还有一个野蛮的游戏，不知道叫什么名字，似乎是将某人面朝下扑倒在地，然后叠压上去，第三人，第四人……横七竖八地叠上去，底下的人手足并用，奋力爬出来，一旦爬出来，立即把自己叠到罗汉堆的顶部，原理其实和"啊呜走"差不多，只是一个立着，一个躺翻而已。

某年清明我重回那里，已经全然荒废，窗户洞开，横梁欲坠，墙上有墨写的字迹依稀可辨："毛主席的红小兵，爱护公物是本分，变压器下不嬉戏，东西不可到处扔，电力……"最令我惊诧与伤感的是满天井的青草，曾经在那里做广播操、满地奔走的青石板天井呵，姜夔写过这种感受的："荞麦弥望，入其城，则四顾萧条。"

　　读完一年级我就和母亲一起离开了那所小学，随着她工作的变动，我在四年里换了三所小学，后来的许多经历已经淡忘，然而不知为何，那所乡村小学里层层叠叠的堆人游戏，游戏里被压在下面的小孩，奋力挣扎着想要爬出来的一幕却清晰得很，很多年以后，他又一次从堆人游戏中挣脱了。

关于自由

问：朱桂英[1]

答：郭初阳

问：您心目中的儿童哲学教育大致内容是怎样的？

答：哲学起源于怀疑，哲学是爱智慧，是认识你自己。苏格拉底说过，未经省察的人生是不值得过的。这是因为日常生活只有经过批判性思考，品质才能发生变化，变得丰富而有深度。正如诺齐克所说："投入的专注思考越多，它的结构就越好，意义也越丰富。生活的情形概莫能外。"

在追求智慧与认识自我的道路上，儿童与成人并无差别，事实上，因为纯真未凿的天性，儿童天然地更加亲近哲学。马修斯《哲学与幼童》开头所举的哲学问题，大凡儿童都曾有过，但有几个成人还会常常想起呢："蒂姆（大约6岁）正在忙着舔锅子时问他爸爸：'爸爸，我们怎么能知道这不是在做梦呢？'"

我心目中的儿童哲学，当是能激发与培养儿童提出问题的能力，在习以为常的生活中，发现惊奇与

---

[1] 朱桂英：原《新京报》记者。

值得怀疑之处。既关注琐屑小事，也时时思考人生的重大问题：生活的意义、信仰、时间、真实的本性、真理的类型、心—身问题、性、爱、自由意志与决定论、道德、公正……哲学的范畴，也就是儿童哲学的范畴，只不过采用儿童能理解的语言来探讨罢了。

问：您在母语阅读论坛上的课，其实是公民常识教育，公民常识教育与现在市场上出现的儿童哲学启蒙读物中出现的主题有重合之处，比如公平、自由，后者往往把主题简化，意在让孩子获得一个简单的理念，然后随着他们慢慢长大接触世界，自己去丰富自己的理念，而您的公民常识课，希望孩子对比如"自由"这样理念的理解，达到怎样的程度？

答："自由"一课是与李庆明老师同台执教的，两个人围绕同一个核心词，各上一节课。李老师从"自由是不受约束"出发，到"自由是有限度的"，再区分了"去做的自由"和"免于的自由"（积极自由与消极自由），最后引出"Freedom is not free"的两种译法：一、自由即不自由；二、自由是要付出代价的。

李老师的课如同一条河，脉络自然，姿态横生；我的设计则更像打一口井，只求在一点上（言论自由）深深凿入，直至泉源喷涌。

我这节课的核心就是约翰·密尔《论自由》里的那

句话："迫使一个意见不能发表的特殊罪恶，乃在它是对整个人类的掠夺。"这个略显得艰深的句子仿佛一架飞机，孩子们只有进入之后，才可以随之振翅高飞；而如何登机则是一个难题，孩子们需要一个适合他们高度的舷梯——于是采用了《伊索寓言》中的一则《开玩笑的牧人》，铺垫出几级不难踏上的台阶：

有个牧人赶着羊到村外较远的地方去放牧，他常常开玩笑，高声向村里人呼救，说有狼来袭击他的羊。

有两三回，村里人惊慌地跑来，又都笑着回去。

后来，狼真的来吃他的羊了。他放声呼救，村里人都以为他照例又在开玩笑，没有理他。结果，牧人的羊全被狼吃掉了。

伊索原作（1.0版）之后，又设置了故事的两个变体，2.0版和3.0版，从1.0版的"假话"，到2.0版的"真话"，再到3.0版的"意见（难辨真假）"，顺理成章地引出："对于一个难辨真假的'意见'，可否迫使它不能发表？"自然地过渡到密尔的句子。分析密尔的句子时，使用了四个辅助的小问题：

1. 迫使一个意见不能发表，是建立在怎样的假设之上的？

2. 你是否知道一个伟人或一个时代所犯的错误？

3. 为什么迫使意见不能发表，就是罪恶？

4. 一个意见和整个人类的密切关系，你可以举一个例子来说明吗？

配以五味太郎的图画书《鲸》和查尔斯·伊姆斯（Charles Eames）及雷·伊姆斯（Ray Eames）的短片《十的次方》（Powers of Ten）来帮助理解。到了最后，孩子们能根据自己的理解总结道："发出声音的牧人，其实是一个关于**说话的权利**的故事。"这便是孩子们对言论自由这一概念的理解。

问：儿童哲学启蒙、儿童公民教育，您怎么看这两者的关系？

答：儿童哲学启蒙和儿童公民教育，严格地讲，分属于两个领域，后者属于政治学和社会学。不过也有许多交叉领域，比如"自由"，是一个哲学概念，也是公民教育必须涉及的内容。在哲学领域里谈自由，往往是与决定论相对的——主张决定论的人，认为每一件事都有原因（包括人的思想和决定），且完全由自然定律所支配，这样，人就不是自由的，也不必为自己的行为负责。

在母语阅读论坛上的课，我的课堂是指向儿童公民教育的。无论是儿童哲学启蒙还是儿童公民教育，目前都是相当稀缺的，希望中小学教师能做多种形式的探索与尝试。

问：您曾经写过一本关于开会的小读本，其实是偏向公民教育，编写的原则是什么？

答：那本书名叫《大人为什么要开会》，是一套给孩子的社会启蒙书里的一册。这套小通识读本很好玩，比如《为什么不能把所有东西买回家》《我生来就使用筷子吗》《从前，有一个点》《从前，有一嘟噜童话》……总的特点是尊重孩子的单纯与好奇，从孩子的眼光看待问题。

编写的原则首先是有趣，在津津有味的文字中获得常识；其次是将孩子当作平等的主体，顺应孩子的天性；最终的目的，是帮助他们成为健康明朗的、未来社会的主人翁。

课堂里的课程意识[1]

程红兵

自从新课程改革以来，老师们积极行动，开展了一系列的课堂教学改革。有专业研究人员曾经做过粗略统计，中国教师发明创造了六千多种教学模式，毫无疑问这些改革都起到了非常积极的作用。教学改革当然是课程改革，但仅仅是课程改革的一个方面。怎么教固然重要，但我以为更加重要的是教什么。也许老师们会认为课本教材、教学参考书已经清楚地规定好了教什么，按照要求实施教学即可，我以为并非如此简单。

郭初阳老师教学《〈伊索寓言〉一则》，别开生面，给孩子们分别呈现了1.0版、2.0版、3.0版三个不同的寓言版本。

1.0版。有个牧人赶着羊到村外较远的地方去放

---

[1] 注：第一次上这节课是在2011年4月17日的南京，上好就整理了课堂实录，后来在无锡、杭州、成都、深圳等地又上过多次，教案有优化。程红兵老师文中提及课堂上孩子们探讨的四个问题，在第一次的课堂实录中尚未出现。

牧，他常常开玩笑，高声向村里人呼救，说有狼来袭击他的羊。有两三回，村里人惊慌地跑来，又都笑着回去。后来，狼真的来吃他的羊了。他放声呼救，村里人都以为他照例又在开玩笑，没有理他。结果，牧人的羊全被狼吃掉了。

这个版本是寓言原版。

郭老师让孩子们读了上面的故事后，请他们说说"这个故事说明了什么"。答案比较统一：说谎的后果很严重。郭老师则把这个版本命名为"开玩笑的牧人"。

2.0版。有个牧人赶着全村的羊到村外较远的地方去放牧，他常常遇见狼，高声向村里人呼救，说有狼来袭击羊。很不巧，等村里人赶到的时候，狼都已离开了，羊也都没事。有两三回，村里人惊慌地跑来，又都笑着回去，以为牧人在开玩笑。后来，狼真的来吃他的羊了。他放声呼救，村里人都以为他照例又在开玩笑，没有理他。结果，全村的羊全被狼吃掉了。

郭老师把这个版本的故事叫作"说真话的牧人"。孩子们对上面两个版本的故事做了比较，发现说真话的牧人跟说假话的牧人的后果一样严重，甚至损失更惨重。

3.0版。有个牧人赶着全村的羊到村外较远的地方去放牧，他说自己常常遇见狼，高声向村里人呼救，说有狼来袭击他的羊。很不巧，等村里人赶到的时候，并没见到狼，羊也都没事。有两三回，村里人惊慌地跑来，又都笑着回去。有狼？这似乎是不可能的，因为很多年来，村里别的人从没有遇见过狼，全村的人都不相信会有狼，除了那个牧人——他不断散布有狼的言论，让整个村子感到紧张不安。于是村里人勒令牧人戴上一个特制的口罩，让他保持安静，不许再发出声音。

后来怎么样呢？郭老师让孩子们猜答案，让他们设计一个特别的、出人意料的结尾。孩子们很优秀，通过思考、讨论，设计出了种种不同的结局，有平安的结局，有英勇的结局，有皆大欢喜的结局，也有悲惨的结局。郭老师把这个版本的故事称为"发出声音的牧人"。

郭老师跟学生一起小结了三个不同版本的故事，分别为"假话、真话、意见（难辨真假）"。郭老师适时地出示了大哲学家密尔在《论自由》中的一句话，"迫使一个意见不能发表的特殊罪恶，乃在它是对整个人类的掠夺"。郭老师让孩子们探讨这样四个问题：

1.在3.0版中，牧人的意见不能发表，最严重的后果是什么？

2.你有过"意见不能发表"的经历吗？感觉如何？

3.你有过迫使别人"意见不能发表"的经历吗？当时为什么这么做？

4.一个意见和整个人类的密切关系，你可以举一个例子来说明吗？

郭老师把孩子们的思维拉到了很深很远的地方，但他收放自如，最后引出"我不同意你的观点，但是我誓死捍卫你说话的权利"，轻轻松松地将孩子们的思维拉回到最初的《狼来了》的故事，让孩子们明明白白地理解"发出声音的牧人"其实讲的是"发言权""话语权"的问题，是"人人都有发表自己意见的权利"的故事！

毫无疑问这堂课是创新的语文课。创新体现在教师彻底颠覆了传统的语文课堂，颠覆了语文教师的常态行为。一般的语文老师是把教材文章作为客观存在，作为静止不变的客观实体、学习内容，是不会去改动教材的，基本上就是拿来主义，教师只是研究怎么教好的问题，说到底基本停留在教学方法层面的改革。而郭初阳老师把教什么的问题摆在第一位，这是课程意识的最好体现。他的课堂改革改的就是教学内容，他重置了课堂教学内容，把传统名篇通过创造性的改编，由一而三，一一对比，其目标指向非常清晰。他既教语文，又教思想；既教工具，更教做人，教未来公民所应具有的基本素养；即教学生的核心素养，学会尊重，学会尊重他人的表达。

应该说郭老师精心设计，非常巧妙，基于自己的教育目标，对教材内容做了微小但又是根本细节的改动，改动的目的不是推翻原文，而是拿原文与改文做对比。开玩笑、说真话、意见难辨真假，三种情况一一对比，凸显话语权的问题，凸显教学的主旨所在——尊重每个人的话语权。郭老师设问惜墨如金，每个问题设计都非常考究，且环环相扣，我非常欣赏郭老师课堂最后所提的四个问题，尤其欣赏第三个问题："你有过迫使别人'意见不能发表'的经历吗？当时为什么这么做？"这是让学生将心比心，设身处地，反省自己。我们有些学生担任班干部，秉承班主任的旨意，动不动就管教别的同学，甚至于不容别的同学辩驳，把自己的意志强加给其他同学，时间一长，他们很容易自以为是，将来走上社会，当上领导，颐指气使，管控他人。为什么会这样？最根本的一点，就是认为自己的意见是正确的，是真理，因此容不得别人辩驳，而且要维护自己的面子，要维护自己的领导权威。他们从来不问问自己：你敢肯定，你的意见一定是正确的吗？一定是最合理的吗？一定是最科学的吗？一定是无可争议的吗？他们从来不想想：人在宇宙中，是如此渺小；你又何以如此居高临下，自以为是，容不得他人发言、辩驳？我想郭老师这个问题的抛出，对学生而言是刻骨铭心的，尤其是对班干部！这是一堂有文化含量的智慧课堂。

一线教师最喜欢听课、观课的培训形式，通过听课、观课，我们可以学习别人的教学技巧，学习别人的课堂模式，学习别人的管理方法，学习别人的技术手段，然后模仿运用在自己的课堂里。这当然是应该的，但是时间一长，也会出现这样一种情况：我们经常看到很多老师听课、观课只关注这堂课上得好是用了什么方式方法、什么技术手段、什么教学模式，而不是关注人，不是关注这个把课上好的人，不是关注作为教师的文化素养。一堂好课的组成要素有教学技巧、教学技术和课堂管理方法，但是仅仅掌握一些教学技巧、教学技术和管理方法是绝对上不出一堂有文化含量的智慧的课的。智慧的课堂需要教师有深厚的学科修养，需要教师对教育、对课堂、对教师自身的意义有深刻的理解：教育到底应该干什么，教学到底要培养学生什么样的核心素养，课堂里最应该向学生传递什么，教师到底是什么角色。深厚的教育修养、学科修养需要教师深厚的积淀，深刻的课堂理解需要教师有批判性思维。郭初阳老师之所以能够上出这样的课，是因为他对教育、对语文教学有自己独特的理解。他有自己的思想，有批判性思维，所以能够重构课程，重构课堂。我非常认同这样一句话：所谓教师，是成人世界派往儿童世界的文化使者。

教师就是承担着文化使命的使者，对学生负有精神引领的责任。郭初阳老师这堂课就是引领学生认识人生，认识未来，认识社会。郭初阳老师是浙江语文教师中的自由人，从体制中走出来之后，进行了一系列大胆的探索与实践，这些探索与实践产生了非常大的影响，他的课堂鲜明地体现了课程的意识。

"小康德"的课堂和课堂
上的"小康德"

——我看郭初阳执教《哈里
森·伯杰隆》

周益民

听闻初阳给小学六年级学生上了一节儿童哲学课，谈论"平等"，我的心里充满了惊异。我实在想象不出，该如何与小学生谈论这样一个复杂的话题。当然，我一点儿都用不着杞人忧天，以多年来对初阳的了解，我相信，他定会创造一个奇崛的课堂。

满怀期待，细心看完。我认为，这节课同初阳以前的课一样，仍是"内容为王"。也就是说，其课堂最大的魅力来自对教学内容的开掘，将学生的视野和思维带到一个前所未有的开阔地带。这与"方法至上"的课是两种迥异的走向。

一、故事：是手段，也是本体

美国后现代课程专家多尔说过："当我们向这

一时代前行之时，我们需要将科学（Science）的理性与逻辑、故事（Story）的想象力与文化，以及精神（Spirit）的感觉与创造性结合起来。"热爱故事是儿童的天性和本能，儿童与生俱来地对情节、细节、悬念、冲突等富有好奇。初阳的这一课，就是以故事探讨哲学话题的范本。

不妨假设，抽去美国作家库尔特·冯内古特的小说《哈里森·伯杰隆》，那么，这一课也将不复存在。可见，本课的教学是建立在一部小说的基础上。

为什么选择这部作品？

短篇小说《哈里森·伯杰隆》属于象征类科幻，可以视作一个科幻寓言：未来的国家通过各种设障实现了绝对平等，智慧者佩带"智能障碍"，漂亮者戴上丑陋的面具，高大者背着"障碍袋"。"智能障碍"、面具、"障碍袋"自然是象征。小说开篇即道："那是2081年，终于人人平等。"初阳找到了一个与教学主题高度契合的作品。

设想一下，教师换用相关的其他素材，诸如政治与社会新闻、日常所见等，我认为在效果上将会大打折扣。

其一，作为结构化的作品，小说在一定长度内，动用各种文学笔法，在波澜曲折中牢牢抓住了学生的注意力。学生始终在作品的规定情境中不断思考，不断深化着认识，这显然比碎片化的素材组合要高效。

其二，作为典型化的作品，小说以极端的方式、夸张式的情节设置，将"平等"的问题以特写镜头般直接突显在读者眼前。作品内里逻辑严谨，细节饱满，揭示了一种荒诞的必然，让人触目惊心。

教师又是如何运用作品实现教学目标的呢？

我们发现，几乎一半时间，教师在带领学生做着文本解读的工作：先是聚焦"人人平等"，随后引导学生从"智""貌""体"三个方面加以概括，再要求学生找出所有设置障碍的方式和实施的细则，进而讨论作品中哈里森及其双亲的表现。

通过梳理不难看出，教者的教学思路基本顺应着作品的阅读思路。教者当然是要借助作品最终奔向那个抽离具体作品而存在的价值，在这个"奔向"的过程中，作品发挥了极大的作用，它是思考与讨论的凭借和抓手，避免了教学流于概念化的危险。更为重要的，作品中的人物际遇是儿童热切关注的对象，他们为其担忧、顿足、慨叹，与人物一同经历着、体验着。他们真正走进了这个明明十足虚构却又无比真实的文本，事件之"假"因为情理之"真"而更显其"真"。于儿童而言，这种"经历""体验"比那些纯粹抽象的思辨与讨论更有力量。

二、思辨：是方法，也是目标

"思"是儿童哲学课的核心。儿童哲学先行者，美国的马修·李普曼教授认为，儿童哲学的主要目标即是提升儿童的思考技能。在《教室里的哲学》（*Philosophy in the Classroom*，山西教育出版社，1997）一书中，他提出儿童哲学的总目标是让儿童学会独立思考，为自己而思考，以及思考思维自身。

初阳的这一课，让我们看到了一般小学课堂极难看到的思辨的深度。

这种深度，首先缘于教者对作品的开发。前半课主要是基于作品的解读式讨论，初阳的功力表现在对作品的处理上，哪里需要停顿，哪里需要强调，哪里需要设疑，看似随性，实则步步精心。譬如，小说第一段有句话：

没有哪个人比别人聪明些，没有哪个人比别人漂亮些，也没有哪个人比别人强壮些或者灵巧些。

此句并无微言大义，一般读者不会过多在意，初阳却在此处做了认真的停留，指导学生将这三点概括为"智""貌""体"三个方面。若不见课堂全局，我们会狭隘地将其定位于语文意义的概括训练。待至课的后半程，就会觉悟这一环节的重要铺垫作用。教者借孟德斯鸠的话，警醒学生关注"真正的平等"，而真正的平等，绝非止于"智""貌""体"的所谓平等。于是，教学顺势朝向山巅挺进，一同探讨真正的平等所指。

再如，把握"平等"的相对与绝对是教学的难点，但在初阳这儿似乎并未费太多周折，原因仍在于他很智慧地利用了作品这一资源。他说："那么在这个横线上，你会放一个什么概念呢——这样可以起到一种很好的平衡作用，避免这种脑瘫或者智障的事情发生。"由于有了具体的支撑，抽象的思辨立即变得明晰化了。

这种深度，还得益于教者资源整合的匠心。在研读教学实录时，我关注到教者于小说之外补充的不多的几则材料：

材料1

在民主政治之下，真正的平等是国家的灵魂。

——孟德斯鸠

这则材料先后两次出现。第一次是课始，旨在强调"平等"的重要意义、非凡价值。第二次则于作品讨论的尾声出现，在"人人平等"的法则下，哈里森被打死，他的双亲却麻木不知，这时，教者请学生回顾孟德斯鸠的这句话，随即是层层推进的发问："在智力上的平等，在外貌上的平等，在体魄上的平等，这样的平等是真正的平等吗？""那到底什么才是真正的平等呢？"将学生对问题的探讨推向了一个新的高度。如果说小说是文学的表达，孟德斯鸠的这句话似乎可以称之为政治的、哲学的表达。文学表达具有朦胧性、描述性，哲学表达则直接揭示事物的本质，准确、清晰的表述让学生的思辨变得有序、可视。

材料2

就如经上所记："没有义人，连一个也没有。"……因为世人都犯了罪，亏缺了神的荣耀。

——罗马书

我们所有宪法建立的基础，都是人的生而平等。

——托马斯·杰弗逊

雕像《蒙眼的忒弥斯》

材料2包括三则，其功用分别指向解释"在上帝面前平等"和"在法律面前平等"。这是两个似乎天经地义可又极难说清的命题，一般人往往自动忽视，初阳却以其敏锐和博识轻轻松松就破了招。

材料3

根据小说改编的电影片段。

影片的引入固然有活跃课堂气氛、调节课堂节奏的因素，更重要的，则是将作品的高潮部分以另一种更为直观的形式呈现给学生，促使学生思考人物的命运以及背后的因果。

材料4

在立法过程中，采用同工同酬，并且不因性别而歧视他人，这只是一个简单的公正问题。

——艾森豪威尔

我们没有同等的才能，但我们都应当有同等的机会发展才能。

——肯尼迪

讨论"＿＿＿面前，人人平等"时，一学生说出"男女面前应该人人平等"，这样的回答在"上帝""法律""自由"之间似乎肤浅了些，学生中起了一阵善意的笑声，教者却出其不意地出示了艾森豪威尔的这句话，既是对该学生的巨大褒奖，同时也在暗示，这种对平等的追问，就从我们的身边开始。很自然地，学生提到了社会底层民众的问题，教师用肯尼迪的话加以小结。

材料5

独立宣言片段。

这是全课的顶峰，教者借用这段话表明自己的用心。然而，它又不是强加的，在课堂的层层推进下，学生的思维越过一道道沟坎，终于水到渠成。

这些材料的补充适时适度，配合着教者苏格拉底式的追问，对学生的思维起到了推波助澜的作用。

最为根本的，这种深度出自于教者对学生思维发展的把握。他知道对于这样一个复杂的命题，学生将面临哪些困难，需要经历哪些过程，他周全地给予了到位的扶携和点拨，从而给我们带来了惊喜。当然，纯粹从技术的角度看，我以为某些方面还可以操作得更为周密些。比如，最后与学生讨论关于"平等"的相关概念时，教师以身高、盲道等为例说明，固然明白浅近，如果能结合前面有关性别、阶层等讨论进一步阐明，可能从思辨的角度看会更加严谨。

三、儿童哲学：是哲学的，也是儿童的

儿童有自己的哲学，有其对世界和自身的独特体认与思考，皮亚杰甚至充满敬意地称儿童为"小康德"。我们从初阳的这节课上，能鲜明地感受到儿童哲学的光芒。

儿童的哲学是独立的。如果说，象牙塔里的成人理论哲学更为注重抽象的、逻辑严密的思辨，那么，儿童的哲学显然是感性、具象的，有时甚至是跳跃、诗性的。如果说，成人哲学的面貌是冷峻的，那么，儿童哲学更多的则是烂漫的、活跃的、叙事的。两者呈现出不同的美。

课堂上，学生对小说中情节的离奇、人物的命运表现出热切的关注，思路因之畅开，这些都表现出这个年龄的固有特点。无论在内容还是方法上，教者都遵循了这一特点，因而走向了课堂的高地。

儿童哲学开发了儿童的可能性。儿童确实具有无限的可能性，不仅是"现实的儿童"，还是"可能的儿童"。我们既要关注儿童的当下生活状态，也要关心儿童可能的理想状态。这节课的最后，学生的思维达到了一个全新的高度，这种充满思维挑战的课堂正是目前非常匮乏的。我们同时看到，诸如"自由""平等"这样的宏大话题，也可以以"儿童的面貌"出现在儿童的课堂。这个世界终将是儿童的，他们需要为"未来的社会"做好准备。在这样的课堂里，儿童获得了深刻的体验，开阔了自己的经验视界，实现了与周围世界的联结。

关于儿童哲学观，历来存在不同的取向。有的认为儿童哲学是以探究为主，以儿童之所需而进行探究；有的则重在建立儿童日常所使用的概念。综观初阳的数个课例，我以为他一直努力谋求的，主要是帮助儿童获得自己的哲学思想，形成对人生、对社会、对国家的基本立场，养成不断反思和追问的求真态度。

初阳的课堂一再提醒我们：大胆地放手，请相信儿童，儿童有自己的深刻和伟大；谨慎地呵护，请从儿童出发，儿童有自己的路径和方式。

如何去爱智慧

——评《苏格拉底的申辩》一课

范美忠

何为哲学

何为哲学？儿童的心理特点是怎样的？如何对儿童进行哲学教育？这些都是需要预先进行考量的问题，否则我们的教育教学行为将非常不哲学。其实，传统汉语中没有哲学一词，哲学作为一个汉语词汇，是日本人借助汉语翻译英语化的希腊词语"philosophy"进行创造的结果。但这一翻译其实很成问题，"philosophy"原本由"philo"和"sophia"两部分组成，前者本意为"爱"，尤指对至高者的爱，后者为"智慧"之意。此一翻译造成了两大误解：其一，由"philo"所传递的追寻智慧的心灵渴求和动态过程丧失了，似乎智慧是静态的现成在手之物，似乎各种与至高者无关的五花八门的思想皆配称为哲学；其二，智慧本为知行合一之生命修行和体证，乃是一种存在方式。故此，智慧和人之在世、存在不可分离。而所谓"学"也者，似乎智慧是与人之生存、体征毫无关系的纯粹学问和知识之运作。怪不得如今时代大学里研究哲学的所谓学者多如牛毛，而哲人却不见踪影，智慧亦无从追索。

那么何为智慧？严格意义上说，智慧即天地宇宙万物所从出之本源本身，涉及我们从哪里来，到哪里去的问题。"philosophy"的准确翻译其实是现成的，"求道"或"究竟"皆可。明白了所谓"哲学"之真义，我们就知道，那种认为希腊式之概念和逻辑之运作才叫哲学，中国没有哲学的说法完全是胡说八道。就对智慧之爱而言，任何一个文化皆有，而如果他们有了"上帝"或"道"这样的认知或领会，就可以认为他们有智慧了，对此有充分领会之人即为哲人，接引或传达神意和天道之书即为智慧书或曰"经"，用习以为常的说法就是"哲学书籍"。这样一来，我们就不会认为只有希腊哲学才是哲学之正宗，也不会认为概念逻辑之思维运作才配称为哲学，也不会认为苏格拉底才是哲学家之唯一正宗代表。

明白了哲学之真义，对哪些文本适合作为哲学文本就很清楚了。那就是各文化之核心经典。比如希伯来之《圣经》，印度文化之《奥义书》《金刚经》，中国之"四书"、《老子》《庄子》等，《柏拉图对话录》自然也可纳入，后世之所谓西方哲学可能就处于可有可无的次要地位了。至于哲学家范围也将大大拓展，比如希伯来之先知，禅宗之高僧，道教之真人皆可成为教学之对象。如果哲人就是指对道有充分领会从而能很好解决生命意义问题和安顿生死的人，那么陶渊明就是一个比朱熹和尼采更伟大的哲学家。

应如何进行儿童哲学教育

如何对儿童进行哲学教育呢？如果哲学这个概念本身就有问题，那么我们换一种说法，如何在教育中帮助儿童的精神发展？这就涉及对人本身精神成长规律的观察和把握。就我个人的观察和体会，人的精神发展分为三个阶段：儿童期是直觉感受，青年期是分析理性，中年以后进入悟性综合阶段。

就儿童之特点而言，两类文本是合适的，一是能传达精神奥义之故事，比如《圣经》故事，《庄子》中的寓言和神话等，它们对应了孩子图景化认知的心理特点。给孩子讲述这些故事的时候无须进行理性分析，故事中的精神奥义会无形作用于孩子的心灵。当然，如果孩子主动提出问题，也可以进行讨论。还有一类是启示或体证式的箴言式文本，比如《新约》《老子》《论语》和《心经》等，现在流行的读经教育即是此等教育。

概念逻辑之批判反思性哲学教育则适合十四岁以后青春期孩子的精神发展阶段。这个时候，苏格拉底式的思辨哲学是合适的，有助于培养孩子的批判性思维和逻辑分析能力。

而进入中年阶段，又得带着几十年之人生经验和知识储备回归对童年时候读过的经典的重新领会。

谈谈"自知其无知"

郭初阳老师一想到"哲学"就想到"苏格拉底"，显然还是在希腊哲学或者说西方中心的观念上来思考问题的。苏氏对哲学的意义在于：一、开创了人基于自我的理性，用概念和逻辑来追寻真理的思维方法；二、通过对人们自以为是、习以为常的观念的质疑和反诘，区分了意见和真理，启发人们用对立面之辩证展开的方法去追寻理念，提出"未经审查之人生不值得过"；三、苏氏辩证法致思的方向是伦理之善，何为善之生活乃涉及生命之意义问题。四、苏氏提出所谓智慧并非我们知道什么，而是我们知道自己不知道什么，即"自知其无知"，此即智慧，即人自身有限性之认知。如此，人才可以不断地打破成见，从而持续地向真理开放。

郭老师显然想向学生传达：哲学即爱智慧，而智慧即"自知其无知"。看来郭老师和苏格拉底一样有知啊，答案都现成在手了。苏格拉底自然是伟大的，但在我看来，苏氏又是智慧之知识论取向之开端，或如海德格尔所言，是存在之在者化的开始。因为他所有的追索皆建立在人之自我理性即主体之基础上，如果说人是无知的，那人之理性一定是有限的，那么一个人通过理性反思"自知其无知"又如何可能呢？一个"自知其无知"的人又怎能说他是无知的呢？严格意义上说，人之无知在于：他连自己之无知也是不可能知道的，从而必须放下自负，以超理性之悟性去领会绝对者或俯身谦卑地接受神之启示。

就郭老师在课堂上引用过的庄子、所罗门和乔布斯关于无知的表述而言，恰好体现了东西方智慧之不同。所罗门所言和庄子一样：知识之无穷追索是危险的，因此需要"转识成智"，或者说由现象知识进展到对终极本体之超越性领会。我怀疑"多有智慧，就多有愁烦"的翻译有误，因为智慧的人是不会愁烦的。而苏氏和乔布斯之保持无知，相当程度上都是为了朝向未知领域开拓，为了知道得更多。就现象知识之学习和发展而言，这是有益的。但如果用这种方式寻求智慧，我得说，那是一条往而不返的不归路。

此一课堂之评估

就这堂课而言，郭老师想诉诸纯思辨运作的方式让学生明白"自知其无知"的道理在策略上是失败的。为什么？因为"自知其无知"何其艰难，需要经历许多的人生和拥有了很多知识的人才具备思考此一问题之基础，也才能有所领会。纯思辨运作背后其实需要大量人生经历和知识积累作为支撑。孩子们回应教师的困难表明他们不具备此一基础。而且此一阶段的孩子从心理发展和思维特点上来说，也并不具备进行充分的思辨、理性运作的能力。如果非要传达此一道理，可以设计活动让孩子以体验式学习来领会，或选取故事作为教学材料，以适应孩子图景化认知的特点。

如果是我来给此一阶段的孩子上关于苏格拉底的课，我会采取传记上法，让孩子进行研究性学习。第一个步骤，让孩子了解古希腊的历史。第二个步骤，让孩子去阅读苏格拉底传记，重心是关于他的有趣故事。第三个步骤，选取《柏拉图对话录》中一个经典的片段，让孩子体会和感受苏氏辩证法的对话风格。第四个步骤，让孩子去研究苏格拉底为什么会被处死。比如，何为"腐蚀青年"，为什么"不信城邦的神而信奉自己的新神"竟会如此触怒雅典人。第五个步骤，让孩子读《申辩篇》并知晓所谓"智慧即是自知其无知"这一说法并结合个人生命经验作初步领会，仅为埋下一颗种子但并不深究。

当然，这样的上法在一堂公开课上肯定是无法完成的，这也是我一直反对公开课的原因。纸上谈兵总是容易的，而实践探索是艰难的。无论如何，对郭初阳老师不断探索挑战自我的精神，我都一直深表敬佩。

"一个携带了多个USB 接口的转换器"

冷玉斌

有一段时间，因央视《新闻联播》而起的句式"很什么很什么"非常流行，黄集伟先生在语词笔记里对之有分析：

"它像一个携带了多个USB接口的转换器，同时传递着来自四面八方的海量信息。"

直到现在，我对这个比喻仍然印象深刻。就"喻体"而言，"携带多个USB接口的转换器"，不仅传达出原句式释放的精彩意蕴，放在教育，放在课堂，在如今这个随处接驳的信息时代，一位老师，一堂课，都值得具备相应的转换器品质：带上多个USB接口，连接课堂的深处，通向孩子的学习，若能达到，这位老师，一定是高明的；这堂课，一定是开放的，孩子的学习，也一定是有效的。

进一步说，"携带多个USB接口的转换器"，工业感十足的名称背后，它对教育到底有怎样的隐喻呢？我个人的理解，作为一种"工具"，这个转换器意味着教师向着"后现代课程"的挺进。

"后现代课程"是小威廉姆·E.多尔所提出的课程乌托邦，"没有人拥有真理而每个人都有权利要求被理解"。在这一课程理想中，教师是领导者，但又只是学习社区中的一个平等成员——对于转换器而言，它既是连接的中心，领导着各个接口之间的联系，同时，它其实也只是一个更大的接口而已。多尔对于后现代课程的教育目标、课程组织、教学过程和评价均有新的观念，是开放的、灵活的，侧重过程而非成果，对此多尔提出了后现代课程设计"4R"标准，即Rich（丰富性）、Recursive（回归性）、Relational（关联性）和Rigorous（严密性），以"携带多个USB接口的转换器"观照这四项标准，会发现，无论是工作机制，还是工作过程，转换器几乎可与之完美对接。

因此，学习了郭初阳老师《水晶人》课堂实录之后，我想说的是，这节课，正是一个"携带多个USB接口的转换器"，在明快、简洁的课堂实施中，课程的深度、意义的丰富、观念的多元，有着丰富的阐释空间，它使我们一窥后现代课程观下的课堂质态，而郭老师本人，是拥有转换器的实践者，或者直接说，因这样的课堂，他就成了一个立于课堂之中携带多个USB接口的转换器。

先来说"接口"。

首先当然是"阅读"，这节课最重要的接驳。第一，显而易见的，所选择的教学文本并非出于教材，而是取自罗大里的经典童话，套用寒哲的话，一个老师可以为学生提供的最珍贵的服务之一就是使学生注意到别的好作家，尤其是打开他们的视野，跳出薄薄的教材，这是阅读的真谛——郭老师一来到课堂，就给学生带来这样一位经典童话作家：罗大里。第二，可以清楚地看到，这节课上，教师与学生唯一做的事情也就是"阅读"，阅读是他们须完成的任务，阅读也是他们完成任务的途径，最终，阅读也是他们完成任务的经历，如果再具体点，与阅读的连接就在于这节"阅读课"本身——我不打算用"语文课"给这节课戴上一个笼统的帽子。这节课，师生对《水晶人》的阅读，从以下方面展开：朗读，把握情节；交流，抓人物特点；播放电影，对比发现；拓展，联系现实，强化理解；想象结局，创意写作。这是一个很完整的精读过程，教师的设计里没有起伏不定的纠缠，没有凌空高蹈的套路，没有华而不实的作秀，而是在贯穿始终的发言规则里，一步步逼近作品的核心。好的阅读教学其实就是这样，不在于教师以无所不知的教的姿态在课堂上潇洒纵横，而是可以安静扎实地展示一个阅读过程：为人师者是怎么读、怎么想、怎么解，就与学生一起怎么读、怎么想、怎么解，简单说，不是我教你读，而是我们一起读，在课堂上，在阅读里，"没有人拥有真理而每个人都有权利要求被理解"，这句话，一定也是郭老师的心声。

同时，连接了"创意写作"。作为阅读课，这节课的"眼睛"却是"续写"环节，以读激发写，以写回应读。朱光潜先生在《谈文学》一书里指出：

学文学第一件要事是多玩索名家作品，其次是自己多练习写作，如此才能亲自尝出甘苦，逐渐养成一种纯正的趣味，学得一副文学家体验人情物态的眼光和同情。

对于乔高木最终命运的猜想，也就是在阅读中，"学得一副文学家体验人情物态的眼光和同情"。确实是这样，在交流的时候，学生不同的人物安排，不同的结局设置，既是个性化的表达，也是多声部的合奏，而老师将原文公布，给学生的思考留下一个"开放式的结尾"，这才是"创意"之真义，想来，这看似水到渠成，其实也是郭老师精心设计，当然，他长期实践"创意写作"，就设计本身，已熟稔在心。

本课连接的，还有"思辨"。每一次观察郭老师的阅读课，在明晰而洗练的教学实践里，最常引起人关注与着迷的是由他引发的孩子们投入进去的思考、解读、分析和论辩。江弱水先生在《诗的八堂课》里谈"玄思"，认为现代诗是"一种情感与机智、感受与冥想的综合"，我觉得，这句话拿来形容郭老师的课，一样妥帖。事实上，本节课上，对乔高木特点的分析，对他思想如何呈现的讨论，鲜明地呈现出上述综合："情感与机智""感受与冥想"。他有时引导，有时紧逼，有时延展，让学生在这篇童话面前，能有如江先生所激赏的站在高处"游目骋怀"的形而上学时刻，"这是抒情的时刻，更是冥想的时刻"。这样的思辨，是学生在老师的引领下，不但用头脑在阅读，也用"两块肩胛骨之间"的部位领略作品的深意和魅力——这是伟大的纳博科夫的说法，他在《文学讲稿》里写道：心灵、脑筋、敏感的脊椎骨，这些才是看书时候真正用得着的东西。

郭老师的课，往往还有一种连接，这在《水晶人》教学里尤为显著，却也特别克制，没有过度展开，就是与"公民教育"的连接。"从本质上讲，语言教学是关于纯真的教学，任何语言课必须是伦理课，因为，没有诚实的交际是生活中最具危险性和破坏性的一种武器"（美国教育家博耶），郭老师《水晶人》教学现场，至少有两组交际，非常诚实，非常充分，一是学生与文本之间的提取与交换，一是学生与学生之间的碰撞与互动，所以，续写童话时，乔高木的品质与独裁统治之间就构成想象的基础，也带来情节的张力，朗读的几个版本都各有"引爆点"，不管是乔高木对独裁者的感化，还是乔高木被拥戴为国王，或者被处决，都有出于真实而产生的力量，即使只是"部分真实"，亦符合孩子们的阅读伦理。

童话是一种想象，但谁都知道，"这样的年代中国历史上也有"，郭老师对此没有再予以分析（也无须分析），假以时日，这些都是可以去往"公民教育"的接口（某种意义上，设置"续写"，已是"公民教育"的实践），一个孩子少年时读的书，本就会内化为他生命的目的、人生的意义和他对未来的理想，这也就是身为美国教改奠基人的博耶教授强调的："教育的目的不仅是为学术的职业生涯做准备，而且要使他们过一种有尊严和有意义的生活；不仅是生成新的知识，而且要把知识用来为人类服务；不仅是学习和研究管理，而且要培养能够增进社会公益的公民。"

还有接口吗？当然是有的，比如威尔斯《隐身人》、电影《透明人》的引入，后者可看作阅读材料的补充，但本身也是对电影、对艺术的连接，美国作家刘易斯·托马斯说"语言属于童年"，可是教师需确认的是，在基础教育，语言的定义是广义的，不仅包括词汇，而且包括数学等学科，还包括作为普遍性符号系统的艺术，电影自然也在其中。不仅这一节课，郭老师在很多课堂教学里，都有此连接。

多尔论证后现代课程的丰富性时，指出"语言——包括阅读、写作、文学和口头交流，侧重透过隐喻、神话和记叙的解释来发展其丰富性"，故而，

《水晶人》一课的教学有这么多接口，也是自然而然的，它不仅赋予课程的丰富性，从语言与交流上来看，这节课本身带有存在的意义。事实上，每一个接口，都是一个学习通道，在这个通道里可以交流，可以关联，可以创造，郭老师的教学从来不是为了一个标准答案，实际上，所有的阅读都不存在一个标准答案，用阿尔贝·雅卡尔的话说，教育就是启蒙孩子做交流的游戏，与周围的人互相交流，与过去的或其他地方的人群和文明做单向交流。所以，不管教育的内容是什么……其目的并不是提供知识，而是借助知识，提供让人可以参与交流的最佳途径。

接下来说"转换"。

接口已经意味着转换。将内容接入，转换为信息。在此之外，就这节课，我特别留意到两处转换，或者说两处转换得以运行的工作机制，这里面就藏了郭老师教学的一些秘密，用我的家乡话，这叫"别别窍"。

第一处转换，是基于材料所进行的听、看、读等策略的变换。曾有论者指出，郭老师的课堂比较模式化，往往是大量材料引入，理性分析与概括，求解读的深度，课堂结构不可变动。从课堂面目上看，确实是这样。但我的想法，郭老师的模式并不意味着内部的封闭，"课堂结构不可变动"，也不证明此结构就裹足且僵化。来看多尔的一段话：

在教学大纲中，他列出占课程2/3的共同阅读材料，其余的1/3由各组从选择书目中自行选读，课堂时间不用于概括这些材料，而是将选择材料与共同阅读材料以及各种材料联系起来。

这是多尔阐释后现代课程的"关联性"，他希望"教育联系在一学期的课程中，能够得以积极的、共同的发展"，换句话说，郭老师课堂的变化其实是在材料与材料的组织和关联之中，引入大量材料，是这样，没错，问题是，郭老师总是引得出大量的、有联系的，又恰如其分的材料，这就不容易了。这种"别别窍"的运用，自然是他本人的积累与修炼，但的确是很多同行难以企及的。

相对来说，《水晶人》一课教学中，所引的材料不多，从童话《水晶人》开始，到电影《透明人》片段，之后是《国语·召公谏厉王弭谤》，材料的每一次出现，都有教学策略的转换，意味着教学的又一次推进，多方面的推进，重要的是，推进里又有回归，归于《水晶人》，如杜威所言，每个终点就是一个新的起点，每一个起点来自前一个终点。课堂中的片段、结构、组织，都不应视其为孤立单元，而应视其为反思的机会，包括结课时，郭老师引导道：

"大家回去把这个话题再想一想，顺着罗大里原来的创作再给它加一个什么样的结尾？乔高木到底怎么样了呢？你一定要让他当一个国王吗？像童话一样皆大欢喜？"

从这个角度看，郭老师的课堂自然是开放的，而不是封闭的，很多处往往有两面性、弹性、解释性，可是，如弗罗斯特《林中路》那样的永恒怅惘，在有着固定时间的课堂，老师和同学不能同时去涉足多条道路，只能选择其中某一条或几条，但，从来就没有说，不允许学生在课后回味，复盘，试着去走一走那一条老师没有带他过去的路。都说人生的路，得靠自己走，说白了，课堂的路，也得学生自己走。如果能让学生了解这一点，那这样的课堂简直是再"开放"不过的了。

第二处转换，是读与写的转换。作为服膺经典并向其学习的独立教师，郭老师甚至常做"临摹"式的仿写迁移，而对于这篇童话，仿写不合适，所以安排了续写，在摁下续写机关前，他是这么说的：

"我让大家来听录音，听前面所有的文字，一边听一边思考，如何给它加上一个结尾呢？罗大里的故事如果由你来给它结尾的话，你会让它怎么收场呢？所以大家听的时候，请思考这样几点：第一点，你要精心地编织，让你所加的这个结尾和前面的文字浑然一体。写文章有时候像刺绣一样对吗？你要找到原文的线头，把它一个一个地接上去，看上去天衣无缝。第二点，你要追求的是你的结尾能够让人是在意料之外的，但又是在情理之中的对吗？发挥你的创造性的想象……"

这就是手艺，"产婆"的手艺。在学生想之前，教师先想得多一些，话题清楚，要求明确，留下一些小小的"扣子"——阅读教学中的续写并不新鲜，但老师这一番明确的提示，并不常常能听到，学生受教，观课者可学。我都在想，大概郭老师平常对那些材料的组织，也是像他自己说的这样，像刺绣一样，找到一个线头，一个一个地接上去，看上去天衣无缝。

读与写转换顺畅，之后的写又有多个面向，完全展示了多尔所指的"严密性"，即概念的重新界定——在这一课里，是故事的发展，与诠释和不确定性联系在一起，不是"过早或最终以一种观点的正确而结束，而是要将所有的观点投入多种组合之中"。严密性，意味着有目的地寻找不同的选择方案、关系和联系，此刻的写，已经自成一体，但又复刻着此前的读，最后再出示原文，又是一个比照，同时，再次加深了对罗大里童话艺术的感受。几乎可以说，无论郭老师在课堂上有多少转换，课堂的丰富、严密、关联与回归，始终在热烈地发生，他做到了塔尔科夫斯基说的："有东西经过我们，而我只是它的媒介。"所以，很多时候，我特别想说的是，在郭老师的课堂上，教师的身影似乎很显眼，然而，当静下来回味，你会发现，他除了在组织，并没有说很多自己的话，而是在肯定，在激发，在梳理，在重整——做到这一点的前提恰恰就是，课堂上的学生说了很多话，并且是不同的话。

最后，因为《水晶人》是罗大里的作品，所以，我还得从罗大里先生这里为郭老师说几句话。一般读者都知道罗大里童话作家的身份，却不知道他还是一位很有教育主张的小学老师，积极投身教改，出版了一册极其重要的教育专著《幻想的文法》。

罗大里主张孩子对语言的掌握远远先于父母或教师有意的教导，他认为孩子的想象本身就是最好的老师，而想象就是住在故事里面的，语言也住在故事里面。《水晶人》出自《电话里的童话》一书，这本童话的故事情节与写作结构，也是罗大里教育观念的体现。我不知道郭老师因何选择《水晶人》，但如此一来，他就是选择了住在里面的想象，住在里面的语言，于是，这节课上，他就像罗大里所希望的教师那样，也是一个水晶人，清澈透亮，跟孩子聊天，不生硬不说教，不打断他们的思考，给予他们发明故事的空间，把一切好东西带出来。他做到了，不是吗？

美国教育思想家赫伯特·科尔把好老师分为三类，他认为罗大里就属于最好的那一类，他们像是艺术家，小心翼翼在会与不会之间走钢索的人，跟学生们一起做智性的体操，跟学生们一起玩想象的游戏，一起做以文学形式为基础但内容却无所不包的思考实验。

如果我现在说郭老师也属于这一类，估计他不会同意，那是他谦虚，却是我的骄傲，有这样一位好老师做朋友，当然骄傲。不过，既如此，我就不说了，写在这里，就当是对他的鼓舞，也是对自己的鞭策。还是回到他当年的学生Suncharl对他的评价："郭初阳和他上的语文课是窗，一扇干干净净、透明的窗。"

这么多年过去了，现代也好，后现代也罢，无论他携带多少USB接口，无论他转换多少程序与信息，他和他的课，总还是这一扇，干干净净、透明的窗。

课堂教学即公民练习

——评《如何给〈南方周末〉投稿》一课

周甲津

近几年来，在中小学语文教学圈，有关公民写作的话题越来越受重视，王栋生、余党绪等语文专家都曾专门撰文讨论过。但是，在实际教学层面却难见什么进展。在互联网上，能找到的教学样本几乎还只有初阳这一个执教于四年前的课例。

然而，在这里我不准备讨论公民写作于中国社会的重要意义以及这节课在语文教学上可能有的重要地位，而是要着重讨论一下这节课是怎么上的。我想从三个关键词入手来描述，这三个关键词即角色、规则和合作。

一、角色

这节课上得很轻松，孩子们就像在玩一个很好玩的RPG游戏。

他们尽情地扮演着各种角色，时而是读者，时而是编辑，时而是作者。每种角色各有通关任务："读者"要选择一篇文章来朗读并说明理由，"编辑"要发现三条选稿标准，"作者"要拟定两个题目（方案的标题）。每次通关都会有一些令人惊喜的奖励，如自信心的增强、求知欲的满足、表达力的提升、创造力的发展等。

每个孩子都是主角，在老师的陪伴下以各自的知、情、意参与课堂，并在参与中不断开拓经验和能力的边界。课堂展开的过程，就是孩子们自我发现、自主成长的过程。

凡是听过这节课的人，都会对其中的角色扮演赞叹有加。这个设计非常成功：一来它很符合儿童喜欢模拟的天性，也很好地激活了孩子们探索和创造的兴趣；二来它巧妙地利用了《南方周末》评论版的文字，向孩子们直观地展示了什么是"公民写作"。

然而，角色扮演的价值远不止于此。

在我看来，角色扮演不只是向孩子们提供了学习动力，也不只是让老师省却了抽象解释的麻烦，更重要的还在于它向孩子们暗示了三个问题：我是谁？谁在说？谁在做？如再往前抽象一步，孩子们就有可能遭遇到那个终极的哲学谜题——我是谁？我从哪里来？我到哪里去？

这些问题都指向人的自我认知，指向人的身份认同，指向人的主体。一般来说，人的主体会在经常性的类似追问中逐渐清晰起来，而主体意识也会随之建立并强化。在个体成长为公民的过程中，主体意识起着关键的作用。有了主体意识，才会有独立意识和责任意识。

简单地讲，公民写作就是写作者以公民的身份和立场就公共事务负责任地发表意见。这就要求写作者对公民的身份和立场有自觉的认同，而这种认同的基础就是主体意识。

这是一节小学版的"公民写作"课，但在课堂上老师却始终没有提及"公民写作"，到最后只是轻描淡写地说"这样的文章其实是批评文章"。初阳似乎有意在大词"公民"与孩子们之间建立一道防火墙，但我以为他也悄悄地给"公民"留下了一个后门，而打开这个后门的密钥就在"角色扮演"。

今天，在课堂里，我问自己：我是谁？谁在说？谁在做？我会回答：我是"读者""编辑"和"作者"。明天，走向社会，我问自己：我是谁？谁在说？谁在做？我就会回答：我是"公民"。所以，初阳虽只字不提"公民"，但恰恰是在做公民训练，或者说是为公民的形成准备道路。

关于角色扮演的上述价值，我不知道初阳是否也这么想过，也不知道他是否认同。但我相信，主体意识是公民意识形成的一大前提。可惜，糟糕的教育恰恰是很努力地让主体缺席。

二、规则

在这节课里，孩子们要遵守不少的规则。

扮演读者的时候，有读者的规则，如要同桌合作，一人朗读，一人说理由等；扮演编辑的时候，有编辑的规则，如要以选文为例，讲解文章怎样写才有可能会刊发在《南方周末》评论版上等；扮演作者的时候，有作者的规则，如要写两个题目，一个题目一行等。

总之，在什么时间，用多长时间，要做什么，要怎么做，都规定得清清楚楚。

但是，这里的规则不是"陷阱"，而是"脚手架"。规则的存在，不是为了束缚，而是为了自由，为了保证每个孩子的自由。

这节课给老师的时间并不多，而这不多的时间大都被花在规则上了。他有时是规则的发布者，有时是规则的守望者。在每个学习环节开始之前，都要讲清楚活动的规则；有孩子偏离规则时，则及时予以善意提醒。说的话通常都很短，但用在规则上时却毫不吝惜且不厌其烦。

眼下，常见的语文课堂往往以问题为中心。教师问，学生答，教师着力控制答案的走向，牵着学生往预设的套子里钻。这样一来，学生累，教师也累。而以规则为中心的课堂，学生可以在规则允许的范围内自由发挥。这节课之所以会显得轻松，大概也与此有关。

在这里，规则的作用是平等的，不仅施之于学生，也施之于老师。在这节课里，老师也谨守着一些规则，一些不易觉察的"潜规则"，诸如尊重、节制等。

尊重无处不在，节制无时不行。给每个孩子以充分的阅读、思考的时间是尊重，给老师以有限的空间是节制；给每个孩子以平等的交流、表达的机会是尊重，给老师以有限的话语权是节制；不伤害孩子们的信心是尊重，不干涉孩子们的观点是节制。哪里有尊重，哪里就有节制。

甚至，为了信守这些规则，有时老师甘冒"失败"的风险。

例如，在"我是作者Ⅱ：说出我的题目"环节，有些孩子说出的题目明显不适用于评论（如《小区车满为患》《马路风波》《吐痰》等）。如果在"变成编辑Ⅲ：全班交流"环节讨论题目的时候直接给出正确要求（如标题应是一个判断或观点等），教学可能会更有效；或者在孩子们说题目的时候直接纠正，教学效果也可能会更好。但是，初阳没这么做。孩子们没有提及，他就不强加观点。

又如，在"我是作者Ⅱ：说出我的题目"环节，当孩子说"吐痰"出现常识错误时，老师一反常态，话多且纠缠不清。其实，他大可以直接指出错误，不必大费周折地说"这真是一个非常新奇的观点"之类启发性的话，这样课堂会更有效率。但是，初阳没有这么做。我相信，这多半不是因为他反应不过来，而是因为在他看来保护一个孩子的表达勇气比纠正一个生活常识更重要。

很显然，除了角色扮演，规则意识也是这节课的一大亮点。公民社会讲契约精神，而契约精神的外化就是规则意识。我想，初阳的课堂如此重规则绝不是偶然的。

三、合作

扮演读者的时候，要同桌合作，一个人朗读，一个人说选读理由。

扮演编辑的时候，要四人合作，就各自拟定的选稿标准交换意见。

扮演作者的时候，要同桌合作，就各自所拟题目与方案交换看法。

每个环节中都有全班交流，在全班交流之前都有准备，每次准备都有合作讨论。合作学习在课堂上应用得如此广泛，不能不引起我们的重视。试归纳一下，这节课的合作学习主要有两大特点：

其一，强调独立学习。在合作学习之前，都有一个独立的学习过程。在合作准备朗读之前，先是各自的默读；在合作确定选稿标准之前，先要各自想好三条标准；在合作分享题目方案之前，先要各自准备两个。与合作学习一样，独立学习也都给足了时间。

独立是前提，合作是延伸。有完全的独立，才有真正的合作。初阳重合作，也重独立。但假如我猜得不错的话，初阳其实重独立甚于合作，如能独立就应当独立，只有独立不了才寻求合作，否则合作就成了为合作而合作，"独立之精神，自由之思想"应为公民之根基。

其二，重视程序指导。每次合作学习，都有一系列程序指导。做什么，怎么做，你做什么，我做什么，做多少时间等都有规定。甚至，有时还分步给出，如在"变成编辑Ⅱ：四人小组讨论"时，就先要求交换看法，再要求概括讨论所得。这些程序指导无不明确详尽，无不恰到好处。

毫无疑问，正是这些程序保证了合作学习的良好效果。但不仅如此，在取得直接效果之外，还有一个很重要的结晶，那就是养成凡事讲程序的习惯。一个以契约精神为基础的公民社会，很多事情都要讲规则，讲规则就要讲程序。不讲程序，不讲规则，不讲契约，那是暴君的政治。

毋庸置疑，在角色扮演、规则意识之外，合作学习也是这节课的一大亮点。其实，在初阳的课例中，合作学习的方式几乎每课必有。当然，这并非初阳的专利。在当下的语文教学中，也有许多人喜欢采用这种学习方式。但是，我想其操作的方法尤其是使用的动机，恐怕会与初阳的不尽相同吧。我相信，也许与许多语文教师一样，初阳也会有近在眼前的基于学习效果的考虑；我更相信，这当中肯定会有在未来的基于社会建设的考虑。而后面这一点，就决定了这节课的与众不同。

对合作学习做这样的解读，我不知道是否符合初阳的设计初衷，也许他还会有其他想法。不过，我想，合作是孩子们未来生活的必需，而从现在的课堂就开始训练讲独立、讲程序的合作习惯，或许不失为一个好方法。

2013年5月，在"'回望民国教育'丛书首发式暨民国教育研讨会"（在温州苍南举行）上，初阳执教《牧童》。我应《温州日报》之约写了观课感受，其中有这样一段：

郭初阳没有讲自由，也没有讲民主，但却让人充分感受到了民主和自由。在这节课里，人文精神已经自然地转化为老师的言行举止，转化为简洁有序的课堂活动了。在我看来，郭初阳的这节课是人文精神抵达生命存在的一个生动例子。

在我看来，这段话同样适用于《如何给〈南方周末〉投稿》一课。如果可以，我想加上这么一句：公民在哪里？公民不在未来，公民恰在现在；公民不在别处，公民就在课堂……

擦亮眼睛是一件很重要的事情

——有感于郭初阳老师执教《鞋匠的儿子》一课

张学青

苏教版小学语文六年级上册选入了《鞋匠的儿子》一文，讲的是林肯在首次参议院演说之前遭到参议员的羞辱，林肯通过演说化羞辱为掌声的事情。教材的备注写着"根据相关材料改写"。该文本与林清玄的《鞋匠与总统》有很高的相似度，据此可推断，有关材料应该是林清玄的这篇文章。

林清玄是台湾散文界的高产作家。说实话，我对他的散文并不心仪。对他的被选入人教版教材的《桃花心木》更是困惑。近日听说有人把这篇文章演绎得让在场的师生"潸然泪下"，但我始终不明白的是：那个种树的人解释浇水没有规律的原因，"只是模仿老天下雨，老天下雨是算不准的"。难道他的树全种在室内，所以需要他去模仿老天？可是文章一开头就说"乡下老家屋旁，有一块非常大的空地"。文学作品，即便是完全虚构的幻想小说，也必须构建一个完全自洽的想象世界，经得起逻辑上的推理，更何况这是一篇散文!

关于这课《鞋匠的儿子》,听过很多堂公开课,一般老师不外乎把教学目标定位在:通过事件讨论,体会林肯光辉的人性;通过研究演讲词,发现林肯的演讲艺术;通过文本中一前一后的两个演讲,发现文章构思上的内在承接与详略处理。我自己接过N个毕业班,也上过N回《鞋匠的儿子》的课,我的力气基本上花在拓展阅读上,即以文来引导学生阅读林肯的传记。所以,当我坐在郭初阳老师的课堂里,听他以迥然不同的方式演绎《鞋匠的儿子》,心头不免一震;回来后,又仔细回味,慢慢悟到:对于这样的文本,比教孩子嘴巴会说话、眼睛会流泪更重要的是,让孩子的眼睛能发光——教他们识别真伪,提升他们的眼力,锤炼他们的思维品性。

郭老师的课,教学流程并不繁复:首先,他提供林清玄的《鞋匠与总统》文本,帮助学生弄清"有关材料"的出处,引导学生发现两篇文章的不同,并借助本组教材,体会编者编文的意图;接着他从本文的核心句"正是这位出身卑微的美国总统,毫不犹豫地领导人民拿起武器,维护了国家的统一"出发,抓住"国家""统一""拿起武器""出身卑微"四个关键词,把自己拉成一张弓,引学生的箭一支一支射向靶子。其中,我最为激赏的是他借助《南方周末》钱钢先生的《我接受了<纽约客>的核查》,引导学生做了这样几件事：

1.认知：借助文本，体会事实核查的必要性；

2.辨析：事实核查需要核查什么内容，针对什么样的文本；

3.实践：以《鞋匠的儿子》为例，在你认为需要事实核查的地方打上问号。

孩子们的交流让我欣悦：林肯是不是鞋匠的儿子？"一个态度傲慢的参议员"是谁？"林肯流下了眼泪，所有的嘲笑声全都化为赞叹的掌声"，流泪是否确有其事？林肯"毫不犹豫地领导人民拿起武器，维护了国家统一"，果真是"毫不犹豫"吗？……一个个问号，是一支支小小的火炬，我看到了它们在被点燃。

因为是公开课，我不知道——可能郭老师也不知道——这些学生课后带着这些问号会做出怎样的阅读研究，我只知道，我从来没有像今天那样渴望探索那些问号。于是，我翻开了相关的书籍。

关于林肯的家族和林肯的父亲，我在带孩子阅读林肯传记的时候，也曾留意过相关信息。无论是戴尔·卡耐基的《林肯传》还是本杰明·P.托马斯的《林肯传》（商务印书馆），都讲到林肯的父亲在肯塔基州是有农场的；搬到伊丽莎白敦，也是靠做木工为生。1859年12月林肯写给J.W.费尔的自传中，提到的也是"家庭很普通，也许应该说是社会地位低下的家庭"，父亲"几乎没受过一点教育"，"我从小学

60

会做农活，一直做到二十二岁"……据此，我想：如果父亲是一个手艺出众的"伟大的鞋匠"，况且他"从小就跟父亲学到了做鞋子的艺术"，我推断，林肯先生作为一个有着一丝不苟的正直和近似过分的诚实的人，不会一字不提的。

那么有没有这样一个羞辱他的参议员呢？或者再放宽一点，有没有这样一篇著名的演讲稿？我阅读了商务印书馆出版的汉译世界学术名著丛书中的《林肯选集》（2013年版），书中选了包括林肯的演说稿和书信在内的208篇重要材料。翻遍全书，我看到了关于"裂开的房子"的演说，却没有教材开头所说的"首次参议院演说"。倒是在托马斯的《林肯传》中，我看到了一个跟林肯竞选总统有关的细节：林肯家乡的表兄弟老约翰·汉克斯，举着一面旗子，旗子两边有两根栅栏木条支撑，旗子上面写着：

亚伯拉罕·林肯
劈栅栏木条的1860年总统候选人

当时的群众欢呼喊叫，要林肯说话。林肯慢慢站立起来，他的答复是不能说那两根栅栏木条是否就是他劈的，但他肯定劈过比这更好的栅栏木条。就这样，林肯获得了"劈栅栏木条者"的绰号。

在《林肯选集》里，我还发现了一封信，一封

1851年1月12日林肯写给约翰·D.约翰斯顿的信:

　　你已经知道我不希望父亲或母亲的有生之年在康健时或生病时缺乏安慰;我深信你在必要时已用我的名义请了医生或采取其他办法来替父亲治病……

　　编者在后面的注释里写道:"林肯写了这封1月12日的信五天之后,他的父亲去世了。林肯的健谈的表兄约翰·汉克斯发表意见说,林肯对他的父亲'并不十分关心'。看来托马斯·林肯一定没有给他的儿子做出过什么榜样,也没有给过他什么帮助。"这个资料,对于研究演说中林肯是否会说起父亲的伟大手艺就"流下了眼泪",是有力的证据。

　　此外,课堂上孩子们提出林肯是否"毫不犹豫拿起武器维护国家的统一"值得核查,我觉得这是非常有含金量的问题。事实上,林肯就任总统的四年,因为奴隶制的问题美国南北方的纷争一直没有停止过。林肯在多次演说中,提到了自己的态度——

　　我们认为,奴隶制是道德上、社会上和政治上的一个祸害,之所以还要忍耐,仅仅是因为它的实际存在使得我们必须对它忍耐,越出这个范围就必须把它当作错误对待。

　　——1860年3月6日,在康涅狄格州纽黑文的演说我不赞成这种解决办法，我可以预先声明，除非逼得政府没有办法，就不会有流血。除非使用武力来反对政府，政府不会使用武力。

——1861年2月22日，在费城独立大厅的讲话

决议：保护各州的权利不受侵犯，特别是保护每一个州完全根据自己的意愿来制定和管理自己的内部制度的权利不受侵犯，这对于我们政治结构的完善和持久所依赖的力量的平衡至为重要。我们谴责用军队非法入侵任何一个州或准州的领土，这种入侵不论出于什么借口，都是最严重的罪行。

——1861年3月4日，华盛顿第一次就职演说

有一个问题尚待解决，那就是成功地维护政府。……选票是枪弹的合法与和平的继承者；一旦选票公平地、符合宪法地做出了决定，就休想再成功地诉诸于枪弹。……它教人们懂得，能靠选举获得的东西也不能靠战争获得；教所有人懂得，发动战争实在愚不可及。

——1861年7月4日，林肯致国会特别会议的首次答文

据此完全可以推断，林肯领导人们"拿起武器维

护统一"，实属"迫不得已"，而非"毫不犹豫"。

......

我为什么要用这么多的篇幅写下自己的阅读和思考呢？因为在很多语文老师眼里，这堂课不教生字新词，不研究写法，不按照里面的演说稿进行迁移运用，便不是语文课。殊不知，语文课的形态是多种多样的：我不否认那一种常规语文课的需要，但语文老师更要看到另一种语文课的价值：当思维的火花被点亮，当一个人阅读和表达的热情被激发，真的语文学习，实实在在地在发生着，这种源于个体内部自我生长的需要所激发的阅读和表达，也真正改变着学习者本身。

因为，孩子终究要走向社会，社会的信息不大可能单声道地输入给他们，所以，擦亮眼睛是一件很重要的事情。

《项链》：一堂价值巨大
但缺陷明显的课

范美忠

一、对实录的文本细读

我将在下面就课堂的各个主要环节进行仔细的分析，提出我的看法和疑问，与郭老师及各位老师商榷。

（一）

我觉得课堂的第一个环节，就是关于情节的几个环节的提问和研究的部分没有必要，因为回答这些问题学生根本无须动脑筋，属于比较低质量的对话部分。

我们来看看教师提出的问题：

1. 这是一部关于_____的小说。（这个问题的提出实际上已经规范了学生思考问题的角度，如果让学生自由提问，学生提出的问题可能五花八门。）

2. 师：其实看一下题目，我们就知道，所有的情节都围绕——什么展开？

3. 师：很好，这就是整个小说的梗概。好，经过这样一周转之后，我们的主人公玛蒂尔德，她的外貌是否发生了变化？变了没有？

而学生提出的问题呢？我没有看到。在提出问题这个层面上也充分表明了整堂课是教师主导，而学生较为被动。

（二）

选取傅学磊同学的"这是一部关于变化的小说"这一说法来进行讨论，是利用了学生的观点，而且这确实是一个比较有价值的问题，应该说这是这堂课的第一个亮点。尤其可以就学生的不同回答来进行讨论，因而此一设问有较大意义，为第五个环节的讨论提供了基础。

（三）

师：那么，我们来思考一下，面对她这样的变化，如果是作者莫泊桑本人，他会更欣赏哪一个玛蒂尔德？他更欣赏变化之前的玛蒂尔德，还是变化之后的玛蒂尔德？他是喜欢玛蒂尔德A，还是玛蒂尔德B？

我请一位男同学来回答一下。（示意）你来说，你猜一猜。

生：我觉得，应该是后面一个——前面一个很虚荣，后面一个比较真实。

师：很实在？请坐。我们同学把莫泊桑想成一个无产
　　阶级革命作家，可惜情况恰恰相反。

（众生惊讶，笑，低声议论）

　　这是老师提出的第三个重要问题：其实我不太
赞同老师提出这个问题，因为这个问题跟文本并无多
大关系。而且问题提出来以后的操作是值得商榷的。
比如，为什么只叫一个男生回答，并且急于抛出结论
呢？可以多抽几个同学回答，可能有不同的答案，然
后再让持不同观点的学生进行争论。很遗憾，这里没
有充分展开讨论。除了欣赏变化前或者变化后的玛蒂
尔德之外，学生还可以回答：莫泊桑对变化前后的玛
蒂尔德并无偏爱，因为他对她都抱有同情的态度。教
师的论断依据的是作者的女性观，可以由这种女性观
推出莫泊桑在现实生活中更欣赏变化前的一类女性，
但未必就一定能由此推出作者在作品中也更喜欢变化
前的主人公，因为作者对自己创造的人物可能有特殊
的感情。不过如果把此一设问作为引出作者是否应该
在作品中隐藏自己的观点、态度和判断的问题，从而
切入莫泊桑、福楼拜在小说观念和小说叙述上的重大
突破和革新，那么是非常有意义的。而作为独立的问
题本身，对这篇小说而言未必有太大意义。

（四）

　　所以，根据莫泊桑本人的女性观，他更应该欣赏哪一个？显然——玛蒂尔德A，但是他在文中却没有丝毫的流露，为什么？因为他的创作原则——

莫泊桑的创作谈

　　小说家不应辩解，也不应饶舌和说教。只有情节和人物才是应当着墨之处。另外，作家不要做结论。而要把它留给读者。（《莫泊桑随笔选·小说》，百花文艺出版社2001年10月，页88）

师：莫泊桑的创作观，继承他的师父福楼拜，很具有现代性，就是——作家不要做结论，而要把它留给读者——所以他在文中没有流露出来，对吧，隐藏得非常好。

　　教师顺势推出作者的创作观，应该说这也是本课的精彩之笔。因为福楼拜和莫泊桑在小说创作学和叙事理论上的一个重要贡献就是：作者退出，在叙述中隐藏自己的观点，而尽量只呈现客观事实（比如福楼拜的《包法利夫人》在小说文体革新上的重要意义）。遗憾的是，这一精彩没能更精彩：缺乏开放性和学生讨论思考的过程。干吗要在问了学生之后自己立即抛出答案呢？为什么不让学生讨论：作者为什么要隐藏自己的情感和观点？你认为作者在作品中该不该隐藏自己的观点？问题是开放的，而且有了学生思维的过程，在各种观点的碰撞中可能会更深入和精彩。学生会认识到：这种作者退出一方面尽量保持了讲述故事的客观性；另一方面，从接受美学和读者反应的角度来说，给了读者自己思考判断的权利，体现了作者对读者的尊重，增加了阅读的乐趣，保留了作品的模糊性、暧昧性、相对性，同时还避免了读者可能产生的对作者教化和强加观点的反感。还可以再产生疑问：作者真的可能从作品中退出吗？作者退出真的能增加作品的客观性吗？这里就切入关于文学真实问题的讨论，我想这对学生欣赏文学作品的帮助将会是巨大的。当然，学生在讨论中还可能碰撞出更精彩的火花。

（五）

"我"的阅读：这是一部关于_____的小说

虚荣　（王奇旻、高姗姗、胡佳斌……）

诚信　（陈璐、王璟、蔡艳秋……）

贫富、差距　（许乐乐、张超……）

梦想、欲望　（陶洁婷……）

命运　（王富强、凌琪、俞建岚……）

师：五大类，我们看看同学的名字，每一类都请一位同学来大致地说一说，简要地说一说你的观点以及你的理由。

应该说这个设问尊重了学生个体的阅读感受和独立判断的权利，可以让持不同观点的学生充分陈述自己的观点；而最后把小说的主题归结到命运，一反过去的虚荣说，也有新意，而且有文本中作者的感慨和解说为证，是比较有说服力的。这是此一课录中最为成功的环节之一。而教师在学生回答之后简短的评价也很精彩，比如：

师：贫穷的问题，是吗？（示意）请坐。这里我们倒也可以看出，一个小人物，她对抗风险，生活中的偶然事件，她的抵抗力怎么样？

生：（低声）很弱。

师：好像比较弱。所以以后张超如果去开个保险公司的话，可以拿《项链》这篇文章作为传单给大家看，对吗？

（众生笑）

师：需要买点保险哦，小人物对抗风险的能力比较弱。也有道理。

这里的回答非常机智幽默！但在操作上也不是不

可以探讨，比如当主张某一种观点的学生说完自己的理由之后，教师马上问持另一种观点的同学的理由。因而使得同学之间的对话和观点交锋未能展开，有学生的个体思考和感受，却无相互之间的对话。那么我们可不可以这样操作：在一个同学陈述完自己的观点之后，教师问其他同学：你们同意他的观点和理由吗？如果不同意，为什么？这样有助于同学之间的相互倾听和观点交锋。

但关于"这是一部什么小说"的问题探讨和处理，我觉得还值得研究。教师似乎刻意反对以前的虚荣说，而要归结到命运说上去，我觉得这有点单一化和非此即彼的味道。他们之间难道就真的是相互排斥，要么对，要么错吗？我们可不可以这样说：诚信是从人际伦理的角度来看，贫富是从经济的角度来看，而文学不是伦理学、经济学、政治学、社会学，应从人性（比如情感、心理性格等等）和人的存在的角度切入。所以这既是一部关于虚荣、欲望和梦想的小说，更是一部关于命运的小说。它们是我们观察作品的不同层次，最高层次是哲学的层次，这就是命运主题。

教师在否定虚荣说的时候，引用了"九百九十九朵玫瑰"的说法。女孩子想得到这么多玫瑰确实很虚荣，至少我没看到过有人送这么多玫瑰，但是"两朵玫瑰"跟"九百九十九朵玫瑰"一样吗？这里也有个从量变到质变的问题。我觉得佩两朵花不虚荣。何况虚荣心人人都有，太强才成病态。家里很穷却要佩昂贵的宝石就是太虚荣。如果思考玛蒂尔德悲剧的原因，从根本意义上是因为命运，这点无话可说——所有发生过的事都是老天注定，你选择反抗虚荣等等都是命运，你的性格、你的天赋、你的出生地、你的肤色等等也是命运注定的。但在此一文本中，我们如果把命运仅仅看作嫁给穷人和偶然地丢掉了一条昂贵的项链的话，我们会发现，悲剧既是因为命运，也是因为性格，比如虚荣和自尊要强。如果她不那么虚荣，就不会借那条项链，也就不存在丢失的问题；如果她不那么自尊要强，直接告诉路瓦栽夫人：对不起，我把借你的项链搞丢了！夫人可能会告诉她：没关系，那是假的呀！所以究竟是命运悲剧还是性格悲剧呢？还是性格决定命运呢？所以肯定命运说并不一定就要否定虚荣说。虚荣不一定带来悲剧，难道悲剧就一定是命运悲剧吗？我们有多少悲剧没有我们自己的原因在里边？我在评余华的《活着》的时候把悲剧划分为三种：社会悲剧、性格悲剧和命运悲剧。

（六）

与《灰姑娘》的对比：应该说这里是最出人意料的出彩之笔，也是学生、听课教师及评委最意想不到的环节，而且也确实非常有价值，问题也确实该由教师提出，因为凭借学生的知识视野，恐怕很难产生这样的联想。这个问题的提出充分显示了郭老师开阔的视野和深厚的文学功力。从文学创作和批评的角度来说，当某一种写法普遍化之后，这种主题就可能成为一种原型，比如灰姑娘与王子的故事，比如中国传统文学中落难公子中状元迎娶佳人的故事。当成为一种陈套之后，有尊严的写作者就通过有意识的反动来达到颠覆陈套、推陈出新和切入真实的目的，在文学史上这种颠覆也成了一种比较流行的写作方式，比如福尔斯的《法国中尉的女人》对情爱小说"陈套"的颠覆，美国后现代作家巴塞尔姆的《白雪公主后传》对格林童话中的《白雪公主》的颠覆等等，而戏仿、反讽和解构，也就成了典型的后现代文学艺术的表现手法。但是，且看郭老师对学生的引导：教师在表格中列出了对比项，并且不断引诱学生。我们看教师的发言：

师：不美满，感到自己很不幸。请坐。（示意）后面，"不满的家人"。

　　……

师：请坐。（示意）后面，"某次契机"。

　　……

师：她们都匆匆忙忙只做了一件事情：舞会一结束就出去要干吗？

从操作来看，我觉得这里值得商榷。教师干吗一定要自己列出对比项呢？让学生自己来对比不行吗？不行，至少这堂课上不行，因为时间有限。如果让我来重新阅读两个文本进行仔细的对照，四十分钟时间还未必够。因此，教师为了在四十分钟之内上完自己预设的内容，完成对《项链》整个文本的解读，不得不匆匆自己抛出对比项，而且焦急地对学生进行暗示！从而未能给学生足够的时间，让他们自己来对比、探究，学生只是被动而又匆忙地记住了教师的结论。问题在于：这么多的预设内容是不可能在四十分钟之内完成的——这本应是用一两周时间以研究性学习的方式完成的。如果是这样，此一对比就可以作为作业交给学生在课下完成。

郭老师过于重视知识传递的量和解读的完整性与深度而舍不得忽略、丢弃一些东西。这里我就有了疑问：在一节课中有必要传递这么大的信息量吗？有必要涉及这么多的问题吗？一节课之内就一定要把文本充分解读完吗？解读的绝对高度那么重要吗？郭老师的课堂正是因为过于追求这些，才出现了忽略过程，问题没能充分展开，强行牵着学生往上走的情况。引导自然是需要的，但到什么程度却是需要考量的。实际上我觉得，在一节课之内如果能充分深入讨论一两个问题，也就可以了！在时间不够的情况下，蜻蜓点水地忽略过程匆匆跑完预设程序，学生自己的思维能力提高得如何，是否形成了自己的思考和见解是值得怀疑的。让学生记住教师和专家的结论不是目的，懂得了阅读欣赏文学经典的方法，思维能力得到了训练，形成了自己的观点和看法才是根本目的。

她**也**是一个美丽动人的姑娘

这种文本细读的精神值得赞赏！提出文本细读是新批评对文学批评的重要贡献，文本细读是文学批评的基本原则之一，也是专业的阅读所必需的。郭老师在这个方面显然甚为用心。

生：灰姑娘。

师：请坐，其实小说一开始，他就在告诉你们，我要写一个跟灰姑娘有关，但是又不一样的故事——"她也是一个美丽动人的姑娘"。请注意这个"也"字。

好，接下来，我们思考两个问题。

"她也是一个美丽动人的姑娘……"

1.灰姑娘和玛蒂尔德的区别在哪里？

2.《项链》如何创造性地改写，颠覆了《灰姑娘》的童话模式？

应该说，这两个问题的提出也非常有价值，但也未必一定要由教师提出。如果前面给了学生充分的时间去比较两个文本，那么学生就可能自己提出这两个问题并且做出解答。当然由教师提出来也可以，问题是在讨论的过程中，限于时间关系和一元化的思维，教师不仅匆匆诱导学生说出了自己想要的答案，而且自己抛出了答案。比如下面对话：

师：灰姑娘她通过爱情——本来很贫穷，后来和王子结婚了。她的等级有没有发生变化？
生：等级发生了变化。

因此，问题的设问是开放的，而答案却是封闭和单一的，主要是教师诱导出的，是教师自己总结和给出的。

"灰姑娘"模式的核心——
绽放的青春，
以爱情超越等级，
幸福的结局

下面的操作问题与上面一样，都是因为没有让学生课下充分去比较，所以才需要教师诱导和给出结论，因此整个课堂仍然是教师主导、教师中心，是高度预设、高度确定、缺少变化和开放性的课堂。而从郭老师最后的夫子自道来看，他几次上同一堂课没有多少变化，之所以如此，跟预设过强、课堂结构过于刚性、讨论展开不够有关，因此就很难有意外和教师结论之外的、根源于学生的有价值生成，教师也很难根据学生的实际水平在难度和容量上做出适当的调整！

（七）

最后关于结论的出人意料部分，提一点个人的感受。我看到这里的第一反应是：荒诞和残酷之感。这么一条假项链让玛蒂尔德劳累了十年，太残酷了！

师：取消了她十年艰辛劳动的所有的意义，对吗？

取消了意义不就是荒诞吗？

同时，这种出人意料的手法无法不让人联想到欧·亨利惯用的结尾手法，这里是不是可以做一定的拓展呢？比如：短篇小说应该如何结尾？

而下面抛出的郭宏安和金克木的莫泊桑小说读后感我认为没有必要，因为这种对莫泊桑小说的综合判断和感觉，不可能仅仅通过此一篇作品得出，而应是在看了大量作品之后的总体感觉和概括。大多数学生看过莫泊桑的小说集吗？我表示怀疑！至少课堂实录中没有表现出来。既然这样，学生就无法整体把握莫泊桑小说的特征，就无法自己提炼，而只好在没有感觉的情况下记住专家代替他们做的结论。因此，除非学生自己课下阅读了作者的大量作品并已经自己对其做了总体评判，否则是不适合抛出专家结论的。专家不能代替学生感觉！至少也还应该问一问：同学们，你们也有这样的感觉吗？或者，你们赞同两位专家的看法吗？

（八）

我觉得下面一个环节在这堂课上没有必要，因为这个问题太难了，即使提出来，也未必一定要在课上解答，可以留给学生课下思考！这个环节本来也不应该是课堂上的事情，而应该是学生下去研究的。这样的打通文学与电影的模式提炼必须是在学生充分熟悉这些文本和电影的基础上自己去研究。但是从学生的反应和教师的提问来看，学生都看过《流星花园》，一部分学生看过《曼哈顿女佣》，而赫本主演的《窈窕淑女》和右边列出的三部长篇，学生可能基本都没看过。

师：但是，但是这里面，你看看（示意PPT）——右边这一路下来，从《傲慢与偏见》到《简·爱》，到莫泊桑的老师福楼拜的《包法利夫人》，一直到《项链》，你可以看出一条什么样的传统？
（生沉默）

这个问题太难了，而且学生缺乏文本阅读的基础，缺乏充分的时间来分析，因此只好沉默。换作我，也许在短时间内也只好沉默。在诱导也诱导不出来自己预先准备好的结论的情况下，郭老师才只好自己来告诉学生结论了。

师：这些女子，你是否发现，她们都很有自己的主见，对吗？

玛蒂尔德有没有表现出自己的主见？文章里面有没有？

……

师：太好了，请坐。"她一下子现出了英雄气概，毅然决然打定了主意"——所以你从中可以看出这是一个多么有主见的女人啊！

大家看一看，这一排下来，我们其实可以发现，19世纪的欧洲小说蕴含的一个主题就是——"女性的自我发现"。所以在这个意义上，我非常佩服我们班的三位同学。

这个结论其实还是可以质疑的。比如，这几部作品的共性真的只有"女性的自我发现"？没有其他？非得这个结论不可？即使有主角的自我发现，但那究竟是人的自我发现呢，还是女性的自我发现？为什么这个时候女性会自我发现？这种自我发现跟当时的社会和精神潮流有什么关系？

（九）

最后，"这是一部关于女性的小说"其实是很好的一个切入点。但由于时间关系，也没有深入下去，有点遗憾！

（十）

关于最后两个作业，其实切入点都是很好的，教师如果不具备开阔的视野和扎实的功力，是很难提出这样的问题的。但我关心的是：学生是否有足够的阅读基础去提炼才子佳人的模式？还有学生对荷马、弥尔顿和博尔赫斯的作品和生平已经了解多少？这样足以做论文的题目，学生是否具备足够的基础来完成？另，莫泊桑的失明固然跟其创作有关系，但荷马、弥尔顿和博尔赫斯是否已经跟《项链》难于扯上关系？教师布置的课后题目是否应尽量不仅仅跟作者有关，最好也跟文本有关，或者至少主要跟本文作者有关？

二、一堂价值巨大的课

这是我在此前的中学课堂几乎没有见到过的专业的经典文本解读。郭老师几乎运用了所有的文本解读方式：文本细读、作者的小说创作理论、作者的受教育背景、文学史传统、学者的评论、作者作品的文本互证、文学社会学、女性主义批评、原型批评、文本结构和要素分析、对作品的哲学思考、各种文学艺术形式的打通（与电影进行比较分析）。这需要教师自身具备足够的文学鉴赏力和广博的知识，需要对有关作者的、文学理论的、文学史的以及电影的等等知识的综合，还需要对学界前沿研究成果和阐释积淀有了解。在当下语文教育极其肤浅化的情况下，郭老师将真正的文学批评和文本解读引入语文教学，对于改变语文教学的"低幼化"倾向有很大意义。

所以，语文课堂的确需要教师要有教育学考量，有对课堂理念的思考，有娴熟的操作技术，但是开阔的视野、广博的知识、敏锐的思想和完善的知识结构是个基础，舍此，再好的技术都没有什么意义。技术容易学，教育学的道理也容易明白，但功力的积淀则是冰冻三尺，非一日之寒。

两种阅读：专业阅读和业余阅读。

以文本为中心，以感觉为基础的阅读叫作业余阅读；综合作者阅历、文本细读、各种批评理论、时代背景、文学史、接受史、小说理论、社会学、各种文学艺术形式的阅读是专业阅读的典范。

有一种广泛存在于一般读者当中的误解，认为文学就是靠感觉，要的就是一种情绪化的模糊的审美感觉。他们最讨厌文本解读,讨厌各种理论,讨厌文学批评,讨厌对文本进行细致分析和理性的思考。实际上一味靠感觉和妙悟,恰恰是中国传统文论和文学批评的重大缺陷。因为文学欣赏和创作实际上都是感性和理性的综合。法国的丹纳在《艺术哲学》中提出将"时代、种族、环境"作为了解作品的三要素,主要是以作者为中心,主张从一种文学社会学的角度来理解作品。20世纪上半叶发展起来的新批评则提出了"文本细读"的批评方式,尤其在对诗歌。而我则认为,在阅读短篇小说经典的时候,这种细读也非常必要。虽然新批评文学理论家坚信有由文本结构和语言决定的唯一客观正确的理解,多少有一些僵化,但强调文本中心,我觉得是非常必要的。而随着弗洛伊德的精神分析理论在文学批评中的应用,产生了精神分析批评的理论;随着荣格的原型理论在文学批评中的应用,产生了神话—原型批评流派;随着解释学和接受美学的发展,产生了读者反应批评,这种批评强调读者用自己的想象和思考以及个人经验参与作品的完成和创造,强调读者接受的个体性和差异性等等;其他的还有女性主义、女权主义批评,马克思主义批评,结构主义、存在主义文论等等。这些理论武器都可以引入我们的高中语文教学当中。为什么一定要拒绝呢?只是在引入这些理论武器的时候要注意:首先要让学生用自己的生命和自己的感受性去领悟文学,去细读文本，然后再看别人的解读，再用这些理论去分析，这个顺序不可颠倒。

业余阅读主要强调文本中心和读者个体的当下感受，而专业阅读则是从各个方面来综合地、全方位地理解文本。一般的课可以更多地采用业余阅读的方式，而可以选取一些经典文本进行研究性学习，让学生领略如何进行专业的文学阅读。专业的欣赏阅读跟业余是有很大的不同的，这种阅读对提高学生的文学欣赏能力有很大的帮助。

阅读三阶段：直觉、分析和综合。当然，在具体阅读的时候，这三种感受和认知的方式不是截然分开的，但可以相对地划分出这三者的顺序。无论对一首诗还是一部小说，首先都是凭感觉来欣赏，然后就语言、细节、人物等各个方面进行细致的分析讨论，最后从思想或者哲学的高度来进行综合思考和判断。

语文课堂中文本的解读基本原则：个体差异，直觉在先，文本细读。但解读无定法，根据不同的文本可以采取不同的策略，因此每一次解读都是一次新的创造。

文本解读的维度：形式——语言、结构、叙述方式，背景——作者成长背景、创作心理、时代背景（背景知识），思想哲学背景（哲学把握），人物性格和心理剖析（人物分析），思想哲学层面的把握，小说理论（文学流派和创作理论），文学批评理论，读者个体感受，文本接受史，学界前沿成果等等。

三、从教育学角度就课堂操作进行商榷

尽管我认为在当下的语文教育背景下，郭初阳的课在文本解读上有巨大的意义，将文学批评理论、将广博的人文知识引入课堂，我从他的课上看到了真正的文学批评、文本解读、文学欣赏和学生的思考；郭老师的课一定程度上也代表着当今中国语文教育的最高水平，在学问、知识功底和文本解读上较新生代和中生代教师都高出许多。但如果从教育学的角度，比如课堂理念、教师角色等等角度来考量，郭老师的课则并无突破，仍然比较传统，而且还可能存在着不少值得商榷的地方。下面我将提出一系列问题来与郭老师商榷。

1. 教师角色

《学会生存》里就教师角色的变化进行了这样的描述：教师应从一个知识的传递者变成一个教学活动的组织者和策划者，学生思考的激励者和引导者，一个交换意见的参与者而不是拿出现成真理的人。而我在郭老师的课上看到，郭老师显然是以知识为本位的，他的课堂是教师中心、教师主导的，观点是一元而不是多元的，一般来说更多的是教师拿出结论，而不是学生在多元观点和看法的基础上进行对话和思考。

2. 课堂理念

从课堂理念的角度来看，我觉得郭老师的课堂是教师主导控制的线性发展，是没有干扰因素和意外的、确定的、现代主义的、机械主义课堂模式，而不是充满着师生思维激荡，灵感勃发的、不确定的、有着一些意外的、后现代主义的、生态主义课堂范式。为什么在语文课堂上后现代主义的、不确定的、模糊变动的、测不准的课堂模式较现代主义模式为优？因为就学生的思维碰撞而言，随时可能在对话过程中产生新的火花和争端，从而打破事先的确定性预设，将对话导向新的方向和有价值的问题，而创造性火花、有价值的生成可能因此产生。学生学习的最终目的不是记住已有的东西，而是创造出新的东西；不是仅仅知道专家的说法，而是能形成自己的独特感受和看法；不仅仅是知道很多东西，还要有很强的自我思考和研究能力。

3. 知识与能力，过程与结论

单就这堂课而言，郭老师的课给人的感觉是重视知识传递甚于能力培养。这从课上为了完成大信息量的知识传递而忽略过程、忽略学生思维的训练和拓展，并且结论往往是单一的而不是多元的，结论在先而不是由课上师生共同讨论得出，问题的解答是封闭的而不是开放的这些特点可以看得出来。总的来说，学生的发言和思考还是相对偏少，而且较少有出彩的地方，这与教师的优秀形成鲜明对比。

4. 积累与创造，材料的"教育学化"

强调学生的思维的培养不是忽略积累。其实，就文科而言，大量阅读、积累大量知识还是比较重要的，而这个问题也往往是被很多教师所忽略的。因为创造不可能没有基础，我们需要了解、继承人类迄今为止创造的优秀文化精神成果。鲁迅等文学思想大师无一不是博览群书的人。即使是一般的学生，也应对人类几千年来积累下来的优秀文化精神成果有了解和吸收，以使自己的精神变得丰富，视野变得开阔。问题在于怎么积累。是不是仅仅告诉学生专家的结论就可以了，或者仅仅告诉学生看哪些书就可以了？实际上，阅读是课下的事情。那么在课堂上，如何使用引入的背景材料？我这里提出：我们必须将引入材料"教育学化"。这是什么意思呢？其一，在抛出专家的结论之前，必须先让学生充分感受和思考讨论，这样不仅仅使学生积蓄了解决疑问和接受新知的期待势能，而且学生只有在经过自己的充分思考之后，才可能更好地理解专家的观点，或者与其形成有效对话，这是利用材料的前准备；其次，抛出材料之后，必须就材料的观点进行充分的讨论，学生也可以就材料进行置疑。而在郭老师的课堂上，我很遗憾地看到，无论是莫泊桑的小说观，还是金克木和郭宏安的观点，都没有被学生充分讨论，学生可能只是记住了他们的结论，因此引入材料的教学价值未能被充分利用，而教学效果也将因此大打折扣。当然，打开学生视野也可以通过讲座的方式来进行，但那是另外一回事了。

5. 研究性学习与常规课堂

我认为，以郭老师在这个课堂中呈现的材料之丰富，提出的问题之有价值，要在一节课之内充分展开是根本不可能的事情。如果我来上，我可以借用郭老师搜集的有价值材料和提出的有价值问题，做出有价值的教学策划的研究性学习的专题教学，来指导学生进行如何专业阅读，如何进行文本解读，如何进行文学研究和写文学批评。花的时间可能是一两周或者更长。而我将在一学期之内选取几篇值得这样研究的经典文本来进行这样的专业阅读和研究，让学生获得广阔的视野和研究思考能力。而一部分文章采取以文本中心和读者感受为主的业余阅读式的课堂教学。很多问题都可以让学生课下解决甚至有些文本可以指导学生自读，再留一点时间专门指导学生如何考试。我不企图在一堂课解决所有问题，不企图从各个角度涉及到文本的各个方面，如果能就一两个问题展开充分而深入的讨论，我认为课就成功了。郭老师过于追求完整性全面性了。我不知道郭老师的常规课是否也如此？这可能就涉及到公开课的问题了。我们有必要追求在一堂课之内把一部作品上完吗？可不可以一个问题还没讨论完就下课了？

6. 感受性与思考性

郭老师具有学者气质与理性气质，就我看过的几堂课而言，我觉得郭老师的课相对偏重分析性、思考性和资料性，而对感受性和创造性重视不足。其实，文学欣赏是感性和理性、诗性与思性的综合。培养学生敏锐和丰富的感受性也应是语文教育的重要目标之一。至于如何培养学生的感受性则是可以探讨的话题。

7. 三种智能：分析、创造、综合

在"第一线升庵研修班"听李镇涛老师做讲座时，他"分析、创造、实践"三种智能的说法，给我很大启发。一般而言，在文本解读中分析智能运用得比较多。如果要有意识地培养学生这三种智能，我可以进行这样的设计：比如在小说的结尾，佛来思节夫人告诉玛蒂尔德项链是只值五百法郎的假项链以后，没有接着写玛蒂尔德的这一瞬间的表情、动作和心理反应，所以我可以要求学生想象并描写这一场景以及玛蒂尔德的内心活动，以培养学生的创造智能；还可

以问学生，在玛蒂尔德的项链丢了以后，如果你面对这种困境，你会怎么办，为什么要这么做，以培养学生的实践智能。

8. 培养学生提问能力

我们从教师的课堂操作就可以看出来，教师一开始就问学生"这是一部关于什么的小说"，而且自始至终没有给学生提问的机会，学生始终处于接受教师提出的问题和传输的信息的被动状态中。虽然有的问题教师问得很精彩，但这些问题如果由学生提出来不是更好吗？你怎么知道学生提不出同样精彩甚至更精彩的问题呢？你怎么知道自己提出的问题就一定是学生感到困惑的问题呢？学生自己感到困惑的问题怎么解决呢？如果让学生提问，学生将处于一种积极思考和质疑的状态。而且培养学生提出问题的能力，也是重要的教育学目标之一。

我的体会是：很多时候学生已经学过的诗，我让学生提问，学生几乎没有问题，但我一问，又大多回答不出来，显然并未深思过，根本就没读懂作品，可是他们却没有问题了，这多可怕！当然，由于年龄、视野和思想能力的不足，有些问题学生是提不出来的。因此，课堂上的问题应该由学生问题和教师问题共同组成，这样教师的策划引导作用也得到了发挥，这应该是比较理想的做法。

9. 教师功力在课堂上如何体现

就教学而言，教师深厚的功力不太应该直接体现在把大量材料信息呈现给学生上，而应该体现在以下几个方面：策划课堂教学的角度和发现问题；选取材料的质量和广度而非数量；对话当中的追问和引导；知识思想的拓展等。当然，如果是专为打开学生视野而作的讲座，又应另当别论。关键是什么时候该讨论、什么时候该引导，以及什么时候该打开的时机要把握好！

总的来说，我认为如果从教育学和课堂理念的角度来考量，这堂课有不少值得商榷的地方。解读的完成、资料的搜集以及问题的提出基本都是教师完成的；课堂重结论轻思维过程，较多的是教师灌输而非学生自主建构；结论在先而非自然生成；信息量过大，太重视传递的信息和知识的数量，而忽略了教育学的一个重要目标：让学生学会思考，使其思维能力得到锻炼。留出给学生思考的时间不够；而许多问题提出之后，又没能得到充分的展开，结论基本上是单一而非多元的，课堂是封闭而非开放的；学生的个体阅读和感受未能得到充分体现和尊重。

既有材料呈现的问题，不宜过多，应呈现具有代表性的材料；呈现时间，必须在学生自主充分领略之后；呈现方式，必须把呈现材料"教育学化"，也就是必须被学生充分质疑和讨论，而不是记住教师、专家的结论。

很少有意外的不确定的有价值的生成。语文课堂的一个关键是开放性设问，然后在对话中不确定地展开和深入，因此必须让学生在课前有充分的预习、思考和准备，而在公开课上，这一点恐怕很难做到。从智能开发的目标来说：本课主要侧重了培养分析智能，而比较忽略创造智能和实践智能。综合研究和分析必须在充分领略具体作品的基础上，因此教结构不是不可以，但在学生基础不足的情况下效果是值得怀疑的。

问题产生的原因：教师过于重知识传递而轻学生感受和思维；重文本的充分解读而轻教学理念的教育学考量。公开课未必就要在一节课之内完成所有内容，这样并无多大意义——欲速则不达。实际上，充分展开问题，哪怕只解决一个问题或者并不解决只深入一个问题也是有意义的。课的完成时间应该是不确定的。从郭老师的授课内容来看，这不该是一堂课完成的内容。

四、如果是我，我会怎么上

在一节课之内完成：

将课堂五步曲简化，基本以文本为中心来上这课。一开始让学生谈感受、提问题，选取学生提出的最有价值、最关键、最有难度的一两个问题跟自己的问题合并，组成两三个问题，然后展开讨论。

我的问题：

（借用郭老师的做法）这是一部关于什么的小说？

作者对玛蒂尔德持同情还是批判的态度？作者在作品中表明自己这种态度了吗？你认为作者应不应该在作品中隐藏自己的观点？为什么？

造成玛蒂尔德悲剧的原因是什么？性格亦或命运？

丢失项链以后，如果是你，你会怎么办？谈谈你采取这种做法的理由。

谈谈你对玛蒂尔德性格的评价。

但是这些问题未必要在一节课之内完成，如果某一个问题充分展开之后占据了一堂课的时间，也未尝不可。

课外拓展问题：

与《俄狄浦斯王》比较，探讨小说中的命运主题、宿命论与自由选择、偶然与必然。

与"灰姑娘"比较，将作品放到文学史上就某一类文学母体的原型模式进行探讨，理解浪漫主义童话故事与现代主义以追求真实为目标的文学写作的不同，理解戏仿、反讽和解构的写法。

也可以结合《包法利夫人》，来了解福楼拜和莫泊桑的现实主义、自然主义小说写作中隐藏作者或者说作者退出的文学观。

还可以让学生结合19世纪的女性主义文学作品比如《简·爱》，来从女性的角度切入对作品的分析。

可以让学生去读读莫泊桑的传记和他的小说选，从而了解作者，把握莫泊桑小说的特点。

也可以让学生想象并写作玛蒂尔德知道那条项只值五百法郎以后的心理感觉。

当然，所有这些都应该是学生课后来完成的作业。

五、语文课堂五步教学法

第一步，学生个体阅读、感受、思考并提出问题。我认为文本解读的原则首先是要尊重学生个体领悟、感受文本的权力，让学生自己去探究。可以让学生课下预习的时候自己写评论感受并提出问题。文学文本的阅读必须跟学生的经验和生命搭上关系，学生才可能产生兴趣，而且因为学生的年龄、经验和成长的文化背景的不同，可能有迥然不同于成年人的可能已经迟钝和僵化了的思维，因此此一过程不仅仅可以保证学生阅读感受的个体独特性，保证学生自己有感受、思考、领悟的过程，同时一些重要的创造性的火花可能在此一过程中萌发。这个时候不宜让学生搜集或给学生呈现解读性材料，但可以让学生搜集或给学生提供一些帮助理解的背景性材料，比如作家或者作品产生的时代背景。我阅读文学，欣赏电影、音乐、绘画等遵循这样一个原则：在看作品之前绝不看评论，以保证阅读感受的初次遭遇的新鲜独特性，但之后则一般都要看评论，以印证、补充、拓展我的领悟、思考，或者了解背景知识。

第二步，在不借助专家观点和材料的基础上，让学生就自己的理解、感受、问题展开讨论，问题可以由筛选出来的学生问题和教师问题共同组成。对有难度和争议的问题，可以让学生小组讨论。

第三步，单是就学生的能力而言，由于年龄、阅历，也可能是知识、思想基础的原因，达到一定层次之后可能就上不去了，这个时候要把学术界、文学界以及自作品诞生以来的代表性阐释和其他一些材料呈现给学生，让学生在专家材料的基础上再讨论。

注意选取材料的难度和数量，要给学生充分的探究时间！一般来说是呈现高质量但不同的观点材料，以保证呈现材料的多元性和丰富性。但有时候也可以呈现一些明显有问题的材料，比如在上海子的《面朝大海，春暖花开》时，可以呈现明显很糟糕的文章《病句走大运》，让学生解剖其问题，以达到让学生理解诗歌语言、诗歌逻辑的目的。

由于学生此前已经对文本进行了充分的个体领略和探讨，形成了自己的理解，也可能产生了一些困惑。这个时候学生就处于一种思考和接受知识的主动和活跃的态势，具有一种理解和接受的势能。因而这个时候的呈现既不会干扰学生的个体感受和思考，把他们的思维纳入既定轨道，同时学生在阅读材料中还可能会得到一种印证：或者对争执之后疑惑不解的问题获得一种豁然的了悟，或者得到拓展提升，或者就材料上读不懂的说法提出疑问，或者因阅读材料而产生新的想法和疑问，或者与材料上的观点有不同意见。

在这个时候，可以就材料上的观点或者学生新产生的想法疑问进行讨论，这样的讨论将会更加深入。同时，这种做法将很好地解决学生自主探究与继承的关系问题。自主探究、个体感受不是不要继承，不是不看别人的解读，然而不是简单接受和继承，因为继承和了解别人的观点并非目的，锐化自己的感受力，并借别人的观点来建构自己的知识和思想，拓展自己的思维才是目的。因此就必须把呈现材料和专家观点"教育学化"。如何"教育学化"呢？就是就专家观点进行进一步的探讨，让学生对专家观点进行质疑和讨论，理解消化之后内化为自己的东西并可能诞生新的创造，亦即不是记住所呈现的专家观点，而是思考、质疑它之后形成自己的观点和看法。学生能说自己的话，忘掉专家的话，剩下自己的观点，这种思维能力的提高就是教育。这个时候，教师观点也可以作为众多观点之一呈现出来，以给学生启发，或者供学生质疑和讨论。

第四步，在学生就自己的感受、思考和问题及呈现材料进行探讨之后，要求学生就各方观点进行综合梳理和评述，以锻炼学生提炼和综合的能力。在这个时候，教师就可以总结整个课堂和进行文本解读了。

在所有讨论和陈述过程中，教师的职责是：提醒学生发言注意简练清晰，注意倾听他人，并容忍与己不同的观点；教师发现有价值的问题并进行追问，从而将讨论引向新的方向或者使讨论更加深入；对学生进行适当鼓励；避免课堂成为少数明星学生的表演；当陷入一些无意义的意气之争和纠缠时，要把握局势和控制时间。这样的课堂，教师只有大致的问题和思路步骤而无详细的教案，而过程是非常即兴、不确定和充满意外的。也许教师每上一次同一个文本，都可能产生不同的课堂文本。

第五步，课下总结和拓展。比如让学生在经过上述几个步骤之后再写评论或感受文章，或者就某个问题深入，看看这个时候跟学生最初的感受和思考有什么不同。前面的讨论和总结都是口头的，这个时候的总结是书面的。书面总结比口头总结陈述有更大的难度，也可以培养学生更清晰的梳理能力。还可以拓展，比如引入莫泊桑的其他作品，他的传记，文学史对他的评价，学术界对他及其作品的研究专著，或者是我在"如果是我，我会怎么上"里布置给学生的作业。要记住，尽管学生在课堂上更多是学会如何感受和欣赏文学作品，但课外的拓展同样重要，如果不是更为重要的话。教材只是一个引子，我们借这个引子可以更深地走进作家作品，走进文学史，走进人类精神空间，打开一片广阔的天地。

2005年8月7日

内行该不该"蒙":关于《项链》的对话

魏勇

我本来在继续"写网友",吃饭间隙读到了范美忠这篇评论,于是一边吃饭一边看,结果一碗饭吃了将近一个小时。写网友那个东西放一放,先谈谈我读这篇文章的读后感。

两个精彩。郭初阳的课本身就精彩,名师只怕也很难企及;范美忠的评课更精彩,在目前中学语文界无人能做如此点评(不服可以试一试)。范美忠的点评实际树立了中学语文课堂的标杆:一堂好课究竟是什么样子的?先为郭初阳和范美忠鼓一下掌。

掌声过后就是砖头,请戴好安全帽。先砸郭初阳,郭的问题主要有两点,一是教师过于强势,就像作家从幕后走到了台前。这点范美忠用多尔的后现代课程观这块砖砸得比较准,我就不重复了。二是文眼过多。一篇优秀的作品肯定有大量的矿可挖,要想穷尽,两节三节课可能都不够。而短时间内有价值的问题太多,对学生而言,问题因互相干扰就没有多少价值了。这是郭初阳这堂课最大的败招,范美忠点评到了，但说得不够，所以我再啰嗦两句。以前我的课也有这毛病，这里有价值，那里是亮点，或者自己有独到见解，或者学术界有新观点，总想"一个也不能少"。这样一堂课下来，"亮点"和"价值"互相抵消，让学生眼花缭乱。学生以为抓住了什么，而矿砂却无声无息地从指缝中滑落，最后手上几乎一无所有，而对层次普遍高于学生的听课老师而言，却感到很有收获，甚至有老师下来可能对你说："听君一席话，胜读十年书。"这样的课蒙的就是内行。我的经验是，文眼不在多，而在少而精、少而新。

接着"蒙内行"这个话题，我要砸范美忠。他说"我觉得课堂的第一个环节，就是关于情节的几个环节的提问和研究的部分没有必要，因为回答这些问题学生根本无须动脑筋，属于比较低质量的对话部分"。这话也是蒙内行的。我觉得郭初阳提的"比较低质量的问题"是一个教师成熟的表现。"低质量的问题"相当于大赛前的准备活动，有助于帮助学生克服紧张心理，拉近师生之间的距离，尤其在借班上课时，更是必不可少的环节。一开始就是高质量的问题，这样的课堂大多容易失败，不信，范美忠试一试。

砸范美忠的第二块砖针对的是他对"虚荣"的解读。他没有否认"虚荣"说，而我认为郭初阳彻底颠覆"虚荣"说非常恰当。说路瓦栽夫人（后面一律简称路夫人）虚荣，完全是中国人文化的"个性"解读，就像19世纪洋人在中国开办育婴堂，中国人理解为洋人要用中国孩子的心、肝做药引子一样，根本就是没影的事。在西方的文化中，人们认为一个年轻女孩要参加舞会，就应该让她穿戴最体面、最漂亮的服饰，这如果属于郭初阳说的"自我发现"的话，它的历史应该更加悠久，而不是局限在19世纪。他们的文化鼓励女孩成为舞会的焦点，跟虚荣完全不挨边。即使现在，西方也还保存着一个行业：晚礼服和首饰出租业。许多置不起礼服的人，靠租来的礼服和首饰如鱼得水地穿梭在灯红酒绿中，并无半分心理障碍，哪有什么虚荣不虚荣的说法？

更何况路夫人身处19世纪的法国。从路易十四以来，法国就成了欧洲时尚的中心，法兰西的宫廷礼仪教化了整个欧洲，"体面"，成为欧洲人在社交场合的共同追求。法兰西民族本身又是世界上最浪漫的民族，浪漫往往就是以打肿脸充胖子为前提，身上只有一个法郎，法国人可能不会用来买面包，男士可能用来买一束玫瑰，女士则可能用来买香水。哪像范美忠理解的"女孩子想得到这么多玫瑰确实很虚荣"，他认为送两朵应该，送999朵就虚荣。浪漫一个最基本的特征，就是把不可能的事变成可能。

对一个19世纪漂亮的、小公务员的妻子来说，能够在某一次上流社会的party中露面并成为晚会的皇后，即使付出十年乃至更多的辛劳，她可能也觉得值。对法国男人而言，不支持女士的这个选择，他就不够绅士。这不是虚荣，而是一个热爱生活的年轻生命的本真存在，即不为任何目的自我克制、自我局限，而是怀着对一个确定目标的信任无忧无虑地自我释放（里尔克）。对许多生命来说，长久的平淡不如短暂的绚烂。

我相信莫泊桑演绎的故事在巴黎上流社会客厅里流传时，人们也许会感慨命运的诡异和个体在其笼罩下的无助，也许从路夫人身上看到自己的影子而掬一把同情的泪……无论是哪个版本，我想，大约不会有指责路夫人"虚荣"这个版本，这是法兰西的气质。中国文化总的来说是"实用文化"，在这个背景下，理解《项链》，恐怕会把骆驼看成马肿背。

2005年8月7日

看见那无形的"囚笼"①

——评郭初阳《珍珠鸟》课堂教学

安徽省安庆市大观区十里中心学校　　汪琼

　　为了透彻了解郭初阳老师的语文教育观，我曾仔细研究过2004年4月份他执教的《珍珠鸟》。那堂课教的是初中学生，引用的资源很复杂，相互间作了很多比较：歌曲《囚鸟》，《群鸟》电影片段，古诗《放

---

① 编者注：2004年4月29日，浙江省教研室新课程备课会议，《珍珠鸟》一课作为示范课，震惊教坛，课堂实录刊于《人民教育》2005年第3–4期；《笼外之笼：我是如何解读〈珍珠鸟〉的》刊于《人民教育》2005年第5期。不久，《珍珠鸟》一文从部编人教版初中语文课本中删除。

　　2017年11月17日，郭初阳在南京给四年级的小学生重上《珍珠鸟》，删繁就简，主要比较了两个不同版本的《珍珠鸟》——《人民日报》1984年2月14日刊发稿、冯骥才原稿——研究一些有意思的差别，比如编辑改"跳"为"逃"，改"趴"为"扒"，都是只有半个字的微调；改"唖唖嘴"为"呷呷嘴"，则是考虑到鸟喙的特性，编辑的修订不可谓不用心。然而有些改动也损伤了原稿的元气，"空茶杯"一小节被减除，广大读者无从得知有第三个笼子（透明的）的存在，失去了极为要紧的信息。郭初阳说，倘若早先就去找冯先生的原稿，那么当年解读《珍珠鸟》的文章就可以名为《笼？》，多有意思。

　　为便于读者比较《珍珠鸟》两个版本的不同，特将冯先生原稿附于本文之后。《人民日报》1984年刊发稿见《散文阅读课：〈珍珠鸟〉》。

鹦鹉》，《象棋的故事》节选，报告文学《绞刑架下的报告》节选，小说《肖申克的救赎》片段等。大量的素材，把学生的注意力由文中所写的"信任，创造美好的世界"引向"囚禁"，再到飞向自由天空的讨论，很颠覆，也很丰富，但牵引的痕迹也重，其实是另一种霸权。

今年冬天，我到现场观摩郭老师为四年级学生执教的《珍珠鸟》，相比2004年的繁复，这堂课仅40分钟，却足以让人看清他的坚守和改变。

比较依然处处可见。

首先是《珍珠鸟》原文和课文①的比较。由此，学生知道课文之外还有原文，他顺着原文这条藤，有可能摸到原著那个瓜，甚至作者的系列作品，到这一步，阅读的核能才真正爆发。

郭老师请学生对照课文，在原文中标出删改的地方，讨论删改得好不好，为什么。学生提出，原文的"待一会儿，扭头看，这小家伙竟趴在我的肩头睡着了，银灰色的眼睑盖住眸子，小红脚刚好给胸脯上长长的绒毛盖住"不该删掉，因为这段描写得很直观具体，能看到小鸟的睡态，很有画面感。好一个"画面

① 此处采用的课文版本是《义务教育课程标准语文实验教科书·四年级上册》，江苏教育出版社。

感"！如果没有比较，学生如何能这样一语道破写作的秘密？

在不知不觉中对语言初步品读后，郭老师请学生找找"笼子"一词在原文和课文中各有几处。学生找得很快：原文9处，课文5处。这一组数字触目惊心，可见删改后的课文与原文的差别之大！我一直觉得，要让学生真正理解一个词语，要么呈现语境，要么成对出现，要么让它成串成对地出现，词汇有了参差呼应，才在学生心中落地生长，变成智慧的养料。果然，接下来的课堂讨论，基本都是在原文基础上进行的。

郭老师抛出了整堂课的关键性问题：小鸟是否真的离开笼子？在原文中，还有没有隐藏的鸟笼？有几个？

生：这只小鸟离开过笼子。

师：嗯，这只小鸟离开过笼子。继续说。

　　有两个孩子继续表述了这个观点。

师：接下来谁想发言呢？

生：它没有离开笼子。

师：你认为它没有完全离开笼子，怎么讲？

生：母鸟一叫唤，小鸟就飞回去了。

师：这个意思，同学已经表达过了，有没有新的内容要补充？

生：我们可不可以把这个卧室比作一个笼子？这个笼子它从来没有飞出去过。

师：所以你的结论是——它飞出了小笼子，没有飞出
　　卧室这个大笼子。很漂亮的发言。还有谁补充？
　　注意，可能不止一个笼子啊！

生：我觉得家也是一个笼子。

生：还有一个更大的笼子，就是珍珠鸟和主人的感情。

师：的确，有时候感情也是一种羁绊。

　　这段师生对话，看似闲庭信步，其实步步惊心。
通常老师给出问题，潜意识里都期望由学生说出标准答
案，似乎这样，"启发、尊重"这些理念就落了地、开
了花、结了果。但郭老师完全不，他提问剑指思考，学
生只要说出自己的思考结果，都能得到肯定。

　　当然，尊重学生并不是任由学生漫游，"接下来
谁想发言呢"，指向不同的声音。老师对学生的回答
不予倾向性评价，学生没有被暗示，不用揣摩老师的
意思，就能自然、轻松、大胆地说出自己的想法。自
由表达的氛围本身就是一种隐性的力量，可以保障学
生转向内心，倾听自己的声音，并敢于说出不一样的
想法。

　　郭老师课堂的"神奇"就在于此。照理说，有
学生再次说出"它没有离开笼子"，老师应该顺势而
下进入剖析，但郭老师并不急，甚至小小刺激了学生
一下："这个意思，同学已经表达过了，有没有新的
内容要补充？"这句话的潜台词是：不要人云亦云，

请说出自己的见解。因为此时说的"母鸟一叫唤，小鸟就飞回去了"依然还是在纠结小鸟有没有离开过实物的"笼子"。经这样一敲击，学生迅速从熟门熟路中撤退，找到一条新的突围之路——"我觉得它飞出了小笼子，没有离开大笼子"，这就从具象的笼子上升到喻象的笼子——卧室。这是很重要的一个节点，学生的思维已经突破"形"的束缚而上升到"质"的内里，接着又由房子上升到感情的抽象层面。安全自在的环境，冷静而精辟的点题，让学生的思维如笋拔节，节节可见，历历可听！

我本以为郭老师会让学生就"情感也是笼子"这个话题探究下去，但他却迅速转移了话题。后来想想，可能是考虑到毕竟是四年级的学生，不可空拔过高，这就是"适可而止"，也是课堂最难拿捏的分寸感。此时，如何转开，最见功力——

师：我想问的是，还有没有真正物质上的笼子？

生：空茶杯。

师：解释一下好吗？

生：小鸟飞到空茶杯里面，没有离开。

师：我们可以找到原文的第13自然段，在这里打一个惊叹号！这也是一个笼子，一个透明的笼子，你想不到的笼子，任何器具都有可能成为笼子——而且不要忘记，它是被迫还是主动进去的？

——之前比较阅读时，在第13段停留了很久："有一次，它居然跳进我的空茶杯里，隔着透明光亮的玻璃瞅我。它不怕我把杯口捂住。是的，我不会。"学生认为，这一细节反映出小鸟从警觉慢慢发展到无所顾忌，表现出它对人的信任，但对"空杯子"没有太多感受，哪怕郭老师将其板书在黑板上。现在，他们居然领悟到"空茶杯"也是一个"笼子"，这还真要感谢前面充分的比较和讨论！当时，看到郭老师将时间花在这个看似无关紧要的细节上时，我还曾纳闷过，因为我也没有读懂"空茶杯"也是"笼子"，但显然，郭老师心里是清楚的，为了第二次学生能抵达这里，所以他才在第一次触摸时细致入微，这是非常明显的终点引导起点和过程的案例。这里，郭老师问了一句"它是被迫还是主动进去的"，看似是提问，实则为留白，留待学生的阅历足够丰富时，继续触动那看不见的"笼子"。

课尾，郭老师随机做了一个小调查：你觉得鸟儿是否幸福？有7名学生觉得鸟儿不幸，其余都认为幸福。郭老师依然没有评价，只是提供给学生另一份讲义——筱敏的《鸟儿中的理想主义》，让学生课后去比较阅读。我仔细读了这篇文章，发现文章将"笼中鸟"分为三类：第一类就是冯骥才文中的珍珠鸟；第二类是鸟类中的古典主义者，一旦被囚禁，就会绝食而死；第三类极少，在囚笼中依然左冲右突地练习飞行，作者在这样的鸟面前感觉惭愧。文章如此结尾：

天空和飞翔是鸟类的生命形式，而灾难和厄运也是世界存在的另一种形式。至于在灾难和厄运中你是否放弃，那完全是你自己的事。

任何人读到此文，可能都会重新打量或反思那些习以为常的想法和现象。而要让思考发生，前提是提供充分的材料、可以比照的信息，这样比较能力、思辨意识才有训练场。总之，原文只是思考的凭借，而不是学习的旨归。

郭老师的课堂还有很多特点，比如话筒轮转。无论读课文还是讨论交流，课堂上回响最多的是学生的声音，郭老师只是靠在讲桌旁，倾听，关键处点拨几句，从不抒情，更不煽情，很低气压。这些都是很不起眼的举止，但含义很深，镜鉴很多。

不要说公开课，就算是家常课，掌握话语霸权的，不是老师就是优等生，多数学生不是配角就是沉默的大多数。给人分类分层似乎存在于我们的基因之中，几近无意识。只有当老师内心真正有平等意识，才能逃离那看不见的牢笼，平等地给每个学生以展现自己的机会。而当学生手握话筒的那一刹那，隐蔽的自我才有机会发出或强或弱的光芒，彼此映照，形成霓虹。当我们的目标是培养公民，而不仅仅是人才时，公平首先要成为老师的潜意识，才能成全学生的平等意识，在类似话筒轮转的课境中变成习惯，形成气候。我不相信一节只有老师的声音或者几位优生的配合的课上会发生真正的学习，哪怕老师口才似董卿、文采如李白！

后来，有老师就本节课请教语文课程论专家王荣生教授："让四年级孩子讨论'囚禁'主题，是否偏离了教材和作者的初衷？这样的课堂是儿童本位吗？"王教授的回答非常有意思："郭初阳的课可以学吗？不可以！郭初阳的课不好吗？不是的。"百年前，陈寅恪先生就提出"独立之精神、自由之思想"；百年后，郭老师引导学生对文本做思辨性解读，依然饱受质疑。这不能不令人遗憾：被囚禁的岂止是鸟儿呢？曹文轩先生说："孩子需要长大，他不可能永远停留在童年，停留在所谓的童真、童趣之中，必须有超越童真、童趣力量的境界召唤他。"他甚至深情期待儿童哲学课出现在中小学课堂上。其实，郭老师的课堂，不就是在不断引发哲思吗？

附录

珍珠鸟[1]

冯骥才

真好！朋友送我一对珍珠鸟。放在一个简易的竹条编成的笼子里，笼内还有一卷干草，那是小鸟舒适又温暖的巢。

有人说，这是一种怕人的鸟。

我把它挂在窗前。那儿还有一盆异常茂盛的法国吊兰。我便用吊兰长长的、串生着小绿叶的垂蔓蒙盖在鸟笼上，它们就像躲进深幽的丛林一样安全；从中传出的笛儿般又细又亮的叫声，也就格外轻松自在了。

阳光从窗外射入，透过这里，吊兰那些无数指甲状的小叶，一半成了黑影，一半被照透，如同碧玉；斑斑驳驳，生意葱茏。小鸟的影子就在这中间隐约闪动，看不完整，有时连笼子也看不出，却见它们可爱的鲜红小嘴儿从绿叶中伸出来。

我很少扒开叶蔓瞧它们，它们便渐渐敢伸出小脑袋瞅瞅我。我们就这样一点点熟悉了。

三个月后，那一团越发繁茂的绿蔓里边，发出一种尖细又娇嫩的鸣叫。我猜到，是它们有了雏儿。我

---

[1] 选自《冯骥才散文精选》，浙江文艺出版社，2010年3月，页6。

呢？决不掀开叶片往里看，连添食加水时也不睁大好奇的眼去惊动它们。过不多久，忽然有一个更小的脑袋从叶间探出来。更小哟，雏儿！正是这小家伙！

它小，就能轻易地由疏格的笼子钻出身。瞧，多么像它的母亲：红嘴红脚，灰蓝色的毛，只是后背还没有生出珍珠似的圆圆的白点；它好肥，整个身子好像一个蓬松的球儿。

起先，这小家伙只在笼子四周活动，随后就在屋里飞来飞去，一会儿落在柜顶上，一会儿神气十足地站在书架上，啄着书背上那些大文豪的名字，一会儿把灯绳撞得来回摇动，跟着跳到画框上去了。只要大鸟在笼里生气儿地叫一声，它立即飞回笼里去。

我不管它。这样久了，打开窗子，它最多只在窗框上站一会儿，决不飞出去。

渐渐地它胆子大了，就落在我的书桌上。

它先是离我较远，见我不去伤害它，便一点点挨近，然后蹦到我的杯子上，俯下头来喝茶，再偏过脸瞧瞧我的反应。我只是微微一笑，依旧写东西，它就放开胆子跑到稿纸上，绕着我的笔尖蹦来蹦去；跳动的小红爪子在纸上发出"嚓嚓"响。

我不动声色地写，默默享受着这小家伙亲近的情意。这样，它完全放心了。索性用那涂了蜡似的、角质的小红嘴，"嗒嗒"啄着我颤动的笔尖。我用手抚一抚它细腻的绒毛，它也不怕，反而友好地啄两下我的手指。

有一次，它居然跳进我的空茶杯里，隔着透明光亮的玻璃瞅我。它不怕我突然把杯口捂住。是的，我不会。

白天，它这样淘气地陪伴我；天色入暮，它就在父母再三的呼唤声中，飞向笼子，扭动滚圆的身子，挤开那些绿叶钻进去。

有一天，我伏案写作时，它居然落到我的肩上。我手中的笔不觉停了，生怕惊跑它。待一会儿，扭头看，这小家伙竟趴在我的肩头睡着了，银灰色的眼睑盖住眸子，小红脚刚好给胸脯上长长的绒毛盖住。我轻轻抬一抬肩，它没醒，睡得好熟！还呷呷嘴，难道在做梦！

我笔尖一动，流泻下一时的感受：

信赖，往往创造出美好的境界。

难度　长度　速度　限度

——评郭初阳老师的《父母的心》

戴文军

首先声明，这个题目是借来的。文学评论家吴义勤教授写了一篇很好的论文——《难度　长度　速度　限度》，对上世纪90年代长篇小说的文体问题进行了思考。其实，语文课堂，也很适合从难度、长度、速度、限度几个方面来考量，看了郭初阳老师《父母的心》的课堂实录，我更加想用这四个概念来借题发挥一番。

一、难度

常常听人说，上好一堂语文课确实有难度，但是，对一些比较浅显的文本，或者经典的、被挖掘得较多、有很多资料可供参考的文本，上好并不太难。而我认为，要上好任何一堂语文课，都有相当难度。

尽管有的语文课确实因为文本的难度增加了课堂的难度，但是，语文课的难度与文本的难易几乎没有关系，没有阅读障碍的文本未必能够讲好。语文课所以有难度就是因为它是语文学科，就是因为每个教师都必须个性化地处理文本。语文学科具有其他任何学科都不可比拟的人文性，近年来，不少人主张并尝试着把一些人文的内容带进语文课堂，但我认为，如果一位语文教师没有胆量和能力个性化地去处理一个文本，肯定会严重影响他人文内容的教育。所以，语文学科人文性的第一个标志就是阅读者对于文本的阅读必须是个性化的，不可以人云亦云，毫无主见，而必须秉持阅读主体的矜持，融入自己的生命体验，同时又要尊重文本自身的尊严。从这个意义上说，浅显的、参考资料多的文本教学反而更有难度。然而，长期以来，我们社会生活中方方面面的禁锢，教师阅读空间和思维空间的狭小，已经严重影响了教师的阅读姿态、阅读能力和教学能力。因而要求教师在课堂上保持自尊的、个性化的阅读姿态，并通过适当的途径把它传递给学生、影响学生，我认为有着很大的难度，尽管这是对一个现代化教师的基本要求。

语文课的难度还来自语文课堂必须有一定的深度。其他学科，尤其是数理化学科向学生呈现的是它们的解释性，语文学科的特点则在于它的示范性——除了给你一个光秃秃的文本，什么也不说，难度便随之而来：教师必须发现和引导学生发现并且展示“这一个”“范本”的特点、对“这一个”“范本”的看法，或者"这一个""范本"为什么会这样，甚至此"范本"与彼"范本"的区别，等等。总之，你的课堂要有一定的深度。语文课的本质就是要让学生看到他单独阅读不能看到的东西，所以，我认为深度对语文课来说，简直就具有本体论意义。试想想，一堂不能把学生的认识带到一个更深境界的语文课，一堂不能胜过学生自读甚至不如学生自读的语文课，我们还要它干什么呢？需要说明的是，文本的深度不能决定语文课的深度，语文课的深度取决于你对文本的解读和挖掘。而这样的深度，就要求教师具有比较深厚的业务功底，这在目前是一个怎样的难度哦！

更要命的是，你不可以自说自话，因为你面对的是一群中学生，语文课在深入的同时必须浅出，甚至你还不能多说话，因为你的责任在于激发学生发现、创新的能力，你要让学生的发现"于你心有戚戚焉"，或者出乎你的意料，让你眼前一亮，甚至让你有醍醐灌顶之感。这可以说是技巧上的难度。

以上这些，我以为就大致是语文课的难度所在。

川端康成《父母的心》，一般的初中生读起来并不困难。但是当它作为一个示范文本出现的时候，处理起来就没有那么简单了。正是文本的浅显突现了这堂课的难度，我相信，这是一篇让许多老师"无话可说"的文本，是啊，学生都"读懂"了，我们还有什么可说的呢？除非允许我们纠缠于一些可以不纠缠甚至不可以纠缠的东西。写这篇文章的时候，我在网上搜索了一下《父母的心》的教案和实录，发现多数教师是通过学生交流讨论"父母把孩子送出去到底是不是不爱孩子"，从而"体会文中父母'浓浓的爱心，淡淡的哀怨'"；通过对文章情节的梳理，"理解'一波三折，跌宕起伏'的情节特点"。我怀疑这两个目标是从哪本参考书或教材的阅读提示上搬来的，没有个性可言，没有深度可言。有的教师在课堂上有诵读、有交流讨论，甚至还有创设情境，但是，不少人这样做还只是一个"仪式"，是为了表明教师预设的结论，学生应该通过这些方法去理解。而所谓"一波三折，跌宕起伏"，其实是父母内心痛苦与煎熬这样一个情感历程的结果，本来是"为情造文"，现在经教师这样一解释，变成了"为文造情"，有意无意之间歪曲了文学创作的基本原则。

而郭初阳老师试图"通过核心词的多方替换，体味父母的艰难与悲哀"，压根不提"一波三折，跌宕起伏"的"创作手法"，而是"依照日常情理，结合阅读材料，探究作家创作心理"。传统课堂所提出的"懂得""理解""掌握"的教学目标，往往通过程式化的、理智的分析方法指向某一目标，这就是桑塔格所反对的那种"荒谬的、怯懦的、僵化的""阐释"。我们的学生面对感人的文学、令人流泪的事件，已经变得相当冷漠，那根用来感动的神经变得麻木了，很大程度上就是因为程式化的、理智的"阐释"搁置甚至吞食了他们的感受力。而"体味父母的艰难与悲哀"和"探究作家创作心理"，实际上就是要求阅读主体调动已有的情感经验，把自身的生命体验与作品的生命内涵和作者的生命历程对接起来，摒弃了那种在文本表层甚至文本外围打圈圈的平庸做法（虽然20世纪80年代以降，各种新鲜的解读文本的方法就被介绍到国内，但必须承认，这似乎没有改变中学语文教学界平庸甚至别有用心的"阐释"现象），直指文本的内质，把解读一下子置于纵深的层面，不但向学生暗示了一种解读和创作的正确路径，更重要的是对唤醒学生的感动神经，重振学生的感受力有着巨大的作用。

实录中，学生关于"核心词替换"的发言，关于川端康成生平的研究，尤其是对几个孩子被送人时内心语言的即兴创作，都说明郭初阳老师的努力是可贵而成功的。

郭老师难能可贵之处更在于，体味了"父母的心"之后，他还要引领学生探寻"孩子的心"，他认为作品在这里存在一个巨大的想象、再创作的空间。于是郭老师顺势宕开一笔，要求学生分别以四个孩子的口吻，写出各自被送人的心理感受，这样，既暗示学生可以大胆地对作品质疑，又可以再经历一次情感体验，并依据自己的内心感受进行一次创作实验，于不知不觉中领悟创作的原则、提高创作的水平。同时，这样使课堂不再纠缠于一些可有可无、不痛不痒的东西，大大打开了课堂的空间，在"解读之外"尽情地驰骋，使教师和学生感觉到自己在作品面前是个自由的人，似乎作品生产出来之后，它就真的不再属于作者了。从课堂实录中我们可以看到学生们的即兴创作是多么的难得！

在体味"父母的心"与探寻"孩子的心"之间，郭老师播放电影《我的兄弟姐妹》相关片段作为过渡，这是非常精彩的一笔，远非那些应景的电化教学可比。首先，从课堂的结构上来看，这是一个绝妙的可以承上启下的片段。其次，这样做，把在阅读时联想和比较相关艺术作品的良好习惯传递给学生，同时为下一个环节——学生的习作训练营造一种现场感，调动学生的情绪，降低即兴作文的难度，从实录来看，效果确实很好。

所以，郭初阳老师用解读的深度和不露痕迹的技巧化解了课堂的难度，举重若轻的背后是他对文学和语文课堂的深刻理解。

但是，我个人认为，文本中还有问题值得探究，比如，既然是"探究作家创作心理"，索性就打破沙锅问到底：作品没有写孩子的心理，这个问题怎么解释比较合适？这到底是不是败笔？再比如，我注意到原文的结尾是这样的："于是，那位父亲由于那位有钱的妇女帮忙，受雇于函馆的某公司，一家六口过上了好日子。"而课文的结尾却是："那一家六口终于又团聚了。"我认为课文对原文的这个改动真有意思，是一种什么心理驱使文章的选编者对"有钱妇女"如此吝啬，连几个褒扬的字都要删掉呢？我们又应该如何看待"有钱妇女"这一类人呢？当然，这些问题的探究不一定要在课上进行，而且一堂课也不可能面面俱到。

二、长度和速度

一个文本到底要讲几节课？教学过程中的某一个环节到底需要分配给它多少时间？（我这里用了"分配"一词，好像"预设"的味道很浓，这个问题后面说。）

对一些内涵丰富的作品，比如《阿Q正传》，据说有人讲到八节课。而我认为，再伟大的、篇幅再长的作品，课时也不应该太多，原因非常简单，不能在一个地方停留太久，否则，容易产生"审美疲劳"，届时再生动的课也会令人生厌，而学生一旦生厌，教学效果就与我们的教学目的背道而驰。课堂教学过程中的每个环节所占的长度都应该是相对节制的，它应该与整个课堂的教学内容和文本的具体情况匹配，与该课堂的速度匹配。

课堂当然要依靠一些学生感兴趣的、引人思考的问题吸引学生，但很大程度上更要依靠速度牵引学生。因为不管多么有意思的能够吸引学生的问题，在它预设或者生成之后，课堂就会围绕或指向这个问题，不断引出、不断修正学生的说法，从而寻找比较完美合理的说法，也就是说，课堂在以一定的速度走向问题的终极。可以说，学生思维的乐趣和各种能力的养成，就在于问题生成和问题终极的中间地带，而如果这个中间地带的运行速度不合理，就有可能使一些学生来不及思考、疲于思考、无能力思考或者不屑于思考，从而导致学生游离于课堂之外。

从哲学角度说，速度是课堂固有的，课堂总会以一定的速度向前推进，问题是不合理的速度会使学生昏昏欲睡，会使学生的思维链条断裂，会使重点难点失当；而合理的课堂速度则会使学生饶有兴趣地探究和倾听，有逻辑地思维，有序地指向问题的终极，使整个课堂体现出一种结构上的美感。

应该说，实践中，课堂速度一般不会是匀速的，好像也很难见到整体上的减速运行，以变速和加速比较常见，尤以加速度为多，因为这确实比较符合学生的心理接受规律：先用比较徐缓的速度，引领学生渐渐进入文本，同时在内容上为问题的解决——埋下伏笔、设下铺垫；渐渐地，学生在不知不觉中思维逐步活跃，这时课堂速度与学生的思维速度合拍，并且越是靠近问题的终极时，思维的路径越是趋于明朗，而这时的伏笔、铺垫也渐趋完成，课堂速度提高到最快就水到渠成，直指问题的终极。不少成功的课往往在最后形成一个高潮后便戛然而止，就是这个道理。

郭初阳老师的这堂课，我看就比较符合加速度原则。

在进行"核心词的替换"这一环节之前，课堂的速度都是较为舒缓的，朗读梳理了课文，明确了父母要回孩子的所有理由都是借口，其真正原因是舍不得孩子。在这样的基础之上，进行"核心词的替换"，速度明显加快，学生换掉四个词，包括讨论、板书，共用去6分钟左右，郭老师对学生发言的迅速补充、完善，大大提高了课堂推进的速度，戛然而止于问题的解决。接下来观看《我的兄弟姐妹》片段，使课堂"空档运行"，调整课堂的发展方向，而后由"最受感动的镜头"慢慢起步，运行到"孩子心理感受"的轨道上来，逐步加速，讨论近3分钟，然后进一步加速，让学生即兴表达孩子的内心感受。接下来的环节是阅读材料与课文的对比阅读，就完全是教师给学生讲解，这里的速度是最快的，应该说，时间已经不允许，事实上也没有必要在这个地方逗留太久，郭老师把这里设计成一个过渡环节。最后，他要学生对作品中的父母做出自己的理解和评价，又经过了新的一轮加速度。

但是，我们发现，课堂到后来的速度好像有点太快了，似乎显得比较急促，郭老师几次说"时间关系，时间关系""抓紧抓紧抓紧"。我想，朗读梳理部分，所占长度太长，用去11分20秒之多，较大地影响了课堂的速度，我认为可以把这一部分的内容糅合在其他部分，稍稍带过即可，因为这部分的难度并不大，学生很容易弄清楚，这样就可以在"探究作家创作心理"等环节上做得更加从容和完美。

三、限度

中学语文课时和课堂的有限，语文学科特定（也可以说是规定）的内容和语文课的特别对象，决定了诸多教学内容和教学方法必须是有限度的。

（一）生成和预设

在课堂向前不断推进的过程中，学生作为学习的主体，必然要不断生成一些问题、看法，这些课堂的生成显然是激发学生的学习热情和探究欲望、解决文本相关问题的最好契机。但是，在传统的教学过程中，由于各种因素的影响，教师预设各种自认为合理的环节和问题去填满一堂课，粗暴地代替了学生的思维，学生的许多有价值的发现被湮没了，思想的火花被掐灭了，学生思考的积极性和发言的热情逐步衰失。这样的忽视甚至扼杀生成的语文课堂是语文老师一个人的课堂，自然也就是没有生机的课堂。

新的课程理念对这种陈腐可怕的课堂理念和课堂模式进行了批判，一些先行者率先生成过一番，矫枉过正遇到一些障碍之后，有人回到预设的老路上去，更多的人提出"预设与生成辨证统一"的观点。

辨证法真是个好东西，我相信没有人能反驳"预设与生成辨证统一"的观点，但我更相信，仅仅这个"辨证统一"是远远解决不了问题的。

首先，由于长期的课堂预设，长期以来老师在课堂上的威权甚至专制，学生已经没有激情、没有火花，没有合作、没有共鸣，这就谈不上有什么生成；或者偶尔有所生成也不愿意讲出来，讲出来的也令老师大失所望，正如郭初阳老师在《父母的心》教学简案里说的"泛泛而谈，尽是隔靴搔痒，但有言说，俱无实义"。这个时候，如果我们一味追求生成，其结果要么是冷场，要么是乱糟糟不可收拾。

因此，我认为，现在第一要紧的就是重新培植课堂生成的土壤。应该说，这是一个复杂的工程，它需要一个民主开放的课堂，需要有合作探究的习惯，需要有表达言说的欲望等等。而这一切需要假以时日，需要教育的诸多环节密切配合。生成是我们追求的效果，预设实属无可奈何。

郭初阳老师《父母的心》的课堂结构和主要问

题是预设的，这样一位在教学中不断求新的教师，在生成与预设问题上显得如此的谨慎，对此我要表达我的敬意。他不断创设情境，不断要求学生体验情感，就是要让学生已有的认知结构和新的信息不断发生冲撞，建构生成新的认知结构，课堂最后那么多的学生对作者的创作心理、对文本中的父母、对自己的父母做出了独到的、新的评价。这种建构的成功，说明郭初阳老师的预设带来了有意义的生成。

我认为，郭初阳老师是在用煞费苦心的预设追求有意义的生成，是在重新培植课堂生成的土壤。

其次，生成答案与生成问题。

我把学生围绕某一问题发表的见解叫作生成答案，而把学生在课堂推进过程中产生的新的学习需求叫作生成问题。

传统课堂的罪过之一便是预设答案，现在情况好多了，课堂上基本能把答案交给学生生成，对学生生成的答案也能够予以相当的尊重（但现在有一种无原则肯定学生的趋势，我认为这也有问题），这确实是个不小的进步，但是，把问题让学生生成的还太少。大概因为学生生成的问题太容易出乎意料，教师不好控制课堂，或者不能完成教学任务的缘故。这是教学实践中的现实问题，在目前的大背景下，想绕开这个问题，许多老师就要付出个人利益的代价。所以我认为，课堂上大面积生成问题不是教师个人的事。

郭初阳老师《父母的心》几乎把答案的生成做足了，而且在有的地方是很容易生成问题的。比如，在观看《我的兄弟姐妹》后，要求学生说出印象最深的一个片段，就很容易生成一个新的问题，一旦学生回答的不是"孩子离别时的伤感"一段，就不能自然过渡到下一个环节，不过从实录可以看出，对此，郭老师显然是有所准备的。

当然，我认为课堂最好还是有一些生成的问题，而且生成问题应该成为每课必然出现的现象。如果教师真正仅仅是个学生学习的组织者和帮助者，我们的语文课堂就有希望了。

（二）功利和人文

对语文的工具性和人文性特点，我不想啰嗦。有意思的是，中学教师好像总是不能同时用好这两把刷子，于是总要有人出来平衡这个问题。

我想要说的是，文学是人文的，语文也是人文的，语文教师更应该是人文的，但语文课更多应该是功利的。

正如有的学者指出的，现在有很多语文课，尤其是一些公开课，越来越没有语文味。课堂的效果很大程度上不取决于你的言说内容，而取决于你的言说姿态。语文课的人文性应该更多地体现在教师对待语文课、对待文本、对待学生的人文姿态上，教师的人文素养比语文课的所谓人文性不知道要重要多少倍！

我认为语文课堂应该用科学人文的方法追求功利的目的，因为我们面对的是语文知识和语文能力还很欠缺的学生，他们还不会读书，他们还不能熟练地运用语言去表达自己的内心。语文课的首要任务就是要人文化地把他们引领到一定的语文高度。所谓人文化的方法，就是反对概括规律式的应试方法，反对简单的多做多练的方法，反对粗暴的灌输填鸭式的方法；而应该采取符合认知规律的方法，采取尊重教育对象、尊重语言文学和文字的方法。

在语文课上，教师应该调动自己所有的人文和专业素养，深入浅出，引领学生对作品进行多维的、细致的解读，但千万不能陷入枯燥和胶柱鼓瑟，这样，学生的人文素养和各种语文能力才会同步得到较快的提高。但是，这对一个教师的要求就会相当高，他必须有人文的精神，对教育学、文学史、艺术史、文艺理论、文艺批评、语言学等学科，他要有着比较深入的了解，甚至还必须了解相关学科的一些知识。所以，我一直认为，一个优秀的中学语文教师比一个优秀的大学教师更难得。

郭初阳老师《父母的心》"通过核心词的多方替换，体味父母的艰难与悲哀"，"探究作家创作心理"就是采取了科学的、尊重文本、尊重学生的方法。科学，是说他主张让学生用自己的生命体验去感悟作品，这样做符合文学批评的一般原理；尊重文本，是说他把作品看作是作者生命历程的结晶，据此去探寻作家的创作心理，而不是去"六经注我"地臆说（顺便说一句，我并不完全反对"六经注我"）；尊重学生，是说郭老师引领学生一起依据自己的阅读经验和生命体验，个性化地解读作品。所以，郭老师的方法是人文和科学的。

但郭老师的目的却是功利的。一句话概括作品的主要内容是培养学生的概括能力；说出在什么时间送出了哪个孩子，是为了帮学生理清作品思路，从而学会解读文学作品的基本顺序；而"体味父母的艰难与悲哀"和"探究作家的创作心理"则是品评作品的基本路径；即兴写作训练则是更好地让学生体味作品人物的情感和提高写作能力。

因此，郭老师处理功利和人文的分寸是准确的，我认为他是在用科学人文的方法追求功利的目的，一个优秀的语文教师会自然而然地把人文和功利糅合在一起。

这是东方的微光

褚树荣

一、缘起

2012年4月26日，"散文名家大讲堂"活动在浙江省宁波七中举行，宁波江东区教研员刘飞耀老师邀请郭初阳老师给初一的学生上一节自选文本的散文课，郭老师选择了法国作家于勒·列那尔的《天鹅》和《蟋蟀》。

二、文本

天鹅[1]

列那尔

他像白色的雪橇，在水池子里滑行，从这朵云到那朵云。因为他只贪馋流苏状的云朵。他观看着云朵出现、移动，又消失在水里。有朵云是他所想望的。他用喙瞄准它，突然扎下他裹雪的脖子。

然后，活像是女人的一条胳膊伸出衣袖，他抽回脖子。

他什么也没有得到。

他一看，惊慌的云朵已经消失。

但他只失望了片刻，因为云朵未等多久又回来了。瞧，在那水的波动渐渐消逝的地方，有朵云正在重新形成。

天鹅坐在他的轻盈的羽毛垫上，悄悄地划行，向云朵靠拢。

他竭尽全力捞着幻影，也许，在获取哪怕是一小片云朵之前，他就会死去，成为这幻觉的牺牲品。

但是，我在胡说些什么呵？

---

[1] 选自《世界文学》1981年第4期。于勒·列那尔（1864—1901），法国作家，作品不拘形式，玲珑剔透而趣味盎然。代表作有《胡萝卜须》《自然纪事》等。

他每次扎下脖子，都用喙在富有营养的淤泥里搜寻，并带上来一条小虫子。

他像鹅一样肥起来。

蟋 蟀

是时候啦！黑昆虫游荡够了，停止散步，回去细心修补他乱七八糟的领地。

首先，他耙平狭小的沙子通道。

他锯下细屑，洒到住地入口处。

他挫倒那株专给他添麻烦的大草根。

他休息了。

然后，他给他的微型手表上发条。

他完事了吗？表打碎了吗？他又歇了一会。

他回到屋里，关上门。

他用钥匙在精致的锁里长时间转圈。

他又在倾听：

外面没有一点不安的声音。

但他还是不放心。

他好像抓着一根小链条一直下到大地深处，装链条的滑轮刺耳地响着。

什么也听不见了。

寂静的田野上，白杨树像手指般伸向天空，指着月亮。

（苏应元　译）

三、对话

课例展示后，宁波市语文教研员褚树荣老师（下文称"褚"）在现场和郭初阳老师（下文称"郭"）有一个互动评课。下面是当时对话的事后整理记录。

褚：自选文本很有意思，足见策划人的见识。选什么散文，适合于教，适合于学，不仅可以看出教师的文学素养和鉴赏眼光，也可以看出教师对学生阅读和写作的期待。郭老师，请你说说为什么选择列那尔的作品，而且是翻译的作品？

郭：一种语言即一套复杂的密码系统，能同时精通两套系统、对每个词语的暗示性与放射性了然于胸的好译者，少之又少，所以译成汉语的外国文学作品虽汗牛充栋，但具有典范意义的译作依然显得稀缺。

在读书人的心目中，能成为枕中秘藏、熠熠生光的作品，会有哪几本？每个人都有自己的排行榜。在我的书单上，有富善主持、初版于1919年而成为白话文运动先锋的《圣经和合译本》，冯至翻译的里尔克《给一个青年诗人的十封信》，戴望舒翻译的《洛尔迦诗抄》，查良铮翻译的普希金《欧根·奥涅金》，朱光潜翻译的《歌德谈话录》，乔志高翻译的托马斯·沃尔夫《天使，望故乡》，王央乐翻译的《博尔赫斯短篇小说集》，巫宁坤翻译的狄伦·托马斯《死亡也一定不会战胜》五首，沙儒彬、罗丹霞翻译的卡内蒂《耳证人》，范景中翻译的贡布里希系列……根据个人的阅读经验，私下以为发表于《世界文学》1981年第4期、苏应元翻译的列那尔《冷冰冰的微笑》一系列动物小品，也可跻身这一典范谱系。试看从中随意选出来的两则：

喜　鹊

它全身漆黑。但是，它去年冬天是在田野上度过的，因此，身上还带着残雪。

蝴　蝶

这封轻柔的短函对折着，正在寻找一个花儿投递处。

若是第一次读到这样的文字，读者多半会又惊又喜吧，倘若教师尝试在课堂上让学生朗读另一篇《蛇》时，一定会有爆笑充满整个教室——蛇：太长了。学生们爱极了这篇连同题目仅有四个字的文章。而在这数量有限的列那尔的创作中，《天鹅》与《蟋蟀》有着深层的同构，篇幅不长，既可鉴赏玩味，又可作为范文来模仿，极宜作为教材。其同构处，可以用"一二三"来加以概括：

一系列的动作，两个世界的重叠，三人行（人的事情、人的物品、人的心情）。

两个世界的叠影是如此巧妙，以至于读者一时也许会产生错觉，以为文章写的是物化了的人。气球轻轻忽忽地吹大升腾起来，临近末了，被细长的针一碰，"砰"地一响，两个世界瞬间分离，让人回过神来，哦，原来如此！

教师如媒婆，让最好的作品与最好年龄的孩子们相遇，方可算为敬业，不枉营生一场。如此兼具轻、快、精确与形象的好文章，岂可不带到孩子们面前？

褚：确实，一堂好课，从文本的选择就已经开始。我们习用的教材，这样的文章着实不多。但今天，我们主要谈课堂。我认识郭初阳的课堂，最早是他参加省优质课比赛的时候，后来又陆续地观摩了他的一些公开教学，他的《言说抵抗沉默》也常驻案头。根据我对他的粗浅了解，他在课堂里试图解构传统语文教学，努力进行人文主义思想启蒙，并探索语文教学真相和规律。这样的语文课堂，意味着我们前途迷茫的语文教坛，仍然有思想者存在，仍然有践行者存在，仍然有希望存在。

今天的课（《天鹅》《蟋蟀》）与我听过的郭初阳以往的课，大异其趣。如果说以往的课努力在做"去蔽"和"启蒙"的工作，在凌虚蹈空的话，今天，他扎扎实实地践履在现实的大地上。这样的转变，不免让我产生一些小小的困惑，我想借着这个机会，向郭老师提几个问题。

我注意到上课伊始，郭初阳老师是变着花样让学生朗读：轮流朗读《天鹅》，分角色朗读《蟋蟀》，为什么这样设计呢？

郭：记得朱光潜先生鉴别英文诗好坏的标准是朗读[1]，鉴别白话文也同样注重声音节奏[2]，可见无论在哪一种语言里，优秀的作品常常是适合朗读的；另一方面，朗读是课堂常用的有效热身手段，两则短文分节较多，每人读一到两节，话筒在学生手里轮流传递，让尽可能多的学生参与暖场，课堂热量就一点一点增加了。

朗读时，适当考虑到内容因素——两则短文都有

---

[1] 朱光潜先生的原话引录如下："我欢喜读英文诗，我鉴别英文诗的好坏有一个很奇怪的标准，一首诗到了手，我不求甚解，先把它朗读一遍，看它读起来是否有一种与众不同的声音节奏。如果音节很坚实饱满，我断定它后面一定有点有价值的东西；如果音节空洞零乱，我断定作者胸中原来也就很空洞零乱。"《给一位写新诗的青年朋友》，见《朱光潜全集》第三卷页271，安徽教育出版社，1996年10月。

[2] "我写白话文，常尽量采用西文的文法和语句组织，虽然同时我也顾到中国文字的特性，不要文章露出生吞活剥的痕迹。第二点在造句布局上我很注意声音节奏。我要文字响亮而顺口，流畅而不单调。"《从我怎样学国文说起》，见《朱光潜全集》第三卷页446-447，安徽教育出版社，1996年10月。

着奇峰突起的结尾，所以《天鹅》的最后三节，《蟋蟀》的最后一节，都是另请一位学生单独朗读的。

褚：听了郭老师的解释后，我明白更多了：因为列那尔的散文小品玲珑剔透、韵味盎然、充满童心，是很适合朗读的作品，而且，朗读也是熟悉和理解的前奏，熟悉文意，理解文意，也是后面揭示"列那尔秘诀"的基础。在朗读环节完成后，重点欣赏天鹅里的女人手臂的比喻以及蟋蟀里的三个表示声音的比喻，因为这是两个短章里最精彩的表达，也是为揭示"列那尔秘诀"做的又一次铺垫。这样做了以后，为什么还要引用列那尔的日记？为什么还让学生齐声朗读其中的第二则日记呢？

郭：此处插入了两张PPT，都引自列那尔《日记》[①]，教师朗读第一则：

> 1887年
>
> 在文学上，只有当牛。所有天才都是最壮的牛，他们每天工作十八小时，孜孜不倦。荣誉，就是不懈的努力。

① 引自《外国散文名篇赏析》页219，李文俊编，中国青年出版社，1993年4月。

意在提醒学生，凝聚着作家心血的作品值得我们关注，当然也有一点励志精神的渗入：成功只是来自努力。

请学生朗读第二则：

1888年10月23日

诗人不要只是耽于幻想：要观察。我深信只有这样，诗才会呈现异彩。

这节课的核心词是"观察"，观察是双重的：首先是观察范文，透视到脉络间架里共同的结构；其次是观察三个动物视频（蜘蛛、蜜蜂、蚊），运用从列那尔处习得的方法来写作。所以让学生朗读两遍，来加深对"观察"之重要性的认识。自然，列那尔这句话也道出了创作者的追求：删繁就简，领异标新，不与人雷同。

褚：我知道了，郭老师的意思就是告诉孩子们，对于客观世界的观察要认真、仔细，对于观察和表达，要有牛一样的精神，因为"所有的天才都是最壮的牛"。我还看到另一种效果，教学文本简短、文字简单的课文时，作者日记的插入，丰富了课堂教学资源。最后一个问题也是最主要的一个问题：为什么想到用"找出两篇中的共同点，越多越好"这样的设计呢？这里是否隐含着你的一种认识：这两则叙事作品都有一个类似的叙述结构？

郭：倘若有人说发现了所有叙事性作品的共同结构，多半是一个鲁莽的宣布。列那尔的动物小品里，角色很多，萤火虫、蝴蝶、翠鸟、喜鹊、蛇、牛、狗、母鸡……每一则都很动人。所写的对象物种丰富，各各构造不同；每篇文章也摇曳多姿，各有各的风骨。而本课所选的这两则短文，确有不少共同之处，学生经过研究讨论可以归纳出，即前文所归结的秘诀"一二三"。

褚：这样的设计，目标指向"列纳尔秘诀"。接下来的教学，既是阅读鉴赏列纳尔的写作秘诀——"动物拟人化"，也是为模仿"动物拟人化"的写作作铺垫。可见，这是郭老师非常着力的一个设计。通过讨论，郭老师总结了"动物拟人化"的三种途径（即"一二三"），一系列动作，两个世界重叠，三人行：模拟人类做的事情；有人类的物品出现；有人一样的心情。这三条，既是从两篇短文中总结出来，又是学生模仿写作的指导或者要求。应该说，这是很给力的一个环节。

也许是囿于时间，郭老师没有从两篇短文中给学生提供更多的写作指导，也就是说，列纳尔秘诀在我看来，还有比较重要的两条：一是叙事的时间轴：人们总是在一定的时间轴上依次做事的，也就是说，模拟人类做的事情，一定要交待先后。在文章中，我们可以明显找到这样的时间标志词，对于把事情写清楚，这是非常重要的一条。另外，作者的情感倾向性，也是短文之所以打动人的重要原因。在《天鹅》一章中，情感是溢于言表的，面对着这个圣洁、纯洁的天鹅，带有一点童心和玩性的天鹅，耽于幻想而快乐的天鹅，又有一点物质享受主义的天鹅，列纳尔是把它当作是某一类美好的人来认识的，以至于他写到"他会死去""成为幻想的牺牲品"的时候，居然中断叙述的腔调，站出来议论："我胡说些什么啊！"对于"蟋蟀"，列纳尔的情感则含蓄得多，对于那个小心谨慎、敏感不安、对环境有相当要求的蟋蟀，列纳尔的情感则完全蕴含在具体的叙述中。总之，"动物拟人化""叙事时间轴""情感倾向性"这三条，可以视作在这两篇短文中总结出来的"列纳尔秘诀"，如果，从这样三条去鉴赏"秘诀"，实践"秘诀"，学生的阅读感受和模仿习作是否更有质量一些呢？

郭：褚老师的三条概括很精当，不过"叙事时间轴"的概念较为学术，作为教师评价的尺度固然不错，在学生创作时植入，未必有帮助；因为三个视频是随着时间展开的，学生选择其一，观察并记录的文字，也不会去打乱原本的时间顺序，也就是说，这一点是不言自明的。而就"情感倾向性"而言，因为这节课里文学和电影的关系很密切，印证着导演巴拉兹·贝拉"爱的自然主义"——特写镜头从一定意义上说是自然主义的表现手段。因为细节建立在敏锐的观察基础上。在观察中带有某种温情，我把这称为爱的自然主义[①]——不难发现，无论享乐的天鹅还是保守的蟋蟀，观察者一律都爱着；学生习作中，也都流露出随着贴近而来的温柔。

褚：对于初中孩子来说，"叙事时间轴"确实太学术化了，但郭老师心中是有图谱的。当然，要在一节课里把这类文体的仿写技巧"毕其功于一役"，实行起来不太容易，郭老师主要是从"动物拟人化"这点突破的。

　　我们给郭初阳的时间确实不多，以至于学生进入仿写后不久，下课的时间就到了。郭初阳于是只能叫学生发表开头一句。对于叙述作品而言，开头第一句是非常重要的。狄更斯在《双城记》中说："这是一个最好的时代，这是一个最坏的时代。"托尔斯泰在《安娜·卡列尼娜》开头说："幸福的家庭都是相似的，不幸的家庭各有各的不幸。"马尔克斯在《百

①　《可见的人：电影精神》页48，〔匈〕巴拉兹·贝拉著，安利译，中国电影出版社，2000年4月。

年孤独》的开头说:"多年之后,面对枪决行刑队,奥雷良诺·布恩迪亚上校将会想起,他父亲带他去见识冰块的那个遥远的下午。"无论是经典或是习作,开头往往有着定调的作用。无论是选择"蚊子""蜜蜂"还是"蜘蛛",第一句往往可以透露出叙述的时间点、拟人化的出发点、甚至你对于拟写的那个动物的情感。有人认为,只让学生发表开头一句话,不免有些遗憾。但我们只有一节课,郭初阳短暂地评论学生习作的开头,也算是明智之举。从读写结合的课型来说,这样的课,应该连堂,效果就更加可观。

正像刚才所言,这堂课与我看过的郭初阳以前的课迥然有别。单单从这堂课看,我们似乎看不到郭初阳的价值。因为,这是一堂朴实而简单的课,如果以"读写结合"目之,这甚至是一堂构思略显陈旧的课。但是这种简单的文本、简练的文字、真实的摹写、真挚的情感又是值得我们的孩子好好阅读品味的。郭初阳推荐给孩子们这样的读物,背后是有着对现有读物深刻的评判的,对于孩子的读物质量有着殷切的期待。因此,课也有了价值。

但是,我仍然要说,对于当今语文教学界而言,这样的课当然不如他的《祖国,我亲爱的祖国》《愚公移山》《项链》《珍珠鸟》等课那样发聋振聩。今天的课,人人能够,但那种课,在目前的中国,无人能够。因为那种课的价值和可贵,令我想起鲁迅先生给白莽的《孩儿塔》作的序：

这是东方的微光

这是林中的响箭

是冬末的萌芽

是进军的第一步

是对前驱者爱的大纛

也是对摧残者憎的丰碑

一切所谓圆熟简练、静穆幽远之作，都无需来做比方，因为这诗属于别一世界——

我也想说，郭初阳的那些课堂，也属于别一世界，要认识到它的价值，也许在50年之后。

四、习作①

蚊　子

维扬实小六（1）班　丁一菲

幕布拉开，一束灯光突然打在昏暗的舞台中央。

---

① 在宁波七中的课只有45分钟，来不及完成作文。郭初阳老师2011年10月14日在扬州给六年级学生上同一节课，时间较宽裕，不少学生完成了当堂创作，此处选用三篇（教师提供的视频片段为：蚊、瓢虫、蝼蝈），因为学生年龄、时间限制、匆匆观摩视频等诸多因素，这几篇习作显得粗稚了些，但我们仍然可以看到"动物拟人化"教学的效果。

她摆了一个优美的姿势，预备着，就在那灯光底下。

她动了！慢慢地，慢慢地，她纤细、曼妙地展现在观众面前。

忽然，她环抱着的手臂逐渐伸展开来，掀起了头上的面纱。

她纤长的手指提起若有若无的纱裙，旁若无人地舞了起来。

优雅的轻跳中，她忆起了小时候自己在水中无忧无虑的生活，泪水不禁溢满眼眶。

但是，这舞台使她满足。因为她已经破蛹而出！

眨眼间，面前什么都没有。"嗡"的声音在脑际回荡，水面一圈圈波纹漾开了。一切终又归于平静，仿佛是一场梦。

瓢 虫

维扬实小六（1）班　周嘉文

今天是他的生日，他向妈妈道了别。他今天更艳丽了，因为他只爱恋鲜艳的外套。

他跑到他的密室里去了，他观察着周围，周围什么声音也没有，只有他的坏二胡不适时地响了起来。

他找到了拾来的小镜子，照了好一会儿，看到自己点缀着黄斑点的红色外套，不禁唱了起来。

但他又住了口，因为想起一件极其重要的事。他小心地出了密室，绕着密室转了几圈，因为今天太高兴了。

他走上最喜欢的那株草，那草给了他一个惊喜——一颗珍珠，他收下了它。快到叶尖了，他想起了妈妈高兴时的动作，就绕着草尖快速转了好几圈，他感到头晕。

但他更高兴了，拉开了自己外套的拉链，张开了自己美丽而又坚实的翅膀。他飞了，他飞了，伴着那坏二胡的声音，他还没有学会怎样拉更动听，但他飞向了向往的那个地方。

草地上，只有风吹动草的沙沙的声响……

蜣　螂

维扬实小六（1）班　陆心妍

锣鼓声敲响啦！黑昆虫找到了宝贝，要准备滚皮球喽。

他推着皮球，一会儿正着推，一会儿倒着推。他边推边拨动着自己的新手表。

他将皮球滚到了坡下，他拨着手表向上推去。

他从滑滑梯上滚了下来。

他放弃了吗？他继续往上推球。只不过刚才是正着推，这会儿，是倒着推。

他又滑了下来。但仍不放弃，他坚信会成功。

他推上去了，做了个翻转动作，腕上的表在不停地响着。

皮球卡住了。动不了了，怎么推也无济于事。

他坚持着，像地鼠般扒了一个坑，使劲把球推上来。他好累，累到不得不休息一会儿。

他成功了。他的表在不停地响着。

羊肠小道上，一个微不足道的蜣螂正努力前进，前进……

渡尽劫波兄弟在

蔡朝阳

郭初阳现在是越来越简朴了。他的新书装帧接近极简主义风格，就跟他的生活一样，不事奢华，返璞归真。有一段时间，他还成为了素食主义，简直是身边版的梭罗本人。

这些生活美学，其实与他的课堂追求很一致，他的课堂，正在从那些技术的追求里退出来，变得越来越不讲技巧，就像重剑无锋，或者朽木为刀，越来越接近于课堂教育本质：最为单纯的对话。而大概在17年之前，我还非常清楚地记得，每次郭初阳有新课发布，我们都会为之惊讶不已，说他的课堂，便是一年一度的巴黎时装发布会，每一次都有新的看点、新的技巧、新的思想……团花簇锦，令人目不暇接，叹为观止。

曾几何时，江山不可复识矣。现在的郭初阳，居然变成了一个极简主义风格的践行者了。不太开车，步行为主；不事声张，低头做事；衣服倒还是穿名牌，只是商标几乎看不到。尤其看他现在写的文章，设计的课堂，实实在在，布衣素色，就好像这个作品里，就只有素材本身。郭初阳这个曾经的课堂上的超级巨星，去哪里了呢？

在郭初阳前一本书的前言，有一篇叫作《瘦的郭初阳，瘦的语文》。这句话我至今认为颇得其中三味。人到中年，当然将来也许还有老年，不光光是瘦，甚至会是肉身干瘪——然而，越是肉体干瘪，不就越是接近一种纯粹的精神性的存在吗？这不就是人生的至境吗！虽不能至，心向往之啊！

所以，现在的我喜欢"油尽灯枯"这个词，几乎超过"返璞归真"这个词。

说起来我跟郭初阳认识，已经快有25年了。我们是大学同学，20岁初识，如今人到中年。生命越长，我们相识的时间就越长。

在一个名不见经传的地方师范学院做同学是一件非常奇妙的事，因为这其实只是一种萍水相逢——我们毫无来由地来到这个学校，毫无来由地被编在同一个班级，背后有一只看不见的手提着我们的脖子，把我们像棋子一样摆布。你要是真以为你的大学有自由意志的选择，那才是装外宾呢。就像四年之后，郭初阳被分配进了一个很小很不起眼的社区初中，而我流放到了另一座十八线城市，道理是一样的。这或许是某种象征，郭初阳很喜欢博尔赫斯的诗歌《棋》，里面有这么一句：棋子们并不知道其实是棋手/伸舒手臂主宰着自己的命运。

但即便在萍水相逢，偶然成为同学之间的空隙里，也还是有一定的选择自由的：我们有机会选择对方成为好朋友！

我其实很寡情，绝大多数大学同学，毕业以后就再也没有见过面，从不遗憾，因为这无非就是萍水相逢。我不跟某甲在一个屋子里听课，就是跟某乙在一个屋子里听课。我们生活在一起，但生命并不交织在一起。唯有四个男生和一个女生，却成为了非常重要的、不可分割的存在。而与郭初阳，则简直是互为镜像。

我不知道郭初阳怎么想，他性格沉静，喜欢假深沉，轻易不说心里话。但我是很确定的，要没有郭初阳和这几位朋友，现在的我可能也不是这样子。人生都是由细节构成的，一个细节不同，之后的道路便也可能不同。另外，人生，还是由朋友构成的，你的每个阶段的朋友，都切实构成了你的那一段生命本身。

我都已经忘了我们是怎么成为朋友的，最初是怎么接上头的呢，为什么那么多中文系的小金鱼小鲫鱼胖头鱼（李亚伟《中文系》），不跟这个人臭味相投，也不跟那个人相见恨晚，偏偏是郭初阳？

可能其中有一个非常共性的地方，就是对大学的想象的破灭。这个地方师范院校带给我们的失望是相同的。大概就是为了吐槽，才混迹在一起的吧。大一那年，我们不知天高地厚的四个男生一个女生做了一件很异想天开的事情，从此顺理成章便成了一个精神共同体。

郭初阳曾经跟我说，他对大学的理解就是在黄昏的时候，三五好友拿着吉他在草地上弹唱。而我呢，则以为，既然进了大学中文系，那么所有的同学都应该跟我一起来谈论古典诗歌。而事实与此完全不同，我们在黑乎乎的宿舍里嗑瓜子，在黑乎乎的食堂吃饭，在散发着僵尸气息的文艺理论课睡觉，最后终于找到出路：逃课。

如果没有郭初阳和这个精神共同体，我的大学会寂寞一万倍。也许我们对大学的想象太浪漫了。那是1990年代最开始的几个年头，还带着1980年代理想主义的遗留，但现实的沉闷，令人失望。失望有时候是一件好事，就这样在失望当中，我们反而开始了自己的追索。大二到大四，我们读大量的书籍，既然课堂上学不到什么，那就自己学呗。

最近这几年，我跟郭初阳在母校中文系开了一门选修课。当年有一位我们喜欢的老师，几乎是唯一的一位——当时他还是资料室的图书管理员——担任了中文系主任，他邀请我跟郭初阳回中文系授课。于是，我们去了。

我与郭初阳愿意成为这门选修课的老师，可能基于几个共同的考虑。一则，对母校有感情；一则，对教育有想法；再有，或许是更重要的，当年无数节令我跟郭初阳恹恹欲睡的课，以及无数个我们逃课去逛三联书店的下午，我们最终发现大学在校外。但是，如果，那些大学课堂，不是以其昏昏使人昭昭，而确实可能是有用的呢？也许，我们日后在幽暗中摸索的时间，就会少一些吧。

现在，我们这么想，校外的书店确实也很重要，但如果在大学的课堂里，确实有一些东西可以追寻，那么，这个大学才是我们更愿意称为大学的所在。之所以乐意开这门选修课，是因为，我们可以把自己的课堂实践，把自己的人生经验，以及职业生涯的一些体会，真实地去跟这些20岁的出头的、和我们当初一样的胖头鱼去讲述。也就是说，在我们那个时代，大学课堂跟我们即将展开的职业生涯和未来的人生，毫无关系。但一个从12年一贯的基础教育里出来的孩子，他可能真的需要这些经验。

尽管我们在各种场合吐槽母校，但母校还是给了我们难以言述的馈赠，这也是我们深为感激的地方。不是说母校的学术训练给了我们基础，而是在黑乎乎的宿舍、教室，阴暗的资料室，远在本部的图书馆，这些个场合，给了我们建立精神共同体的机会，并让我由此结识郭初阳等几人。而我们这些人，带着对知识的饥渴，带着对理想的激情，在这个学校里相遇，最终，这种相遇，它将产生一些化学反应，产生一些潜在的作用，我们之前所不曾预料的，却从此深深影响你的一生的作用。

《诗经》里说，有匪君子，如切如磋，如琢如磨。这个说法太斯文了，我们当时不像君子，却像嬉皮士。而多年之后，我们共同的朋友童蓓蓓则谬赞道：你们是双子星座。这个说法，虽愧不敢当，却沾沾自喜。

确切的说，我跟郭初阳应该是两个风格完全不一样的。郭初阳，他有日本人的匠心，又有德国人的理性，这是两种非常奇妙的特质，在他身上却神奇地结合在一起，使他成为了一个具有独特的气场，像标杆一样的存在。

我常以为，这种气质，在郭初阳身上聚合，是一种奇迹。一般而言，很少有人会有机会同时具有这样两种几乎悖论一般的气质。郭初阳之所以成为这个郭初阳，与这种气质是很有关系的。而我呢，跟郭初阳截然不同之处在于，我是粗放型的，任性、傲娇、随心所欲。所以，像我这样的人，一般不会成为某一方面的专家，或者学者。但我热爱生活，所以总要在自己的生活当中，点亮唯一的生命之光。我可能不会成为学者专家，但我始终希望自己配得上做一个足够好的朋友。

按理，我和郭初阳两个人都是教师，总会有某些关于教育的共同话题。但是非常奇怪，我们之间关于关于教师、关于教育的讨论并不太多，甚而几乎没有。最多无非是一起编写一些读本资料，各抒己见而已。此外，尚年轻时混迹在一起，一般都是把酒言欢，三句不离中心论点：天下英雄，唯使君与操耳。"德也狂生耳"，现在想起来，尽管年少轻狂，倒也恰切。

20多年了，弹指一挥间。我们这些人，对教育的践行，其实应该有很大的差异了。比如我们选择的方向很不一样，他做他的课堂教育，按照他对教育的理解做越读馆。而我更多地侧重于学前教育，做儿童绘本阅读，作课外的游学活动。方向和事业的偏重完全不一样，但在基本的三观上，还保持着最为底线式的一致。但我想，这个事实，我跟郭初阳两人都会乐见。真所谓"渡尽劫波兄弟在，几度夕阳红"！

大概个人成长总要经历这么样的过程吧。如今，当年的四个男生和一个女生，两个高个子男生成了校长，漂亮女生成了教研员，而我跟郭初阳，则离开了体制。道路不同，而精神共同体尚在。我很感激有这些人的存在，也很高兴郭初阳自成一家，让我有机会写作文来挖他的黑历史，揶揄他、取笑他，而他大概只会淡然一笑，连尴尬都不尴尬一下。因为他已经是一个奉行极简主义的人了。

图书在版编目（CIP）数据

郭初阳的语文课．评述集：静默有时言语有时
/ 郭初阳著；黄月绘．—— 北京：北京联合出版公司，2020.9
（2025.1重印）

ISBN 978-7-5596-4349-0

Ⅰ．①郭… Ⅱ．①郭…②黄… Ⅲ．①中学语文课 -
课外读物 Ⅳ．①G634.303

中国版本图书馆CIP数据核字（2020）第113242号

郭初阳的语文课

（评述集：静默有时言语有时）

作　　者：郭初阳
绘　　者：黄　月
出 品 人：赵红仕
责任编辑：李　伟　　李艳芬
特约编辑：吴嫦霞
书籍设计：陆红强

北京联合出版公司出版
（北京市西城区德外大街83号楼9层 100088）
北京联合天畅文化传播公司发行
北京美图印务有限公司印制 新华书店经销
字数94千　787mm×1092mm 1/32 5印张
2020年9月第1版 2025年1月第9次印刷
ISBN 978-7-5596-4349-0
定价：168.00元（全十一册）